U0907993

河北省学校劳动教育教学指导委员会审定

新时代高职大学生
劳动教育

主　编：郭丽萍

副主编：柳连忠　付俊薇　张军田　胡会来　武喜涛

编　者（按姓氏笔画排序）：

付俊薇　刘成军　孙晓静　许凤肖　张　安

张军田　张　岩　张洪芬　陈丽敏　何西凤

宋建威　武喜涛　柳连忠　周庆博　周建雷

胡会来　郭丽萍　黄士良　葛　莉　温　斌

河北大学出版社

·保定·

出 版 人：朱文富
责任编辑：王殊宁
装帧设计：王占梅
责任校对：李 易
责任印制：常 凯

图书在版编目（CIP）数据

新时代高职大学生劳动教育 / 郭丽萍主编. -- 保定：河北大学出版社，2023.4
ISBN 978-7-5666-2145-0

Ⅰ. ①新… Ⅱ. ①郭… Ⅲ. ①大学生－劳动教育－高等职业教育－教材 Ⅳ. ① G40-015

中国国家版本馆 CIP 数据核字 (2023) 第 052576 号

出版发行：河北大学出版社
地址：河北省保定市七一东路2666号 邮编：071000
电话：0312-5073003 0312-5073029
网址：www.hbdxcbs.com
邮箱：hbdxcbs818@163.com
印 刷：保定市北方胶印有限公司
经 销：全国新华书店
幅面尺寸：185 mm × 260 mm
字 数：291千字
印 张：16.75
版 次：2023年4月第1版
印 次：2023年4月第1次印刷
书 号：ISBN 978-7-5666-2145-0
定 价：39.00 元

如发现印装质量问题，影响阅读，请与本社联系。
电话：0312-5073023

序　言

劳动是推动人类社会进步的根本力量，是创造价值的唯一源泉。马克思指出，“劳动创造了人”“生产劳动同智育和体育相结合，它不仅是提高社会生产的一种方法，而且是造就全面发展的人的唯一方法”。当代中国正处于实现“中国梦”的关键历史时期，全面建成社会主义现代化强国、实现第二个百年奋斗目标，以中国式现代化全面推进中华民族伟大复兴，必须大力弘扬崇尚劳动、热爱劳动、辛勤劳动、诚实劳动的劳动精神。青少年是国家和民族的希望，加强青少年的劳动教育事关党和国家事业赓续发展，事关中华民族伟大复兴。进入新时代，习近平总书记高度重视青少年劳动教育，强调“把劳动教育纳入人才培养全过程，贯通大中小学各学段和家庭、学校、社会各方面”。2018 年 9 月，习近平总书记在全国教育大会上提出，“要努力构建德智体美劳全面培养的教育体系，形成更高水平的人才培养体系”“要在学生中弘扬劳动精神，教育引导学生崇尚劳动、尊重劳动，懂得劳动最光荣、劳动最崇高、劳动最伟大、劳动最美丽的道理，长大后能够辛勤劳动、诚实劳动、创造性劳动”。习近平总书记的重要论述为新时代加强劳动教育提供了根本遵循。

2020 年中共中央、国务院颁布的《关于全面加强新时代大中小学劳动教育的意见》（以下简称《意见》）明确要求，把劳动教育纳入人才培养全过程，贯通大中小学各学段，贯穿家庭、学校、社会各方面，与德育、智育、体育、美育相融合，紧密结合经济社会发展变化和学生生活实际，积极探索具有中国特色的劳动教育模式，创新体制机制，注重教育实效，实现知行合一，促进学生形成正确的世界观、人生观、价值观。《意见》规定“职业院校以实习实训课为主要载体开展劳动教育，其中劳动精神、劳模精神、工匠精神专题教育不少于 16 学时”，教育部《大中小学劳动教育指导纲要（试行）》则具体要求，普通高等学校的劳动教育要强化马克思主义劳动观教育，注重围绕创新创业，结合学科专业开展生产劳动和服务性劳动，积累职业经验，培育创造性劳动能力和诚实守信的合法劳动意识。同时，明确“职业院校开设劳动专题教育必修课”。

为贯彻落实习近平总书记提出的“把劳动教育纳入人才培养全过程，贯通大中小学各学段和家庭、学校、社会各方面”讲话要求，以及中共中央、国务院和省委省政府关于劳动教育的决策部署，在河北省教育厅的指导下，省学校劳动教育教指委积极推进劳动教育课程和教材建设，教指委高职高专分委会组织省内劳动教育专家组成教材编委会，面向所有高等职业院校大学生编写劳动教育通识教材，目的是帮助学生真正树立马克思主义劳动观，学会用马克思主义劳动观的基本原理分析当前世界和中国劳动中出现的新问题、遇到的新挑战，从而让学生能够主动结合国家和个人实际，树立远大的职业理想，做好个人职业规划，真正实现个人价值和社会价值的有机统一。

本书总体分为三个篇章。第一篇分为劳动教育理论篇，包含劳动教育概述，高等职业院校劳动教育，劳动精神、劳模精神、工匠精神和劳动安全教育等四章。第二篇为劳动教育实践篇，根据《意见》中提出的劳动教育基本内涵规定，分为生活劳动教育、校园劳动教育、生产性劳动教育、专业性劳动教育、志愿服务性劳动教育、创新性劳动教育等六个模块。第三篇为劳动教育评价篇，根据《意见》中提出的劳动素养评价制度规定，分为高等职业院校劳动教育评价内容、标准与要求，高等职业院校劳动教育评价原则与方法和高等职业院校劳动教育评价实施等三节。

本书突出两大重点：一是劳动教育理论与劳动实践相结合。本书以马克思主义思想为理论指导，特别是马克思主义劳动观为指导，贯彻落实习近平新时代中国特色社会主义思想，紧扣中共中央、国务院《关于全面加强新时代大中小学劳动教育的意见》、教育部《大中小学劳动教育指导纲要（试行）》文件精神的要求，确保政治方向正确。本书在编写过程中，呈现了大量关于马克思主义劳动观的原始论述，并提供了相关的拓展阅读材料，目的是引导学生在对经典文献的不断阅读中，增强对马克思主义劳动观的深刻理解和准确把握。同时，理论与实践相结合，本书第一部分我们以章节形式讲述劳动教育理论，第二部分以模块任务形式进行劳动实践指导。

二是劳动实施与劳动评价相结合。本书的第三部分是劳动教育评价，是在前两部分学习和实践之后进行的劳动教育的综合评价，通过使用一定的技术和方法，对所实施的各种教育活动、教育过程和教育结果进行科学判定。教育评价是实施教育活动的指挥棒，对于整个教育活动过程具有很强的引导作用。目前各高职院校的劳动教育评价体系还不是很健全，标准化、可实施的考核评价还不完善，对劳动教育的实施起不到指导和反馈作用，同时对学生起不到激励和督导作用。因此，全面加强高职院校劳动教育，建立一整套完整的、标准化、可实施的劳动教育评价体系是十分重要的，本书劳动评价部分正是针对此情况进行的综合评价分析。

本书由河北省学校劳动教育教指委主任郭丽萍担任主编，副主编由柳连忠、付俊薇、张军田、胡会来、武喜涛等教指委副主任委员及相关专家担任。具体编写分工：劳动教育理论篇，第一章由河北女子职业技术学院郭丽萍、周庆博编写，第二章由河北工业职业技术大学付俊薇、何西凤、石家庄铁路职业技术学院宋建威编写，第三章由河北交通职业技术学院柳连忠、河北轨道运输职业技术学院张军田、承德石油高等专科学校张岩编写，第四章由河北女子职业技术学院陈丽敏、保定电力职业技术学院周建雷编写。劳动实践篇，模块一由河北旅游职业学院刘成军编写，模块二由河北软件职业技术学院武喜涛编写，模块三由河北科技工程职业技术大学温斌编写，模块四由石家庄财经职业学院许凤肖编写，模块五由石家庄邮电职业技术学院张洪芬编写，模块六由河北能源职业技术学院孙晓静编写。劳动教育评价篇，由河北女子职业技术学院胡会来、葛莉、黄士良及河北艺术职业学院张安编写。

本书撰写过程中参阅了大量文献、资料，得到河北省学校劳动教育教学指导委员会专家的大力支持，在此谨向有关人士深表谢意。由于作者能力有限，本书难免存在不够完善之处，期待广大师生在学习和使用本书过程中提出宝贵意见和建议。

本书编者

2023 年 4 月

目　录

劳动教育理论篇

劳动教育实践篇

劳动教育评价篇

劳动教育

理论篇

第一章　劳动教育概述

导言：习近平总书记在党的二十大报告中指出："坚持尊重劳动、尊重知识……引导广大人才爱党报国、敬业奉献、服务人民。""在全社会弘扬劳动精神、奋斗精神……培育时代新风新貌。"从党的二十大报告，我们可以看出国家培养德智体美劳全面发展的社会主义建设者和接班人的决心和信心。本章以劳动和劳动教育的基本概念为出发点，让同学们逐步了解掌握马克思主义劳动观、新时代劳动教育内涵、新时代劳动教育等。

学习目标：理解劳动和劳动教育的内涵，掌握马克思主义劳动观和马克思主义劳动观的中国化，掌握新时代劳动教育的内涵和特征。

第一节　劳动和劳动教育

劳动是发生在人与自然界之间的活动，其实质是通过人的有意识的、有一定目的的自身活动来调整和控制自然界，使之发生物质变换，即改变自然物的形态或性质，为人类的生活和自己的需要服务。马克思从历史规定性上诠释了劳动，他认为劳动镶嵌于历史过程，历史过程以劳动为载体，劳动范畴是唯物史观的逻辑起点和建构基石。马克思认为，在人类社会的发展过程中，劳动起着决定性的作用。他明确指出："整个所谓世界历史不外是人通过人的劳动而诞生的过程。"[①] 恩格斯同样强调劳动"是一切历史的基本条件"[②]。在《神圣家族》《关于费尔巴哈的提纲》《德意志意识形态》《哲学的贫困》等文本中，马克思、恩格斯论述了物质生产之于人类社会生产生活的基础性意义，并在研究物质生产时引入"实践"概念，彰显了劳动者的主体性。马克思认为人类所有的

① 马克思恩格斯全集（第3卷）[M]. 北京：人民出版社，2002：310.

② 马克思恩格斯文集（第1卷）[M]. 北京：人民出版社，2009：531.

社会历史实践的基础是人类物质资料的生产活动，即劳动。劳动是人类的基本生存条件。马克思和恩格斯在《德意志意识形态》一书中指出：“我们首先应当确定一切人类生存的第一个前提，也就是一切历史的第一个前提，这个前提就是：人们为了能够‘创造历史’，必须能够生活。但是为了生活，首先就需要衣、食、住以及其他东西。因此第一个历史活动就是生产满足这些需要的资料，即生产物质生活本身。”劳动是整个人类社会得以生存的基础。恩格斯也曾在《自然辩证法》中指出，劳动“是整个人类生活的第一个基本条件，而且达到这样的程度，以致我们在某种意义上不得不说：劳动创造了人本身”。恩格斯认为，手的使用和语言、思维的产生，都是在生产劳动过程中形成和发展的。正是由于劳动，人才得以从动物界中分化出来，所以说劳动创造了人本身。

一、劳动内涵

生产劳动是人类社会赖以生存和发展的基础，是人类最基本的实践活动。在原始社会，人人都要劳动才能生存。在阶级社会，出现了体力劳动与脑力劳动的分离与对立，剥削阶级把体力劳动者作为剥削和压迫的对象。在社会主义中国，实现了生产资料公有制，消灭了剥削与压迫，劳动人民当家做主，劳动是每一公民的光荣义务，各尽所能、按劳分配是社会主义分配制度的基本原则，每一个公民都应该以自己的辛勤劳动对社会主义现代化建设做出贡献。从人类物种起源开始，人便不断地发明、学习、适应。而且，人们还会彼此分享知识。在原始洞穴社会中，家长是唯一的“老师”。洞穴里的父母会将有关生存的重要知识传授给孩子，包括在捕猎过程中相互协作的有效方法，危险临近时自我防御的手段，冬季避免饥寒交迫的绝招儿等。洞穴时代的家长还会教孩子们如何与家族或部落成员友好相处。听起来再简单不过，但洞穴时代的教育的核心目的非常清晰：让下一代掌握生存繁衍所必需的经验教训。换言之，教育本应承担的任务在久远的洞穴时代就已经形成，也就是将教育和生存的基本技能相结合，让下一代能够生活得更好。这也同时延伸出教育的基本目标，包括对社会和工作贡献一己之力、有效地运用与发展个人技能、传承传统和价值观。

二、传统劳动教育内涵

劳动教育是学生全面发展的主要内容之一，是社会主义教育制度的重要内容。使学生树立正确的劳动观念和劳动态度，热爱劳动和劳动人民，养成劳动习惯的教育，直接决定着学生的劳动精神面貌、劳动价值取向和劳动技能水平。

（一）强健体魄，磨炼意志

在原始社会阶段，人类主要依靠跑、跳、投掷、攀爬等身体活动来获取必需的资源以求得生存，而这些身体活动在社会的变迁过程中，在保留其基本形式的基础上，与相对应的社会生产相结合，经不断整理、社会化加工，不断从原始身体劳动中脱离出来，逐渐趋向独立与完善。在现代众多体育运动项目中仍可清晰看到劳动的痕迹，例如，标枪、铅球是从原始社会投掷来获取猎物的身体活动演化而来的，跨栏是早期人类为逃避野兽攻击或求得生存的一种身体活动形式，等等。这些身体活动现今已成为强身健体、获取运动知识与技能的专门性文化活动。

体力劳动可以强健体魄，脑力劳动则可以开发和提高人的智慧。常动脑的人可以减低或避免老年痴呆症的发生，增强自身思维灵敏度。

学生时代作为知识与能力培养的黄金时期，不仅要学习书本知识，生活、劳动技能也要同步发展，劳动是生存之本，学习是发展之道。很多父母已经成为孩子的“奴隶”——用这个词可能有点严重，但比较适合当下的一些父母：每天起得很早，将丰盛的早餐准备在桌上，甚至有些父母把刷牙水都倒好。孩子起来一吃一走，中午、晚上也是如此。甚至有人在大学期间还需要父母陪读，因为他们不会洗衣，不会照顾自己的生活起居。这样的孩子将来到社会怎么生存，如何为人父母，又如何担当大任！我们要从小培养孩子的劳动意识，从家庭开始，让他们积极参与家庭劳动，刚开始他们可能做得不让人满意，但是千万不能放弃，要让他们从做家务中感受劳动的滋味，知道劳动的重要性，同时也明白自己是家庭重要一员。

劳动教育不但可以强健学生的体魄，还可以有效磨炼学生的意志。在劳动教育中，学生不可避免地会遇到一些挫折，面对困难，有人失落，有人难过，有人愤怒，也有人焦虑。但消极的情绪过后，学生能逐步意识到直面挫折、战胜困难才能获得成功。他们在感悟挫折的过程中逐渐拓展了思维的宽度，深切体悟到生命深处蕴含着的自我承受能力、自我调节能力、自我修复能力，从而学会在逆境中生存，培养自强不息的精神。在此挫折教育中，学生的体质和意志都得到了锻炼，他们在实践中逐渐增强对自然、对世界的控制感，动手能力得到增强。

（二）培育良好品格

劳动教育使学生在劳动中不断反思、感悟，逐渐形成热爱劳动的优秀品质。每个人都可以通过劳动来创造价值，收获幸福生活。劳动教育中的体验与感悟促进了学生精神境界的提升，使其焕发热情和力量。劳动教育不仅唤醒了学生的内在生命意识，还浸润了他们的生命品格，促进其生命的生长。

（三）促进个人发展与社会发展的统一

劳动教育可以促进学生自我价值以及自我意志的实现，从而做到全面发展，使其个人的发展与社会的发展达到和谐统一。人的发展的最高境界是充分实现自我价值和自我意志的自由。劳动教育是在促进人的全面发展基础上掌握职业技能，做到全面发展与重点突破相结合。劳动教育促进劳动与德育、智育、体育、美育的有机融合，培养全面发展的人并且赋予其实现有意义和有尊严生活的能力。

劳动是人类创造财富、生存壮大的唯一途径，人类在劳动过程中创造知识、传递知识；通过劳动，人们掌握生存必需的技能，也为日后个人发展和价值实现打下基础。

三、新时代劳动教育内涵

劳动教育在一般意义上指的是在学校教育范畴下引导学生树立正确的劳动观点、劳动态度、劳动价值观，进而在正确劳动价值观的推动下开展劳动实践，逐步构建起健全的劳动人格。开展劳动教育，首先要明确劳动的价值和意义。劳动教育能够使受教育者在劳动实践的过程中树立正确的劳动价值观，逐步形成自己良好的劳动品质，从而实现自己的实践行为和人格的发展。劳动能够创造物质价值和精神价值，而劳动教育就是将劳动的精神价值进一步发扬光大。劳动教育具有人文性，它能够影响人、引导人、改变人，劳动教育既要实现对于受教育者劳动实践理念和行为的推动，又要引导受教育者关注劳动的价值和内涵，不断发现劳动实践活动对于自身行为、心理、人格等方面的积极影响。人类的历史实际上是劳动创造的历史，劳动出真知，劳动能够实现知识的内化和转移，“纸上得来终觉浅，绝知此事要躬行”，这恰恰说明了劳动的作用和意义。从现代教育层面看待劳动，能够发现劳动教育和知识教育之间的联系。劳动的创造性能够刺激人们的求知欲，这体现了劳动的教育驱动性；而人在劳动实践中的思考以及从劳动中所获得的经验，又进一步促进了劳动的新一轮实践创造，这体现了劳动的知识教育性。

从劳动的实践层次来看，劳动能够实现知识教育的由浅入深。劳动实践首先是对自然界规律的探索，它能够衍生出自然科学，这是人类了解自然、利用自然的实践总结和创造。劳动造就了人类社会生存和发展的基础。在原始社会，集体性劳动实践产生了人类的社会化。而到了阶级社会，由于劳动实践产生了体力劳动和脑力劳动的区别，在不同劳动实践中和社会关系的处理中产生了劳动成果的不同，这也就造成了阶级上的对立。在阶级社会中是不存在所谓的劳动教育的，这是因为统治阶级不需要以社会发展为前提引导人民的劳动实践，也不需要人民在劳动实践中产生积极的劳动价值观和劳动人格，人民所有的劳动实践，无论是过程还是结果，最后都贡献给统治阶级。在社会主义国家，国家建立了生产资料公有制，这确保了广大人民劳动实践的归宿，使得人民能够真正享有劳动实践的全部成果，在这种经济制度的保障下，人民的劳动实践更加具有动力，人民也以积极的劳动实践观和价值观开展多样的社会劳动实践。在积极的劳动实践观和价值观的引导下，个人能够在社会劳动实践中各尽所能，实现按劳分配，从而确保了个人劳动实践付出与回报成正比，这也促进了个人健康劳动品质和人格的建立和发展，实现了社会主义国家劳动教育的目的。人类活动的本质是社会活动，因而在劳动实践中，人类除了获得相应的自然技能，还要正确理解社会关系，从而更好地使自己融入社会、参与到社会事务中来。在劳动实践中产生社会科学，个人社会科学知识的学习和运用，不仅仅涉及自然科学知识，也涉及个人的社会认知、艺术审美、个人品格等，这说明劳动实践能够为个人带来更多的关于社会运作和个人存在的思考，这是人类发展的高级阶段，人类需要进一步将自然科学知识内化，并且结合自己的社会参与，演化成自身的社会科学知识，从而使自己更好地适应社会，实现自己的社会价值。劳动实践的高级阶段也是人发展的高级阶段，个人能够从自身的劳动实践中获得对于事物善恶的评价标准，并且以道德来判断自己的知识和整个世界，从而形成自己的价值观念、行为规范和道德人格。人类的文明历史是建立在劳动实践上的道德发展史，中国也将道德作为传统文化的核心，主张“文以载道”“以道驭术”等，这说明道德能够引领和评判劳动实践，而将道德融入劳动实践能够增添劳动的社会价值。

四、新时代劳动教育的必要性和实践原则

新时代更加注重劳动教育，更加尊重劳动，习近平总书记在党的二十大报告中指出，要“坚持尊重劳动、尊重知识、尊重人才、尊重创造，实施更加积极、更加开放、更加有效的人才政策”“在全社会弘扬劳动精神、奋斗精神、奉献精神、创造精神、勤俭节约精神，培育时代新风新貌”。

劳动教育是随着劳动实践而产生的，而人的劳动实践很重要的内容是如何

处理自己的社会关系，也就是说，劳动教育的目标之一是帮助个人处理在劳动实践过程中的社会关系，在社会关系的处理中明确劳动实践价值和劳动实践道德。劳动教育的教育理念和教育内容要根据个人的教育层次和教育目标而实现阶段式发展。家庭、学校和社会在个人的成长中各自扮演着不同的劳动教育角色，承担着相应的劳动教育责任。

家庭是个人成长发展的第一场所，它所扮演的是基础性劳动教育的角色。家庭能够为个人成长提供启蒙教育，能够帮助个人建立基本的劳动实践认知。家长在家庭事务的处理中对孩子言传身教，这是最好的劳动教育形式。孩子的学习力、模仿力极强，家长需要重视孩子的劳动价值观的培养，引导孩子树立正确的劳动实践观。家庭是劳动教育的第一个维度，要在日常的家庭活动中实现对于孩子的自立教育，让孩子能够自主完成一些家务活动，在完成家务活动的过程中感受劳动的快乐。家长需要在精神上和物质上给予孩子一些鼓励，让孩子明白劳动付出是有回报的，以帮助孩子明确劳动的价值。家庭劳动教育需要家长和孩子一起实现，这样既能建立良好的家庭关系和家庭氛围，也能够实现家长对于孩子行为、心理的细致观察，更加清楚孩子的性格，并且在劳动成果的分享中，帮助孩子形成良好的品质，从而不断健全孩子的性格发展和心理发展。学校是劳动教育的第二个维度，同时也是个人成长发展的主要场合。学校通过具体学科的教学能够帮助个人建立比较全面的理论知识和社会认知，这使得个人脱离家庭劳动教育的理想化空间，进入具有基本社会关系的复杂劳动教育环境当中。学校将劳动教育融入教学、管理的全过程，通过教师的教学指导和教育管理，帮助个人建立基本的劳动实践素养和态度，这为个人建立自己独特的人格打下基础。个人在学校的学习活动本身也是一种劳动实践，基于学科教学内容和目的不同，学生能够接受相应的通识性劳动教育和专业性劳动教育，在行为和知识上都获得一定的劳动实践引导，从而实现个人的身心发展。社会是个人劳动教育的第三个维度，也是检验个人劳动教育效果、实现个人劳动教育价值的归宿。社会所提供的是支撑性劳动教育，这说明社会能够为个人的劳动实践提供实现价值的条件，而个人的劳动实践价值和劳动教育效果也需要在社会环境中得到印证，只有这样才能实现个人劳动与社会协作之间的有效结合。社会劳动教育需要借助对于劳动实践精神的成果的宣传，引导个人积极参与社会劳动实践，推动个人以劳动实践行为和成果构建起自身的社会关系和社会属性，从而获得相应的个人价值的自我认同和社会认同。

劳动教育根据个人的发展阶段确定相应的劳动教育内容，实现个人发展和劳动教育的有效衔接，帮助个人逐步建立自己的劳动实践观和价值观，同时在劳动实践和劳动教育的参与中，能够以劳动认知来培育自己的人格，这是劳动教育的目的所在。

将社会主义劳动教育引入现代学校教学，就要引导学生明确对于自然和客观世界的探索需要从实践中来，到实践中去，学生在学校所学的学科知识需要结合现实，积极运用于社会实践，以验证知识的科学性，推动知识学习和实践的创新性。学校在开展劳动实践时要重视对于劳动实践本质的挖掘，引导学生明确实践的道德价值和社会价值，而不是仅仅看到劳动创造物的自身价值。老师要引导学生重视劳动实践中的社会价值创造，并且以道德来引导劳动实践的发展，这样才能实现劳动实践的有用性，才能帮助学生建立正确的实践观和道德观。劳动实践的内涵是多元的，所产生的劳动教育效果也是多样的，劳动教育将劳动实践所涉及的自然科学、社会科学和人文科学转移至教育活动中，能够实现对于劳动实践价值的进一步挖掘，同时也会引导人们思考劳动实践的作用方式和作用效果，从而更好地评判劳动实践的价值，而人们在评判和思考的过程中能够更加明确劳动实践的道德责任，这不仅能够改善人们改造世界的方式，也能够不断促进其道德人格发展。

五、新时代高校劳动教育的创新路径

新时代高校劳动教育的转型需要在高校教育环境中实现，对于个人发展而言，学校劳动教育占据着重要位置。劳动教育课程化构建是符合高等教育发展规律的，也是顺应学生发展需求的。劳动教育课程化需要赋予劳动教育新的时代内涵，同时也要紧紧抓住劳动教育的本质。

（一）深化学生对于劳动实践的价值认知，将劳动教育融入相关学科教学

劳动教育课程需要引导学生深刻地认识到，劳动实践创造了社会和社会关系，同时也创造了人的道德性。劳动实践能够创造商品的使用价值和本身价值，而对于商品价值的追求以及劳动价值的创造则需要个人以道德作为评判标准。劳动实践能够推动人的认识，这是保持社会创造力、创新力的源泉。高校劳动教育课程的构建首先是要确立课程目标，引导学生明确劳动实践的价值，以劳动教育促进学生的全面发展。高校教育的根本任务在于立德树人，因此在劳动教育课程目标的制订中，应当明确宏观育人目标和微观推进学生劳动实践的具体规划。劳动教育课程应当引导学生关注劳动教育下的自我发展和社会发展，一方面要以劳动实践和劳动教育不断提升自己的能力、完善自身的品格，另一

方面要引导学生积极开展社会性劳动实践，不断创造劳动实践的社会价值。高校劳动教育课程应当将重心从课堂教学转向实践教学，由劳动实践能力教学转向劳动素养教育，不断增强学生的发展能力，促进学生劳动实践和劳动教育下的道德发展。学生需要从自身发展需求出发，将劳动教育的具体内涵融入自己的专业学习，以劳动教育构建起专业学习和实践的目标、态度、能力等，从而不断创新和增强自己的专业社会实践能力。高校应当重视对于劳动教育知识内容的构建，将劳动教育同专业学科结合，既实现劳动教育的价值引导功能，又避免劳动教育课程的空洞无物。学生开展劳动实践，需要以一定的专业学科知识和劳动实践理论为基础，从而确保劳动实践的专业化，并且在专业学科的社会实践中，实现劳动教育知识的迁移和创新，不断推进专业实践社会价值的实现。高校劳动教育实际上为学生提供的是实践态度和实践能力的引导，而不是给予具体的劳动实践技能，学生劳动实践和劳动教育的效果需要在自身的专业社会实践中得以体现。劳动教育能够为学生的专业社会实践提供一种实践价值、态度、方法上的指引，不断提升学生的实践力，并且推动学生在劳动实践中提升自己的学习力和创新力，也不断优化学生实践中的劳动态度和劳动价值观。

（二）推进劳动教育课程教学与实践的统一

随着时代的发展，劳动实践对于劳动教育产生了新的要求，学校教育体系下的劳动教育应当以学生的人格发展为基础，以学生的职业发展为导向，强调学生劳动实践的方向性和目的性，引导学生在自己擅长的专业学科中开展劳动实践和创新。高校要根据社会产业发展的要求，科学规划专业学科的教学，引导学生以更多的精力投身于劳动实践需求量大的产业或行业发展当中，从而实现更大的劳动实践价值。高校劳动教育课程要不断丰富教学内容，不断推进劳动教育课程内容的生活化，引导学生在生活中充分运用劳动教育的理论，实现个人在劳动实践和劳动教育中的全面发展。高校劳动教育课程内容要围绕学生发展，实现理论教学和实践指导的均衡性、科学性和关联性，要求学生既要重视对于劳动教育内容的学习，又要在自身劳动实践中不断反思，树立科学的劳动实践观和道德观。劳动教育课程不同于一般的学科教学，对于劳动实践价值的解读能够在劳动历史实践的具体事件中获得，能够以具体的劳动实践案例引导学生建立起正确的实践观。这样能够帮助学生建立正确的历史观和价值观，并且能够有效地分析劳动实践形式的有效性和利弊，从而更好地选择劳动实践方式，明确劳动实践的价值。高校劳动教育要实现学科化，就要在课程教学中强化其劳动教育学科的教学和实践特色，并且以不同专业学科教学内容为依托，提炼出在不同学科中劳动教育的理论内涵和实践内涵，从而不断开拓学生对于劳动实践和劳动教育的认知，推进学生专业学科的劳动实践创新。高校劳动教育课程的特殊性在于，劳动教育强调的是对于学生劳动认知观念的引导，但是这种认知观念带有实践的属性，它能够推动学生改变自己的专业知识应用方式和个人的实践心理、实践行为，从而不断完善学生的劳动实践品格，推进学生专业学科的劳动实践发展。高校劳动教育课程应当提供相应的劳动技能培训，以劳动实践为导向，引导学生开展具有社会意义的专业实践和个人生活实践，这不仅能够提升学生专业学科实践的社会价值，还能够推动学生的社会服务，从而实现高校劳动教育的育人效果。

（三）优化劳动教育教学环境，完善针对学生发展的引导和评价

高校推进劳动教育需要以劳动教育课程目标为基准，不断优化和调整课程内容，优化教学资源，以建立科学化的劳动教育的教学情境，推进学生的学习和参与。高校要针对劳动教育的特色，突出课程教学的实践性，以劳动实践的内涵、特质深化对于劳动教育理论和实践的探究，引导学生在体验式教学中培养自己的劳动实践技能和劳动习惯，从而建立起健全的劳动人格。学生在劳动教学课程实践中既能获得对于劳动实践的深层次理解，促进自身实践能力和自身人格的发展，同时也能在劳动教育教学实践中加强人际交往能力和协作能力，这有利于促进学生创新思维的发展，推进学生劳动实践的创造性。高校需要组建劳动教育教师队伍，为劳动教育课程教学提供专业指导。劳动教育教师既要具备相应的专业学科教学能力，又要具有一定的实践经验和实践能力，以便从学科和劳动实践两方面开展劳动教育教学，提升学生的专业实践力。高校要积极推进专业学科教师对于劳动教育理论的深入研究，加强劳动教育的学科特色，只有这样才能实现劳动教育教学的体系化、科学化，才能更好地以劳动教育理论指导专业教学实践的开展。高校对于劳动教育教师人才的引进，要符合劳动教育课程教学的特色，不拘一格，积极吸纳社会、企业实践人才参与到劳动教育课程教学中，为学生提供第一手的劳动实践经验，从而不断提升学生的劳动实践质量，提升学生劳动实践成果价值。高校对于学生劳动教育实践的开展，要重视考核和反馈，实现劳动教育课程考核的标准化。在课程内容评价量化的引导下，高校能够更加明确劳动教育课程与学生专业实践、自身发展需求的契合性，从而不断调整劳动教育课程教学的内容和教学形式，以劳动教学不断提升学生的综合素养，实现学生的全面发展。

第二节 马克思主义劳动观

劳动在马克思主义理论体系中具有重要地位，劳动发展史是理解人类社会进步的钥匙，也是理解社会历史创造过程和历史创造者的关键。在新时代的历史起点上，劳动在推进伟大事业、伟大梦想的历史伟业中的基础性作用、决定性作用和关键性作用更加凸显。党的十八大以来，习近平总书记发表了一系列的关于劳动的重要讲话，从马克思主义立场出发，深入阐述了劳动的重要地位。习近平总书记关于劳动的重要论述，对新时代的人才培养提出了更高更新的要求。

一、马克思主义劳动观的内涵

人的产生伴随着劳动，两者相伴发展，延续至今。劳动作为一种实践活动，在人类社会中处于最基本的地位，可以说是人类产生和发展的重要标志之一。一部丰富的劳动发展史可以映射出人类发展史。

（一）人是劳动的产物，劳动创造了人类生存所必需的全部物质条件和精神条件

马克思说："任何一个民族，如果停止劳动，不用说一年，就是几个星期，也要灭亡，这是每一个小孩都知道的。"① 劳动是人的生命存在和全部社会活动的前提，作为生命存在的人要解决吃、穿、住的生活问题，必须从事生产劳动，通过劳动改造自然，从大自然中获取生活资料。正是劳动，彻底将人与猿区别开，所以，劳动是人类赖以生存和发展的决定力量。在劳动的直接推动下，人类经历了从猿到人的发展过程，劳动促使人类的脑量不断地增大，大脑不断优化，使人类体态越来越区别于猿，而越来越接近于现在的人。随着劳动工具的日益进步和多样化，人类智力也得到进化，物质生活逐渐丰富起来。

（二）劳动是人类全部社会关系形成和发展的基础

人们在劳动过程中，一方面同自然界发生关系，另一方面在人们之间又结成了生产关系。马克思、恩格斯在《德意志意识形态》一书中指出，首先应当确定一切人类生存的第一个前提，也就是一切历史的第一个前提，这个前提就是人们为了能够"创造历史"，必须能够生活。但是为了生活，首先就需要衣、

① 马克思恩格斯文集（第10卷）[M]. 北京：人民出版社，2009：289.

食、住以及其他东西，因此第一个历史活动就是生产满足这些需要的资料，即生产物质生活本身，而且这样的历史活动，是一切历史的基本条件。人们单是为了能够生活，就必须每日每时地去完成它，现在和几千年前都是这样。在马克思看来，劳动是一切历史的一种基本条件，有了人类的劳动，有了满足人类生存的必须前提，才产生了生活和历史。马克思从唯物主义立场出发，充分肯定了劳动对整个人类和人类历史的重要意义。

（三）劳动是促使社会历史发展的根本推动力量

社会发展的最终决定力量不是精神、意志、神灵，而是人的劳动实践。人类社会的发展是前进性和曲折性的统一。实践是人能动地改造客观世界的物质活动，是人所特有的对象性活动。人的实践活动具有自主性，人通过实践不但能够认识客观规律，使客观规律为人所用，同时还具有创造性，创造出按照自然规律本身无法产生的事物。

马克思从哲学和经济学角度比较全面地解释了劳动的含义。从哲学的角度，他强调劳动是人的本质，是人的自我实现，是人类特有的基本的社会实践活动，是人类凭借工具改造自然物，使之适合自己的需要，同时改造人自身的有目的的活动，是人和人类社会存在与发展的基础。从经济学的角度，他强调劳动是人与自然之间的物质变换过程，是人类改造自然的物质活动，是满足人的需要、创造物质价值的活动。劳动不是一个固定的概念，而是一个不断变化发展的过程。

劳动是一种过程，是一种状态。劳动是用时间衡量的、向着理想不懈追求的过程。处在劳动之中的人，总是心无旁骛地朝着既定的目标前进，他们有成功的信心，有战斗的勇气，有坚守的毅力，懂得劳动的真谛并享受着劳动带来的愉悦。劳动最忌懒惰，劳动不分先后。青年人前程远大，道路漫长，要明白“劳动要趁早”的道理，只有咬紧牙关，坚持奋斗，英勇战斗，才能创造非凡的业绩；中年人，是社会的脊梁，责任重大，来不得半点的松懈；老年人，也可以老当益壮，发挥余力，继续创造价值。然而有一点不可回避，那就是青年时期是人生的黄金时期，能最大限度地创造生命的价值。人类从蛮荒走向文明的历程证明，劳动创造了人本身，劳动创造了智慧，劳动创造了一切，唯有劳动才是社会进步的不竭动力。

二、马克思主义劳动观的基础与核心

马克思主义劳动观的形成不是一蹴而就的，而是随着时代变迁逐渐完善与发展的。了解马克思主义劳动观的基础与核心，有利于全面把握劳动的丰富内涵和本质以及它在人类社会发展中举足轻重的地位和作用。

马克思主义劳动价值观的核心是：人是劳动的产物，劳动创造了人类生存所必需的全部物质条件和精神条件。在马克思、恩格斯看来，人不仅凭借劳动满足最基本的生存需要，实现社会财富的创造和积累，而且最终通过劳动来实现人之为人的自由本质。劳动不但创造了人的物质生活，也充盈着人的精神世界，使人得以成长。

（一）马克思主义劳动观的基础：劳动价值论

劳动价值论是关于价值是一种凝结在商品中的无差别的人类劳动，即抽象劳动所创造的理论。商品价值决定于体现和物化在商品中的社会必要劳动的理论是人们在长期的历史过程中逐渐认识到的。

劳动决定价值这一思想最初由英国经济学家威廉·配第提出，亚当·斯密和大卫·李嘉图也对劳动价值论做出了巨大贡献。价值是一个商品经济范畴。产品成为商品以交换为前提，交换就有个比率的问题，价值以这个比率，也就是以交换价值为其具体的表达形式，因此，价值和劳动的关系从价值的实质这个角度来说变得模糊了。事实的真相是：如果不从历史存在者出发，那么，李嘉图所得到的“社会存在”就只能是抽象知识和概念。

马克思在劳动价值论的基础上，系统地分析了资本主义生产方式，深刻地提示了其内在规律。

马克思劳动价值论的基本内容：

1. 商品的二因素与劳动的二重性原理

使用价值→具体劳动价值→抽象劳动

2. 价值量与劳动生产率的关系

商品价值量与生产该商品的社会必要劳动时间成正比，与劳动生产率成反比。

3. 货币的产生与发展

货币是固定充当一般等价物的商品，是价值形式发展的完结阶段。

4. 价值规律

商品的价值量由生产商品的社会必要劳动时间决定，商品交换实行等价交换。

（二）马克思主义劳动观的核心：异化劳动理论

在马克思看来，历史的发展使劳动产生了异化，通过劳动异化的分析，我们能够进一步了解人类社会生活的本质。异化劳动理论是马克思主义吸收前人异化理论，结合实践经验，对资本主义劳动进行全面剖析所创造出来的新理论。异化劳动理论首次被提出是《1844年经济学哲学手稿》，也就是这部书的核心内容。这部著作对马克思主义劳动价值观的创立意义非凡。

马克思主义异化劳动理论对理解个人与社会的关系具有不可或缺的作用。马克思从四个方面来阐述异化劳动的表现。

第一，劳动者的劳动与劳动产品的异化。马克思认为，劳动是人的一种需求，劳动者生产的劳动产品是劳动者本身所需要的，但是在异化劳动中，劳动者享受不到劳动产品。这就是说，劳动所生产出来的产品是作为一种异化的存在物和劳动者相对立的。这是对资本主义社会的经济活动的某种概括：工人生产的产品越多，他就越贫困。这种异化劳动为工人带来的是灾难——劳动建造了宫殿，但工人却住进了贫民窟；劳动创造了美，但工人却变成了畸形。

第二，劳动自身的异化。这就是说，劳动对劳动者而言是否定的、外在的。工人在劳动中不是感到幸福，而是感到不幸；不是自由地发挥自己的体力和智力，而是使自己的肉体受到摧残，精神受到折磨。这种劳动不是自愿的，而是强制的；不是属于自己的，而是属于别人的。

第三，劳动者与人的类本质的异化。这种表现是上面的异化合乎逻辑的结果。异化劳动从人那里夺去了劳动产品，也就从人那里夺走了他作为人的类生活。人类自己的本质变成了仅仅是维持自己生存的手段，这样人的类本质也就和人自身相异化了。

第四，人与人相异化。这是马克思关于异化劳动的分析最为重要的结论。如果一个人的劳动都不是属于他自身的，那么他的产品、他的活动属于谁？这样，异化劳动的根源就找到人与人的关系上来，必然通过生产关系和财产关系来加以说明。马克思在《1844年经济学哲学手稿》中指出：“通过异化的、外化的劳动，工人生产出一个跟劳动格格不入的、站在劳动之外的人同这个劳动的关系。工人同劳动的关系，生产出资本家……同这个劳动的关系。”

三、马克思主义劳动观的中国化

党的十八大以来，以习近平同志为核心的党中央立足中国国情和当前实际，站在历史的高度，在继承了马克思主义劳动观的基础上，逐步形成了习近平新时代中国特色社会主义劳动思想体系，为实现“两个一百年”奋斗目标和把我国建设成为社会主义现代化强国提供了强大的理论支撑。习近平新时代中国特色社会主义劳动思想体系的形成，使崇尚劳动、热爱劳动成为一种美德，“工匠精神”“劳模精神”“劳动光荣”成为一种时尚。

在2013年至2016年的“五一”国际劳动节上，习近平总书记连续四年发表重要讲话，就劳动、劳动者、中国梦和劳模精神等内容进行了深刻阐述。党的十九大报告中也提出了一系列与劳动相关的重要论断。习近平新时代中国特色社会主义劳动思想在充分继承了马克思主义劳动观的基础上，进一步发展了马克思主义劳动观，开创了中国特色社会主义思想的新境界。

（一）劳动的实践观，实干兴邦：“不能看不起普通劳动者”

2013年4月，习近平同全国劳模代表座谈时强调：“幸福不会从天而降，梦想不会自动成真。‘空谈误国，实干兴邦’，实干首先就要脚踏实地劳动。”我们必须牢固树立劳动最光荣、劳动最崇高、劳动最伟大、劳动最美丽的观念，崇尚劳动，造福劳动者。从马克思的“劳动创造了人本身”到习近平总书记强调的“劳动是人类的本质活动”，既是对劳动思想的继承与发展，也是新时代中国特色社会主义劳动哲学的发展，是马克思主义中国化在劳动方面的最新成果。

劳动开创未来，奋斗成就梦想。实现中华民族伟大复兴的中国梦，要靠各行各业人们的辛勤劳动。进入中国特色社会主义新时代，需要工人阶级和广大劳动群众谱写壮丽而崭新的篇章。

（二）劳动价值观，尊重创造性劳动

“实干”与“创造”，在习近平的劳动观中是相辅相成的。他在2015年4月28日庆祝“五一”国际劳动节暨表彰全国劳动模范和先进工作者大会上的讲话中指出：“一切劳动，无论是体力劳动还是脑力劳动，都值得尊重和鼓励；一切创造，无论是个人创造还是集体创造，也都值得尊重和鼓励。”习近平总书记在多次谈话中阐述了劳动态度、劳动模范和劳模精神等在中国特色社会主义事业中的重要作用。全社会应该始终弘扬劳模精神、劳动精神、工匠精神，为党和国家事业的发展汇聚强大的动力，为实现中华民族的伟大复兴提供崇尚劳动的价值引领。

（三）劳动发展观

习近平总书记指出劳动是推进人类社会进步的根本力量，进一步强调了劳动创造历史的价值和重要意义，丰富和完善了马克思主义劳动观。从马克思的“劳动是任何一个民族存在和发展的基础”到习近平总书记的“劳动开创未来”，揭示了劳动与社会发展的本质联系。实现中华民族伟大复兴是中国未来的方向，劳动则是实现社会发展、走向民族复兴的根本路径。劳动是通向未来的必由之路，只有脚踏实地地劳动，才能创造灿烂美好的未来。

四、马克思主义劳动观的时代价值

马克思主义劳动观的诞生，是人类劳动学说史上的一座里程碑。马克思主义劳动观第一次全面阐述了劳动在人类社会发展史上的决定性作用，由此揭示了人类社会发展的一般规律。马克思主义劳动观不仅在人类劳动学说史上具有重要的理论价值和历史地位，而且对新时代坚持和发展中国特色社会主义、实现中华民族伟大复兴的中国梦具有十分重要的意义。

为实现民族复兴指明了必经之路。马克思主义认为，劳动是人类生存的基本条件。人类为了满足需求，就需要劳动。而劳动造就了中华民族的辉煌历史，也必将创造出中华民族的光明未来。正如习近平总书记所指出的："劳动是财富的源泉，也是幸福的源泉。人世间的美好梦想，只有通过诚实劳动才能实现；发展中的各种难题，只有通过诚实劳动才能破解；生命里的一切辉煌，只有通过诚实劳动才能铸就。"（2013 年 4 月 28 日习近平来到全国总工会机关，同全国劳动模范代表座谈并发表重要讲话）在近百年奋斗历程中，我们党团结带领全国人民进行革命、建设和改革，使中华民族迎来了实现伟大复兴的光明前景。越是接近目标，越要依靠劳动。我们要把马克思主义劳动观蕴含的科学真理运用到新时代坚持和发展中国特色社会主义的伟大实践中去，不断把中华民族伟大复兴事业推向前进。

为进行社会革命揭示了主体力量。马克思主义认为，所谓世界历史不外是人通过人的劳动而诞生的过程。社会主义是干出来的，新时代也是干出来的。新时代中国特色社会主义是我们党领导人民进行伟大社会革命的成果，也是我们党领导人民进行伟大社会革命的继续。要把新时代坚持和发展中国特色社会主义这场伟大社会革命进行好，根本上靠劳动、靠劳动者创造。一切不劳而获、投机取巧、贪图享乐的思想都是错误的，任何时候任何人都不能看不起普通劳动者。我们要在全社会大力弘扬劳动精神，推动全社会热爱劳动、投身劳动、爱岗敬业，让劳动光荣成为铿锵的时代强音，让勤奋做事、勤勉为人、勤劳致富在全社会蔚然成风，为实现中华民族伟大复兴的中国梦凝聚强大精神动能。

为进行自我革命奠定了理论基础。马克思主义认为，共产党人是劳动人民当中最彻底最坚定的先进分子，是最不知疲倦的、无所畏惧的和可靠的先进战士。自我革命是保持马克思主义政党先进性和纯洁性的内在要求。正如习近平总书记所指出："劳动，是共产党人保持政治本色的重要途径，是共产党人保持政治肌体健康的重要手段，也是共产党人发扬优良作风、自觉抵御‘四风’的重要保障。”（2014 年 4 月 30 日，习近平在乌鲁木齐接见劳动模范和先进工作者、先进人物代表，向全国广大劳动者致以“五一”节问候）我们党不断进行自我革命的目的，就是同一切影响党的先进性、弱化党的纯洁性的问题做坚决斗争，确保我们党永远做人民公仆、时代先锋、民族脊梁。

第三节 新时代劳动教育观

马克思曾在《资本论》中指出，把生产劳动同智育、体育结合的未来教育，“不仅是提高社会生产的一种方法，而且是造就全面发展的人的唯一方法”。

毛泽东在革命实践的发展过程中主张教育与生产劳动相结合，强调教育不能脱离生产劳动的实际需要，并倡导通过教育为社会主义培养劳动人才，并提出教育为无产阶级服务，劳动化和知识化一样重要。毛泽东的“教育与生产劳动相结合”的重要思想就是在继承马克思主义劳动教育思想的理论前提下，立足中国革命和建设实践而产生的，对中国的劳动教育的发展产生了深远持久的影响。

习近平总书记在党的二十大报告中指出：“统筹城乡就业政策体系，破除妨碍劳动力、人才流动的体制和政策弊端，消除影响平等就业的不合理限制和就业歧视，使人人都有通过勤奋劳动实现自身发展的机会。”

一个国家和民族的创造力与劳动者的素质直接相关，劳动者素质越高，知识和才能积累越多，创造能力就越大。国民素质特别是劳动者的素质越来越成为一个国家发展能否抢得先机的条件。著名教育家马卡连柯曾说，劳动教育是创造幸福生活的奠基教育，是职业教育的“基础”教育。以劳动托起中国梦，劳动者的素质成为关键因素。随着科学技术的发展，劳动形态也随之发生变化，提高劳动者素质成为劳动教育的一个重要内容。我国 1958 年颁发的《关于教育工作的指示》明确提出“教育必须同生产劳动相结合”的方针，并通过劳动教育使受教育者“成为有社会主义觉悟的有文化的劳动者”。邓小平根据形势的变化，指出必须认真研究在新的条件下，如何更好地贯彻教育与生产劳动相结合的方针。

社会主义教育应当努力贯彻教育与生产劳动相结合的原则，以培养具有健全体力和脑力的新型劳动者、不断提升自由个性的“全面发展的人”。要教育引导全社会形成辛勤劳动光荣、不劳而获可耻的价值共识。新时代是奋斗者的时代，教育与生产劳动相结合是培养全面发展的人的唯一途径。习近平继承并发展了教育与生产劳动相结合的思想，强调人的全面发展。他在不同场合反复强调要“坚持教育同生产劳动和社会实践相结合”①。

一、新时代劳动教育内涵

随着中国特色社会主义进入新时代，以习近平同志为核心的党中央高度重视劳动教育。中华民族伟大复兴是中华民族近代以来最伟大的梦想。中华民族伟大复兴，绝不是轻轻松松、敲锣打鼓就能实现的。这要求我们汇聚十三亿多劳动人民的磅礴力量持续奋斗。实现中国梦的过程，就是全体中华儿女辛勤劳动的过程。劳动是实现中国梦的基础，青年是实现中国梦的主力军，必须德智体美劳全面发展。因此，劳动教育在实现中国梦的过程中被赋予了特殊地位。

青年兴则国家兴，青年强则国家强。习近平指出，青年是引风气之先的社会力量，青年一代的理想信念、精神状态、综合素质，是一个国家核心竞争力的重要因素。而青年的道德水准和精神风貌的提升要“五育并举”，广大青年要担负起实现中华民族伟大复兴的中国梦的重任，必须全面发展。在中国特色社会主义的发展过程中，劳动教育曾经有弱化的倾向，青年一代的劳动观念出现过偏差，好逸恶劳、不劳而获曾占据了一部分青年人的心灵。随着社会发展和科技进步，资本、知识、技术的力量凸显，人们对劳动的理解发生了很大变化。中国特色社会主义进入新时代，更需要广大青年为实现中国梦汇聚力量，需要广大青年为之奋斗，付出辛勤的劳动。因此必须重视劳动教育，特别是广大青年学生的劳动教育，“要在学生中弘扬劳动精神，教育引导学生崇尚劳动、尊重劳动。”② 必须教育劳动者认识劳动的价值，认同劳动的崇高。

习近平多次强调要加强对广大青少年的劳动教育，并在全国教育大会上发表的重要讲话中把“劳”字列入全面发展教育理念。劳动教育包括培养劳动态度和劳动品德、掌握劳动技能、创新劳动思维等。可以说，德智体美劳“五育”存在着有机的辩证关系，通过劳动教育实现树德、增智、育美和创新。所以，习近平的劳动观有利于加强新时代高校劳动教育，让高校大学生树立正确价值观，从内心尊重劳动、崇尚劳动，补足精神之钙、自立自强，成为合格的社会

① 中共中央文献研究室. 习近平关于青少年和共青团工作论述摘编［M］. 北京：中央文献出版社，2017.

② 习近平. 坚持中国特色社会主义教育发展道路 培养德智体美劳全面发展的社会主义建设者和接班人［N］. 人民日报，2018-09-11（01）.

主义建设者和接班人。

大学生是新时代创新发展的重要力量，习近平赋予了新时代的高校劳动教育新内涵新要求，进一步把劳动教育纳入社会主义建设者和接班人的要求中。强调在当前劳动生产形势和科技进步的大趋势下，高校要将德智体美劳全面发展的劳动教育贯彻到现实的教育实践中，从而引导大学生在劳动创造中追求幸福、追求创造性劳动，自觉做有高度的社会责任感、创新精神和实践能力的高级专门人才①。“无论时代条件如何变化，我们始终都要崇尚劳动、尊重劳动者。”②

二、新时代劳动教育的特征

（一）鲜明的思想性。强调劳动者是国家的主人，一切劳动和劳动者都应该得到鼓励和尊重，反对一切不劳而获、崇尚暴富、贪图享乐的错误思想

思想性是劳动教育的灵魂，它强调劳动是一切财富、价值的源泉，劳动者是国家的主人，一切劳动和劳动者都应该得到鼓励和尊重。增强劳动教育的思想性需要注意以下几个方面：坚定不移地贯彻马克思主义劳动观，为劳动教育的思想性提供理论指南；劳动教育者的高尚道德情操是实现劳动教育思想性的前提；深入劳动生活，了解人民群众，为劳动教育的思想性提供现实根源。现阶段增强劳动教育的思想性就是要始终弘扬社会主义核心价值观，倡导通过诚实劳动创造美好生活、实现人生梦想，反对一切不劳而获、崇尚暴富、贪图享乐的错误思想。

（二）突出的社会性。要求引导学生走向社会，认识社会，强化责任担当意识，体会社会主义社会平等、和谐的新型劳动关系

劳动教育的社会性渗透在实践路径、培养目标、基本内涵等各环节。劳动教育旨在引导学生走向社会，到社会上参加义务劳动，强调社会责任感与担当。从本质上讲，劳动教育的目标是充分发展人的社会性，培养德智体美劳全面发展的人，正是在这个意义上，可以说，劳动教育就是培养社会人，人生的价值也是由人的社会性决定的。实施劳动教育的重点在于将正确的劳动价值观、良好的劳动品质、高超的劳动技能有目的有计划地传递给学生，一方面使受教育者将劳动精神、工匠精神、劳模精神内化于心，从思想上形成劳动认同，成为

---

① 中华人民共和国高等教育法［M］. 北京：法律出版社，2016：2.

② 习近平. 在庆祝“五一”国际劳动节暨表彰全国劳动模范和先进工作者大会上的讲话［N］. 人民日报，2015-04-29（01）.

自觉践行社会主义核心价值观的社会成员；另一方面，培养受教育者的劳动批判精神和开拓创新能力，体会社会主义社会平等、和谐的新型劳动关系，推动社会的改革和进步。劳动教育社会化程度越高，个人劳动素质和能力就越强，对社会的贡献就越大。

劳动教育注重战略协同与组织协同的统一。战略协同强调劳动教育与国家教育整体布局的同构性，是全面深化改革的重要组成部分。组织协同强调建立以学校为主导、家庭为基础、社区为依托的协同实施机制，各级各类学校之间相互衔接，学校与市场、企业之间多方联动。比如，学校要通过家长会、家长学校、社区宣讲、网络媒体等途径，引导家长树立正确的劳动观；学校要与相关社会实践基地共同开发并实施劳动教育课程等，以利于更好地探索家庭、学校、社区三位一体的劳动育人模式，产生更大的协同育人效应，劳动教育改革也更具有针对性。劳动教育改革发展创新需要秉持系统性思维，坚持协同性原则，妥善协调和处理家庭、学校、政府、社会之间，家庭内部、教育系统纵向和横向之间，社会范围内学校与行业骨干企业、高新企业、中小微企业之间的复杂关系。劳动教育不仅是一个理论问题，更是一个实践问题；不只涉及教育领域，而且与经济、政治、文化以及民生等领域密切相关。因此，必须以党和国家的教育改革为契机，加快推进劳动教育改革创新，充分调动多方主体和多种资源，善于寻求最大公约数，发挥协同优势，形成协同合力，从整体上推动中国特色社会主义教育制度的改革发展，努力探索并建构具有中国特色的劳动教育模式。

（三）显著的实践性。以动手实践为主要方式，引导学生在认识世界的基础上，学会建设世界，塑造自己，实现树德、增智、强体、育美的目的

哲学家们只是用不同的方式解释世界，问题在于改变世界。实践性是马克思主义的根本特征。人通过实践来确证自己的本质，实践活动不仅包括最基本的物质生产实践，还包括社会政治实践、科学实验、艺术活动、虚拟实践等。劳动教育的主要目的是引导学生以动手实践为主要方式，在认识世界的基础上，更好地改造世界和塑造自我。从认识世界到建设世界，其过程是建立在社会实践基础上的。劳动教育的实践性从形式上看表现为一般社会实践与具体劳动实践相结合，打破了以往对劳动形式的简单机械理解，另一方面通过树德、增智、强体、育美的综合育人功能表现出来。劳动教育突出强调让学生面向真实的生活世界和职业世界，在现实生活中获得积极的价值体验，它不是简单地停留在课堂上去“听”劳动，停留在网络或电视上“看”劳动，而要实实在在地去

“做”劳动，切身感受劳动和劳动者的不易，体会“自己动手，丰衣足食”的快乐，而不是一种停留在表面或形式上的外部灌输。劳动教育活动中对劳动的认识不同于一般的认识过程，作为一种具有自己独特形式的认识活动，既符合一般认识规律，又有自己的实践活动特点。这一劳动教育过程既要遵循感性思维上升到理性思维的一般规律，又要关注劳动思维的形成；不仅要关注理性思维对具体实践的指导，又要关注劳动教育过程中客观实践活动对教育者和被教育者的改造作用。

三、新时代劳动教育的发展趋势

在新时代，劳动教育就是要教育引导全社会崇尚劳动、尊重劳动者，认同劳动最光荣、劳动最崇高、劳动最伟大、劳动最美丽。我们培养的人进入社会后要能辛勤劳动、诚实劳动、创造性劳动。习近平指出，要通过教育“让劳动光荣、创造伟大成为铿锵的时代强音”①，要推动全社会提升对劳动的本质的认识，欣赏劳动的价值，体会劳动的快乐，亲身参与劳动、热爱劳动，并在全社会形成共识，成为一种价值观；通过劳动教育“让劳动最光荣、劳动最崇高、劳动最伟大、劳动最美丽蔚然成风”②。

劳动教育首先要培养学生对劳动教育价值的认同，培育全社会形成劳动光荣观，让劳动成为一种自觉和幸福。其次，教育青年长大后能够辛勤劳动、诚实劳动、创造性劳动。“功崇惟志，业广惟勤。”中国梦的实现绝不是敲锣打鼓、轻轻松松就能实现的，需要全体人民弘扬劳动精神，付出辛勤劳动和艰苦努力。要让青年一代懂得我们所取得的一切成果都是通过劳动干出来的，教育引导青年以辛勤劳动为荣、以好逸恶劳为耻，从小树立正确的劳动观，认清劳动的本质，懂得劳动的价值。辛勤劳动是我们每个人对劳动应有的基本态度和要求，是诚实劳动、创造性劳动的前提和基础。诚实劳动是辛勤劳动的内在要求，也是创造性劳动的道德要求。创造性劳动是辛勤劳动、诚实劳动的发展，也是劳动的核心和本质要求。幸福不会从天而降，梦想不会自动成真，“唯有通过辛勤劳动、诚实劳动、创造性劳动才能实现。”③

德智体美劳全面发展是教育的本质，培养德智体美劳全面发展的人是人才

---

① 习近平．习近平谈治国理政［M］．北京：外文出版社，2014：46.

② 习近平．习近平谈治国理政［M］．北京：外文出版社，2014：46.

③ 习近平．在实现中国梦的生动实践中放飞青春梦想 在为人民利益的不懈奋斗中书写人生华章［N］．人民日报，2013-05-05（01）.

培养的根本目标。劳动教育是理论和实践的统一体，在人才培养的体系中具有不可替代的作用。

习近平指出，要搞好劳动教育，最重要和最基本的就是要弘扬劳动精神、劳模精神。2013 年他在全国劳模大会上提出“各级领导干部要带头发扬劳模精神”。2015 年他在全国劳模大会上强调“在前进道路上，我们要始终弘扬劳模精神、劳动精神”。2018 年他在全国教育大会上再次强调“要在学生中弘扬劳动精神”。

劳动态度决定劳动行为，培养正确的劳动态度是社会劳动实践活动的关键。而劳动模范以高度的主人翁责任感，在自己的岗位上辛勤劳动所体现的“爱岗敬业、争创一流、艰苦奋斗、勇于创新、淡泊名利、甘于奉献”的劳模精神，正是广大劳动群众应当学习的宝贵精神。劳模精神和工匠精神形成了新时代劳动精神版图，劳动精神激荡神州大地，为劳动教育指明了方向。

大学阶段的劳动教育，旨在教育大学生了解和掌握劳动科学基本知识，特别是马克思主义劳动观。高校学生一般处于世界观、人生观和价值观形成阶段，劳动教育对于大学生“三观”的确立起到十分重要的作用。正确的劳动观是形成“三观”的重要基础，它是人们对人类劳动实践活动及其创造本质的基本看法。通过劳动教育，要让高校学生从思想上认识、批判和摒弃以极度功利化、个人化为表现形式的极端个人主义，使其能够分辨是非，增强免疫力，坚定树立马克思主义的劳动观和劳动是幸福源泉的劳动幸福观。同时，正确劳动观的形成不是一蹴而就的，还需要具体的劳动科学教育，如劳动经济学、劳动社会学、社会保障学等，以及对劳动实践活动的亲自参与和亲身体认，从而促使高校学生从思想意识层面真正懂得劳动的全部意义，真正明确劳动创造价值、劳动关乎幸福人生的道理。习近平总书记在 2018 年全国教育大会上的重要讲话中指出，“要努力构建德智体美劳全面培养的教育体系”“培养德智体美劳全面发展的社会主义建设者和接班人”。高质量的劳动教育要为促进个人、国家和世界利益共享共进提供更大的可能性。从劳动教育过程质量看，优质的劳动教育过程，具有联结、融通个人、国家和世界以及过去、现在和未来等时空特征与功能。从劳动教育的成效看，学生在接受劳动教育的过程中，形成了与新时代要求相匹配的多种情怀与实力的互动共生，最大限度地满足了学生成为新时代优秀劳动者的需要。只有同时满足了条件质量、过程质量和结果质量的新时代要求，学校推进的劳动教育才可能具有较高的质量。

思考与练习：

1. 在新时代怎样理解马克思主义劳动观？
2. 新时代劳动教育的特征是什么？
3. 结合实际，通过自己对劳动教育的理解，谈一谈劳动教育的发展趋势。

第二章　高等职业院校劳动教育

导言：劳动者的成长与国家前途、民族命运紧密相连，辛勤劳动是劳动者实现人生价值的明智选择。重视劳动教育是社会主义教育的光荣传统，也是培养时代新人的迫切需要，全面发展劳动教育是新时期党对教育的新要求。高等职业院校承担着培养具有专业技能型人才的重要使命，以高素质技术技能人才为培养目标，以德技并修、工学结合为育人机制，更需要全面推进劳动教育，使学生树立劳动价值观，掌握劳动技能。推进高等职业院校劳动教育应采取有效手段，增强学校的劳动氛围，加强学校的劳动教育课程建设，健全劳动教育的评价机制，调动多方力量，引导劳动教育健康发展，培养德智体美劳全面发展的优秀人才，为实现中华民族伟大复兴而努力奋斗。

学习目标：

1. 熟悉高等职业院校劳动教育的内涵和特点。
2. 提高参与学校劳动教育课程、活动和实践的积极性，树立职业自信。
3. 掌握职业院校必备的劳动技能和劳动能力。

第一节　高等职业院校劳动教育的内涵和发展

一、高等职业院校劳动教育的内涵

《中共中央 国务院关于全面加强新时代大中小学劳动教育的意见》（以下简称《意见》）从战略的高度强调了劳动教育对于大中小学生成长的重要性，同时《意见》明确了劳动教育的基本内涵。劳动教育是国民教育体系的重要内容，是学生成长的必要途径，具有树德、增智、强体、育美的综合育人价值。实施劳动教育重点是在系统的文化知识学习之外，有目的、有计划地组织学生参加日常生活劳动、生产劳动和服务性劳动，让学生动手实践、出力流汗，接受锻炼、磨炼意志，培养学生正确劳动价值观和良好劳动品质。

（一）培养全面发展的社会主义建设者和接班人

习近平在全国教育大会上强调坚持中国特色社会主义教育发展道路，培养德智体美劳全面发展的社会主义建设者和接班人。

作为过程的劳动教育，在促进人的全面发展方面有着重要作用。苏联著名教育家苏霍姆林斯基认为，劳动以外的教育和没有劳动的教育是不存在也不可能存在的。他还认为，应使智育、体育、德育、劳动教育和审美教育深入地相互渗透和相互交织在一起，使这几个方面的教育呈现一个统一的完整的过程。我国著名教育家陶行知也认为，劳动教育是“在劳力上劳心，是一切发明之母。事事在劳力上劳心，便可得事物之真理”（出自1928年上海亚东图书馆版《中国教育改造》一书）。德智体美劳五育并举，德育为先，劳育为本。要在学生中弘扬劳动精神，教育引导学生崇尚劳动、尊重劳动，懂得劳动最光荣、劳动最崇高、劳动最伟大、劳动最美丽的道理，长大后能够辛勤劳动、诚实劳动、创造性劳动。

高职院校劳动教育是以马克思劳动观为基础，在学生的日常理论教育中融入劳动教育，培养学生的动手操作能力，提高学生的学习兴趣，丰富学生的学习内容，最终帮助学生全面发展。

劳动教育既是“内容”，也是“过程”，是二者的统一体，是高等教育人才培养体系的重要组成部分。高职院校劳动教育的内容包括劳动思想教育、劳动技能培育和劳动实践锻炼三大部分。其中，劳动思想教育是高校劳动教育的核心内容，劳动技能培育是高校劳动教育的基础内容，劳动实践锻炼是高校劳动教育的重要内容。

（二）培养正确的劳动价值观

习近平总书记指出，劳动是财富的源泉，也是幸福的源泉；人世间的美好梦想，只有通过诚实劳动才能实现。习近平总书记有关劳动教育的重要论述，为高校劳动教育的发展注入了新活力，比如，劳动最光荣、最伟大等重要论述，能够帮助学生形成正确劳动价值观；强化劳动意识，养成良好的劳动态度，有利于增强学生的劳动能力；强化诚实劳动，帮助学生形成家国情怀，能够培养学生优秀的劳动品德；通过实践劳动掌握技能，获得知识，有利于大学生综合素质的全面提升。

在《意见》中，习近平总书记关于劳动教育的思想，在思想认识、情感态度、能力习惯这三个方面的目标中得到了充分的体现：新时代的劳动教育要使学生深刻感受到劳动最光荣、最伟大，进而形成马克思主义劳动观，树立正确的劳动观念，同时在劳动中养成艰苦奋斗、勤俭节约、敢于创新和奉献的精神，感受付出收获的喜悦，感受美好生活的创造，从而产生热爱劳动的思想；通过劳动实践，能够掌握一定的劳动技能、劳动知识，增强大学生适应岗位工作的能力。

高等职业院校通过开展劳动教育，引导学生树立劳动创造幸福的基本观念。同时，引导学生认同劳动伦理与情感，认同劳动场景美和精神美，培养自己的劳动乐趣和劳动审美，体验和创造劳动文明，感悟“纷吾既有此内美兮，又重之以修能”的劳动价值，树立劳动光荣、劳动和谐、互帮互助、平等共享的价值取向。培育深厚的劳动情怀、树立正确的劳动价值观对当代大学生培育践行社会主义核心价值观、实现青春梦想、形成正确的就业创业观、提升抗挫折能力、培养社会责任感具有重要意义。

（三）培养要突出专业化和实践化

《教育大辞典》从劳动教育的内容和劳动素养出发，将劳动教育定义为“劳动、生产、技术和劳动素养方面的教育，旨在培养学生正确的劳动观点、劳动态度、劳动习惯，使学生获得工农业生产基本知识和技能”。邓小平同志强调，现代经济和技术的迅速发展，要求教育质量和教育效率的迅速提高，要求我们在教育与生产劳动结合的内容上、方法上不断有新的发展。

高职院校开展劳动教育要突出专业化特点。从实践来看，高职院校实施专业化的劳动教育具有显著的先天优势：一是课程优势。高职院校在课程设置上侧重实践性教学，包含了丰富的劳动教育内容。二是师资优势。双师型教师队伍的培养和选聘是高职院校发展的重要资源，拥有众多具有专业背景又在生产一线实践锻炼过的师资是高职院校的突出特点。三是物质优势。高职院校拥有充足的实践教学场所和相应的实训设备，具备开展专业化劳动教育的物质条件。四是资源优势。高职院校通过校企合作和产教融合可以为劳动教育提供丰富的资源。高职院校的劳动教育应该以实习实训、社会实践等方式呈现，注重生产劳动的专业性，让学生能够动起来、活起来。①

高职院校开展劳动教育要突出实践化特点。通过现实课程与实践课程的融合，深化劳动理念、劳动价值观及劳动思想的培养，使高职院校更好地实现劳

① 金根竹，张敏. 高职院校劳动教育的科学内涵及实践路径［J］. 黑龙江教师发展学院学报，2022，41（01）：65.

动教育的目标；通过隐性课程与显性课程的融合，丰富劳动教育的内容，使劳动教育与传统文化教育、思政教育融合起来，提高素质教育的质量；通过虚拟课程与现实课程的结合，拓宽劳动教育的广度，帮助学生深入到社会实践中，凸显高职院校劳动教育的价值和成果。①

【案例故事】

陶行知的劳动教育思想

陶行知的劳动教育思想主要体现在以下几个方面。“在劳力上劳心”是陶行知劳动教育思想的理论基础。他说：“惟独贯彻在劳力上劳心的教育，才能造就在劳力上劳心的人类；也惟独在劳力上劳心的人类，才能征服自然势力，创造大同社会。”陶行知认为，在中国传统教育影响下，“劳力者”与“劳心者”是相分离的，古代的学校里到处都是严重的劳心而不劳力、读书而不做工的书呆子。因此必须“教劳力者劳心，教劳心者劳力”。也就是说，人们不仅应该从事物质生产的劳动，而且要从事精神生产的劳动。在劳动教育的载体方面，他打破了学校教育的局限，用学校周边一切可能的素材开展劳动教育，极大地丰富了劳动教育的内容。他在重庆合川草街创办的育才学校就是一所融“工场、学堂、社会”为一体的全新的学校，比较深刻地展示了教育蕴含于生活的道理，劳动教育与生活教育的内涵具有高度一致性。

二、高等职业院校劳动教育的发展

（一）从抽离到融合

过去劳动教育主要被纳入德育和智育的范畴，失去了与其他四育并举的独立地位，使得劳动教育在国民教育体系中被弱化、淡化、边缘化。劳动思想教育主要融入德育范畴；劳动技能培育主要融入智育范畴，容易出现重“技”轻“劳”的问题。至于劳动实践训练，更是可有可无，而且容易走向形式化、娱乐化。新时代的劳动，要回到全面的、本原的劳动观上，把劳动看成包括人类创造世界、改造世界的一切实践活动，是劳动、工作、做事、干事、奋斗的统称。

① 朱思伟，隆娜娜．高职院校劳动教育再发展的多维透视［J］．青岛职业技术学院学报，2022，35（03）：49．

不能只把体力劳动、简单劳动或物质生产劳动视为劳动，而要把脑力劳动与体力劳动、群体劳动与个体劳动、有偿劳动与公益劳动、简单劳动与复杂劳动、创造性劳动与重复性劳动、物质生产劳动与非物质生产劳动、实体劳动与虚拟劳动以及生产性劳动与科技劳动、管理劳动、艺术性劳动、服务性劳动等，都看成劳动。长期以来，在高职的教育实践中，五育发展与受重视程度并不均衡，尤其是忽视了劳动教育的重要性。

新时代，教育方针进一步丰富与完善。2018 年 9 月 10 日，在全国教育大会上，习近平总书记明确提出“培养德智体美劳全面发展的社会主义建设者和接班人”的新要求，体现了五育并举的人才培养新思想，明确了德智体美劳并重的教育方针，“劳动教育”的明确加入，可谓意义深远。① “劳动教育”从作为其他四育的载体和手段、包含在四育之内的元素，到独立成为教育方针、人才培养目标的一个维度，与四育平列，强调了其作为立德树人根本任务的重要实现途径的地位，也进一步强调了劳动素养的发展是人全面发展的重要指标，彰显的是其在社会主义建设者和接班人培养中的基础作用，也必然能够有效地加强劳动教育本身。高职院校作为培养具有较高的理论知识和技术应用能力的技术型和实用型人才的高校类型，正逐步把劳动教育作为夯实学生职业素养的基础教育内容，提升了劳动教育课程建设的重要地位。

（二）从单一到整合

党的十八大以来，高等职业院校在党中央的号召与领导下，积极开展劳动教育，探索发挥劳动教育育人价值最大化，在理论与实践方面取得了阶段性成果，正在从劳动教育活动形式单一、评价体系单一、校企合作单一向多角度整合发展阶段过渡。目前，大部分职业院校建立了校企合作实训室，但主要是与专业课程相结合，服务于专业课实训，很少和学生的劳动教育联系起来，在专业实训教育中关于劳动教育的意义渗透不够。有的劳动课程开发缺乏学生视角，甚至少数高校依然采取传统的教学模式，用理论讲授去取代实践操作，比较单一和死板，存在“走马观花”“蜻蜓点水”“打卡拍照”等现象。部分高职院校劳动教育课程指导教师专业水平不够，对于专业劳动行业不甚熟悉，无法有针对性地指导学生。此外，劳动教育评价体系有待完善，仍主要是通过第二课堂形式考核，与专业技能考核相关度不高，没有发现企业与高校劳动教育之间的契合点，和企业合作的意愿不足。

---

① 童富勇. “德智体美劳”的历史沿革［N］. 浙江教育报，2018-11-02（12）.

单一形态的劳动教育实践难以承载新时期劳动教育功能的实现，当代劳动教育必须走向整合性的实践路径，以实现劳动教育在课程、活动等方面资源的有机整合。具体而言，劳动教育把直接劳动教育和间接劳动教育、学科劳动教育和活动劳动教育、个人劳动教育和集体劳动教育、校内劳动教育和校外劳动教育等多形态劳动教育进行整合，重视将劳动教育与其他学科课程知识有机结合，构建起整合性的劳动教育实践体系。在产教融合过程中，高职院校劳动教育课程体系建设正当聚焦新形势下产业转型升级的新常态，因此，须深入挖掘专业实践领域中的劳动特性，进行全面系统的课程体系建设，有针对性地设置课程标准、课程内容，开展劳动教育活动，形成高校和企业相互贯通的劳动评价体系，形成“职业 + 劳动”的综合评价模式，持续推进劳动教育促进高职专业课程体系的构建。

（三）从传统到创新发展

《中共中央 国务院关于全面加强新时代大中小学劳动教育的意见》要求针对不同学段、类型的学生特点，结合时代发展新形势，以日常生活劳动、生产劳动和服务性劳动为主要内容开展教育。一是在日常生活劳动教育中，将劳动教育与学生的日常生活结合起来，如在学生寝室开展清洁卫生劳动、开展宿舍叠被子等劳动技能大比拼等，以此来引导学生热爱劳动，形成良好的劳动习惯和技能。二是开展以“生产劳动”为主题的实践教学活动，结合学生的专业，利用学校的实践平台，带领学生走出校园、走进企业，在企业一线体验劳动，了解企业文化，提升就业能力，树立正确的择业观，做好职业生涯规划。三是开展服务性劳动实践教学，组织学生走进社区、走进养老院、走进贫困地区开展社会服务，在志愿服务中培育学生的劳动奉献精神。高等职业院校的劳动教育也正从传统劳动教育向融入创新教育阶段发展。

现代科学技术正在飞速进步，青年学生所要面对的劳动要素更为复杂。身处“双创”时代浪潮的新时代高职学生，迫切需要新型劳动教育助力成长成才。新时代职教的大发展，也离不开驱动新时代高职院校劳动教育创新发展。一是提升对劳动教育和创新创业教育融合育人重要性的认知深度。一方面，高职院校在充分掌握劳动教育先进性和科学性的基础上，将马克思主义劳动观转化为开展创新教育的原动力，大力培养高职院校学生的敬业精神、诚信意识以及责任意识等优良创业素养。另一方面，教师将创新创业信念与劳动价值取向融入创新创业实践中，使学生能够将劳动教育和创新创业教育协同育人的核心价值内化为自身行为准则。二是拓展线上资源共享平台。高职院校与企业协同搭建

“互联网＋劳动教育＋创新创业教育”线上资源共享平台。一方面，高职院校整合社会各界创新创业成功案例资源，形成模块化的学习平台，为“劳创共进”育人的落实提供丰富课程资源，给予学生更多创新创业机会。另一方面，高职院校形成在线精品课程共享机制，充分利用慕课、云课堂、微课堂等平台，实现优质资源的合理配置及高效利用。三是构建校企政社利益共享机制。高职院校根据自身优势，以实现各自既定目标任务为准则，与企业、政府和社会组织实施劳动教育和创新创业教育融合育人合作。高职院校在融合育人中承担知识积累和技术创新责任，组织师生研发团队与企业、社会组织进行资金与技术资源对接，营造师生共创的良好氛围。企业和社会组织在履行提供“劳动创业加速器”等实践场域的同时，对融合育人知识与技术进行共享。政府予以政策支持，增强劳动教育和创新创业教育融合育人实效，培养新时代与社会发展需求相契合的高素质复合型技术技能人才。各主体应协同发力，为高职院校开展劳动教育和创新创业教育融合育人营造敢于创新、勇于创业的氛围。①

第二节　高等职业院校劳动教育的特点、类型

一、高等职业院校劳动教育的特点

（一）思想性：劳动精神的传承

劳动精神，是指劳动者在劳动过程中形成的意志品格与精神力量，是体现劳动教育思想性的重要载体，在人类发展和社会进步中起着重要作用。进入社会主义新时代，我们要继续传承和弘扬劳动精神，激发学生崇尚劳动、尊重劳动的主观能动性，通过劳动教育引导和帮助学生实现精神成长，完成社会化，顺利融入未来新生活。

1. 劳动精神的内涵

时代各有不同，劳动本质却始终如一。劳动分工、劳动方式等会随着时代的发展更新迭代，但无论时代条件如何变化，劳动都没有高低贵贱之分，任何形式的劳动、身体力行的劳动者，都应得到认同和尊重。新时代劳动精神的根本属性要求我们以新时代劳动精神的核心为标准，崇尚劳动，尊重劳动，热爱

① 王隼．新时代高职院校劳动教育和创新创业教育融合育人研究［J］．职业技术教育，2022，43（08）：75．

劳动，也就是在新时代劳动精神的引领下，人们要有对劳动的价值认同和积极意愿。①

无论是个人劳动还是集体劳动，无论是体力劳动还是脑力劳动，只要是有利于人民、国家、社会发展，都需要被尊重和鼓励；任何劳动歧视和偏见都应该被反对。马克思指出：“‘劳动的绝对自由’是劳动居民幸福的最好条件。”②由此可见，劳动精神是人的自由全面发展的核心价值。从马克思主义劳动思想的科学内涵角度理解，劳动是人的本质活动，是人类在认识世界的基础上从发展的角度改造世界的最基本的实践活动，是创造与积累财富、收获自由与幸福的原动力。

2. 劳动精神的要素

与劳动精神的内涵发展相统一，劳动精神的要素也因时代发展而不断深化，尊重劳动、崇尚劳动、辛勤劳动、诚实劳动以及创造性劳动是劳动精神要素的五个维度。③ 其中，尊重劳动包含两个方面：尊重劳动者及其劳动成果。劳动者付出无差别人类劳动，为社会的进步做出贡献，并无三六九等的划分。同时，对于劳动成果要怀有敬畏之心，不应戴着有色眼镜去审视或批判。尊重劳动再进行升华，便是劳动精神要素的第二个维度：崇尚劳动。崇尚劳动是指人们发自内心地对劳动产生的敬畏与赞美，是对劳动光荣、高尚、伟大、美丽的认同与推崇。墨子在《非乐》中说：“赖其力者生，不赖其力者不生。”劳动推动着社会生产力的不断发展，也带给劳动者满足与幸福的主观感受。

《左传》中说“民生在勤，勤则不匮”，辛勤劳动以满足人们基本生活的需要，是对劳动者最基本的要求，是创造性劳动的前提。从劳动的道德维度来说，诚实劳动是辛勤劳动的升华，体现当今社会公民的价值取向。在劳动促进生产力的道路上来不得半点虚假，更不可投机取巧；要以诚实劳动引领社会风尚、锤炼每一位劳动者的品质，使其成为我国社会发展的重要动力。“大众创业，万众创新”，创造性劳动是推动社会发展进步的重要力量，创新力更是创造性劳动的核心，我们要在发展中鼓励创新、坚持创造，把创新作为发展进步的风向标。劳动精神要素的五个维度相辅相成，在理论认识与实践探究两个层面相互促进、共同发展，是劳动精神的有机统一体。

---

① 陈好敏，熊建生．新时代劳动精神的价值意蕴［J］．学校党建与思想教育，2020（8）：5.

② 马克思恩格斯全集（第16卷）［M］．北京：人民出版社，1964：491.

③ 赵浚，田鹏颖．新时代劳动精神的科学内涵与培育路径［J］．思想理论教育，2019（9）：5.

（二）社会性：劳动是社会的基础

1. 千里之行，始于足下

马克思认为，劳动创造了人类生活，劳动是社会的基础，劳动是一切价值的创造者。劳动光荣，劳动精神宝贵，把五个维度的劳动精神要素结合具体实例再加以总结，便是教育与引导学生强化责任担当意识、完成社会化、开启新生活的重要方式之一。

我们要教育引导学生在新时代奋发有为，不怕艰难困苦，坚持和发扬艰苦奋斗的精神，用奋斗点亮理想的灯塔，在时代迅速发展的背景之下，秉持艰苦奋斗的精神，更加坚定地开拓自己未来的生活。“非淡泊无以明志，非宁静无以致远”，前行的道路总是蜿蜒起伏的，奋斗的征程中不总是一望无际的坦途，失意时看着仍在前行的同伴，或是拥有阶段性成功的劳动者，学生难免会受到困扰与诱惑。但社会发展中，每一个人都有自己的节奏与课题，要淡泊心灵，坚持自律，树立正确的价值取向，从而成就更好的自我。

2. 新时代是干出来的

我们正处于互联网不断发展进步的时代，价值观、世界观和人生观尚未成熟的青年学子很容易受到不良生活的引诱，大学生处于人格和观念的关键塑造期，劳动对学生树立正确、良好的价值观尤为重要，这也是帮助学生更好地认识自己、更好地探寻自己人生意义的有效方法。社会媒体通过对大国工匠的宣传报道、对劳动精神的肯定褒奖，都能够进一步促进与营造热爱劳动、劳动光荣的良好风尚，让处在各行各业的劳动者看到肯定与未来。新时代是干出来的，未来我们要建设创新型国家，要从“中国制造”逐步转变为“中国创造”，这一转变，需要我们以劳动教育为抓手，培养新生代的创造力，让劳动教育伴随学生成长，培养其热爱劳动、热爱创造的意识，帮助学生找回初心，并能够在踏实工作中回归平和与幸福，从而进一步助力社会的和谐稳定，推动社会创造能力的多元化发展。

（三）实践性：锤炼专业，助力创新

劳动教育主要以实践为主，高等职业院校教育更应以学生专业技能和实践探究为主要方式，开展多样化劳动教育活动，充分落实高等职业院校劳动教育的实践性特点，坚持宜工则工、宜农则农的原则，避免“一刀切”。

1. 专业技能的掌握

对于大学生来说，除了劳模精神和工匠精神的引领，大国工匠们的专业技能更是将劳动教育落到实处的重要途径。专业实践的落实需要专业领域理论知

识、专业领域思维能力的助力，高等职业院校的学生，相比于普通高等院校的学生来说，更需要在专业技能领域强化实践，努力成长为技术能手。学生对自己专业技能的掌握需要在实践中反复练习、模仿直至创造，而在学习专业知识、形成专业技能的过程之中，一个关键环节便是专业思维的形成。

2. 多样化实践落实

每个专业都需要拥有自己专属的实践领域，例如教师需要讲台，园艺师需要植物，飞行员需要飞行器……高校应根据不同专业的特点，为学生提供充分的实践机会，充分激发学生的实干精神，帮助学生将在校期间所学的理论知识转化为实际工作效能，增长其创造社会财富的经验；鼓励学生充分发挥自身创新创业能力，同时将创新探究精神运用于专业实践，在具体操作中发现漏洞、完善思维方式，从而进一步提升自身实践水平。

鼓励学生积极参加劳动教育活动，采取校内劳动教育与校外劳动教育相结合的方式，帮助学生更好地理解与认识所学专业特点以及自身专业特长。校内举办劳动教育周、劳动技能竞赛等活动；举办校内模拟赛，以赛促教、以赛助学，帮助学生进一步认识专业、熟悉技能。在校外劳动教育中，积极与各类专业工作单位联系，为在校生提供实习机会与实习场地，通过“校企联合”“订单班”等方式，帮助学生在专业岗位上直接参与技术技能培训与实践，运用所学的专业知识完成专业工作任务，从而帮助学生尽早接触与熟悉生存所需的职业技能，积累技能经验，磨炼劳动精神，为日后成为技术能手、大国工匠奠定职业技能基础。同时，让学生在多种形式的实践中，锤炼专业本领，落实创新创业理念，在坚实的专业基本功基础上，进一步发挥创新创业能力，实行创造性劳动，为专业发展助力。

二、高等职业院校劳动教育的类型

（一）日常生活劳动教育

日常生活的劳动教育在高校劳动教育中，主要体现为校园劳动教育。校园劳动教育主要划分为校园清洁实践类和勤工助学实践类。日常生活劳动教育，可以宣传人文校园活动的理念，并提供学生能够参与的校园环境维护与建设活动，以此激发学生自觉维护教学楼卫生的热情，让学生在具体劳动过程中培养公共卫生意识，从而自觉维护校园环境，促进团队合作意识与服务奉献精神的提升；贯彻教育部、财政部关于《高等学校勤工助学管理办法》的要求，帮助学生在校内掌握一定的生产知识与劳动技能，为学生提供脑力劳动的机会，帮助学生树立劳动意识，增加实践经验，具备一定的使用办公软件的能力。

1. 校园劳动实践

升入高校的青年学子处于人生观、价值观、世界观正在形成的关键时期，他们初涉世事，十分容易被不良价值观所误导。同时，受到家庭长期呵护的学生更容易有不劳而获、骄奢浪费、责任感缺失、坐享其成的行为与个性。劳动教育就是要尽早激发青年学子的责任意识，改掉逃避劳动责任和工作敷衍了事的不良习惯。参加学校劳动实践，培养劳动意识，学习适应劳动生活，为班级、为学校贡献自己的一份力量，以艰苦奋斗之姿态，应对劳动中可能会出现的大大小小各类难题与困扰，是青年学生成长进步的重要方式。劳动实践教育既可以是与学生个人生活息息相关的事情，比如宿舍清扫与整理、环境消毒与通风、教室环境的维护、各类绿植的养护……劳动实践教育又可以是与校园生活紧密联系的事情，比如食堂秩序的维护与卫生清洁行动、春日植树活动、秋季落叶清扫活动等。

青年是祖国的未来，是民族的希望，在人生观、价值观、世界观塑造与形成的关键时期，让学生参加校园劳动实践活动，切实通过自己的双手去了解生活、体悟理论、认知公德，有助于提升其劳动素质，培养其劳动精神，激发其对劳动光荣、崇高、伟大、美丽的认同与向往，激发学生的内在生命力。通过校园劳动实践教育，让青年学生切实参与到校园美化、身边环境整治的生活中，在收获劳动实践后的满足感的同时，增强自身责任感与创造力。

2. 勤工助学

苏霍姆林斯基提出，个体参加体力劳动活动对其成长有积极意义。劳动教育能够在一定程度上减少高校学子毕业后因找工作受挫而选择“家里蹲”“啃老”的可能性。同时，一些学生尽管能够对新时代劳动价值加以肯定与认同，能理解与认识劳动是人类社会存在和发展的基础，但其对劳动本质的理解还停留在比较浅的层面，看待具体劳动时存在眼高手低、厚此薄彼的现象，对普通的体力劳动者往往不能给予足够的尊重。坚持立德树人，就要将劳动教育纳入人才培养全过程，让青年学子能够重视自身劳动品德的涵养，回归到身边的劳动者，回归到劳动的整个过程。勤工助学能够让学生更好地理解与形成马克思主义劳动观，通过“体验学”与“实践学”提升个人劳动素养。

高校设置校内教学助理、科研助理、行政管理助理、学校公共服务等岗位，鼓励学生通过勤工助学的方式增强劳动能力与劳动意识。同时，勤工助学为学生提供一个近距离观察劳动者的机会，让劳动者在学生眼里不再只是一个名词、一个指代、一件特殊标志的衣服，而是活生生的人，感受到他们的赤诚，感受到劳动过程的力量，感受到劳动成果的宝贵。勤工助学不仅能对在岗位任职的学生有劳动教育意义，对其他同学也具有积极意义，他们在劳动生活和学习生活中的积极正向情绪，也能够激发起内在的利人动力。

（二）生产劳动教育

1. 企业实践活动

高等职业院校学子去企业的实践活动是他们日后走上工作岗位的关键环节，实习对学生来说不应该被当成是修满学分、完成毕业要求的任务，而应该是理论运用于生产生活的重要途径。企业实践活动有利于学生进一步认识自身专业，提升自身技能，真正接触社会，为学生毕业后走上工作岗位真正成为用得住、留得下、干得好的优秀劳动者打下基础。学校以专业需求为导向调整课程设置，为在校的一年级、二年级学生提供不同专业方向的实训室，让学生能够更好地在未来就业情境下、实际工作场景中，切实感受、亲身体验，提升自身专业技能与劳动技能。同时，通过在企业实习积累经验，又能真切感受到自身的不足，从而可以在实习后返回学校学习的过程中，极大地提升学生学习的主观能动性，帮助学生在学习时更具针对性，促进理论与实践相结合。

企业实践的劳动教育活动，能够帮助学生提升专业技能、认识自身专业特长、扩大职业技能优势，同时，增强学生交流与沟通能力，让学生能够通过沟通为自己争取更多的机会。企业实践劳动教育还能够增加学生规矩意识与奉献精神，保持宽容的心态与平和的情绪，增强团队合作能力，并有助于学生增加对自己的认识，增强自我认同感。

2. 创新创业活动

马克思指出，教育与生产劳动相结合是实现人的全面发展的唯一方法、根本途径。劳动教育的质量对于培育社会主义建设者和接班人的劳动精神面貌、劳动价值取向和劳动技能水平起着关键作用。创新创业教育注重培养学生思维能力，开发学生的创新创业精神。同时，劳动教育具有较为鲜明的时代特征，一方面，国家鼓励创新驱动发展，支持大众创业、万众创新，以适应新时代下“互联网＋”、人工智能领域、大数据算法等带来的经济发展新形势；另一方面，学校将创新创业教育与劳动教育相结合，可为国家培养实干能力强且具备创新能力的综合型人才。

高等职业院校也注重教师队伍建设，实行教师假期时间入企业实践的模式，建设高水平双师型教师团队，还为学生举办创新创业校内模拟赛，聘请各专业领域的专家、企业家，为学生团队的作品、路演等方面提出完善建议，使同学们能够真正有效地获得提升与成长。

（三）服务性劳动教育

1. 志愿服务

党的十八大以来，习近平总书记高度重视志愿服务工作的推进与落实，强调要大力弘扬奉献、友爱、互助、进步的志愿精神。志愿服务实践活动作为劳动教育活动的形式之一，有重要的教育意义，学校与相关场所联系，鼓励与帮助学生在城乡社区、福利院和公共场所等参加志愿服务，让学生在志愿服务活动中进一步提升爱国热情、实践劳动精神，提高自身劳动实践水平，并在参与社会服务中弘扬奉献精神、培养公共服务意识、增强社会责任感。这与劳动教育促进青少年养成良好劳动素养，形成热爱劳动过程、珍惜劳动成果和尊重劳动人民的价值态度，树立马克思主义劳动价值观，在价值取向上具有内在统一性。探索以志愿服务活动推进劳动教育，对于培养德智体美劳全面发展的社会主义建设者和接班人，具有重要意义。

通过劳动教育调动学生劳动服务与实践的积极性，也与志愿服务密切相关。从以前“学雷锋，做好事”的全民参与志愿服务活动，到现在更具体详细，也更富针对性的“西部计划”“乡村振兴志愿者”等全国性的大型志愿服务活动，通过具体志愿服务的劳动过程与成果完成育人目标，帮助青年学子在具体劳动服务中受锻炼、长才干。学校也可以搭建志愿服务活动平台，丰富志愿服务内容，比如利用体育馆、图书馆、餐厅等提供劳动教育实践岗位，鼓励广大青年学子积极参与志愿服务，同时做好学生参与社会治理，比如进社区、养老院等志愿服务保障机制，将志愿服务与学生专业和就业前景相结合，打造校园志愿服务活动品牌，推动学生志愿服务日常化、专业化、品牌化，进一步丰富青年学子劳动的主观体验感，使学生在参与劳动教育的实践过程中，提高志愿者的志愿服务知识和专业技能，提升其劳动实践能力，真正做到培养有理想、有本领、有担当的青年学子。①

2. 社会实践

社会实践是青年学子认识社会、了解社会的桥梁，对高等职业院校的学生来说，劳动素养的形成除了理论学习，更需要在实践中进行反复训练和实际操

---

① 马艾斯，李春丽．新时代中学共青团构建“活动育人”体系研究［J］．广西青年干部学院学报，2021，31（3）：5．

作。社会实践能够有效帮助学生带着问题参与与专业相关的实践任务和社会生活，通过对社会的深入了解，多方面提升自身知识技能，树立正确世界观和人生观。以社会实践为载体落实劳动教育活动，极大地拓展了学校劳动教育方法、环境与资源。一方面，社会实践活动让同学们的活动实践范围不局限于学校的学习空间，开启第二课堂模式，从理论学习环境拓展到社会的大环境，促使学生从被动地接受理论知识到主动实践探究；另一方面，社会实践将师生带入真实的劳动情境，直面乡村发展现状、当面与能工巧匠交流学习、在有丰厚历史底蕴的地点探寻名家足迹，等等，通过“行”来完成正确的劳动价值观的塑造与巩固，帮助学生劳动观念与时俱进。

高等职业院校注重培养实干型、创新型的高素质综合技术技能人才，把社会实践作为劳动教育的方式和途径融入学生第二课堂，让学生在实际劳动过程中巩固所学、提升技能、拓宽视野，促进学生劳动精神和劳动观念的形成。同时，以社会实践为载体之一推动劳动教育的活动落实，让学生更早地接触社会，体会到劳动的光荣和高尚，培养学生优良品质和良好劳动素养。要让社会实践活动全程融入学生劳动价值观、劳动态度、劳动技能等元素的塑造，加强学生劳动精神、劳动技能、劳动流程、劳动标准的学习，使社会实践活动成为学生学习劳动知识和技能的第二课堂、培养劳动价值观的重要场所。劳动教育与社会实践的互相促进，是一个理论到实践、校内向校外的逐渐拓展的过程，高校要强化学生实践技术技能的学习，促进学生参与社会实践劳动教育基地的合作交流，为学生搭建劳动技能锻炼基地、劳动成果展示平台，让学生通过社会实践活动，不断开阔视野，提升思想政治素质。

三、劳动创造与高职学生职业自信

技术技能人才队伍是支撑中国制造、中国创造的重要力量。高等职业院校担负着为区域经济社会发展培养技术技能人才的重任，所培养的高素质技术技能人才不仅仅要拥有精湛的职业技艺，更要拥有高尚的职业情操，还要有健全的职业人格，涵盖“技”“术”“心”。职业自信作为高职学生职业人格的重要组成部分，其重要性不容忽视。

（一）高职学生职业自信的科学内涵

职业自信是对自身专业能力和职业能力等的一种自我肯定，是一种价值取向和职业操守。只有对自己的职业能力有信心，才能对工作产生兴趣，并全身心地投入到工作中去，才能在工作中做到敬业、精益、专注、创新，从而获得良好的职业发展道路，实现职业理想，并赢得社会的尊重与他人的认可。[①] 简单地说，自信就是自己相信自己。自信是个体对自己的积极肯定和确认程度，是对自身能力、价值等做出正向认知与评价的一种相对稳定的人格特征。[②] 自信的人无论在何种情况下，都能更好地正确认识自我，坚定理念信仰，充分发挥自身潜力，战胜挫折，创造成功人生。高职学生的职业自信，指的是高职学生在长期的学习中逐步积累起来的职业态度、职业情感、职业意志、职业技能等职业素质，是对未来职业发展和选择的自信心。高职学生的职业自信，不仅仅是学生对自己综合素质的信任，更是对自己未来职业生涯取得成功的坚定信念。职业自信是高职学生职业人格的重要组成部分，在职业自信中塑造、孕育工匠精神，是对工匠精神在高职教育中应用的重要探索。

（二）职业自信有助于增强内生动力，使之干下去

唱响劳动光荣，培育家国情怀。劳动创造世界，无论任何时候劳动都是最光荣的，要让劳动光荣成为社会共识和行动。高职学生是未来高素质技术技能人才的储备力量，与管理人才相比，技术技能人才需要更多地从事体力劳动。而当代高职学生大多为独生子女，从小受到父母的宠爱，有些学生缺乏吃苦精神，耐受性差，在职业技能训练中遇到困难容易退缩。自信的个体对自己应对困难的能力评价较高，倾向于不怕吃苦，坚持下去，战胜困难。一个具有职业自信的高职学生，面对职业技能训练中的苦与累，能发挥自信的自我调节功能，适时调整心理状态，让自己更加坚毅顽强，增强工匠韧性，更能吃得下职业训练的苦，受得了职业训练的累，最终完成职业训练任务。“不惰者，众善之师也。”技能成才的道路并非坦途，有时充满了艰辛和曲折，甚至布满了荆棘，需要长期坚持、艰苦磨炼。只有把自己的劳动和祖国的命运紧密地联系在一起，有了家国情怀力量的支撑，劳动者才能拥有不竭的动力源泉，才能保持旺盛的劳动热情。

（三）职业自信有助于保持沉浸状态，使之干得好

弘扬劳模精神，传承工匠风采。我们要大力弘扬和传承劳模精神和工匠精神，孜孜以求，忘我奋斗，为现代化建设贡献力量。新中国成立 70 多年来，华夏大地涌现出一大批劳动模范和大国工匠，王进喜、时传祥、包起帆、朱英富、谢军、吴伟仁等，他们把对祖国的爱融化于实际行动中，成为人们的楷模。几

---

① 邓思琴，喻彩霞. 高职学生职业自信现状及影响因素分析［J］. 北方文学，2019（27）：163.

② 何琪. 社会转型期民众心理资本及其建设［J］. 理论月刊，2012（02）：137.

十年来，王进喜的“石油工人一声吼，地球也要抖三抖”的豪言壮语成为我国劳动者的巨大精神力量。面对百年未有之大变局，广大劳动者特别需要传承和发扬劳模精神和工匠精神，“劳动者素质对一个国家、一个民族发展至关重要。技术工人队伍是支撑中国制造、中国创造的重要基础，对推动经济高质量发展具有重要作用。要健全技能人才培养、使用、评价、激励制度，大力发展技工教育，大规模开展职业技能培训，加快培养大批高素质劳动者和技术技能人才。要在全社会弘扬精益求精的工匠精神，激励广大青年走技能成才、技能报国之路。”① 社会主义现代化建设，每个劳动者都是参与者，勇于奋斗、勤于奉献应成为每个劳动者的价值遵循。职业自信有助于保持工匠沉浸状态，把所有精力都投入到完成工作任务中，充分发挥自身的技能，达到忘我的状态。当个体处于职业自信状态时，内心会充满正能量和愉悦感，他的意识会自然地投入到当前的工作任务，不受任何私心杂念的干扰，较好地完成工作任务。而当个体缺乏职业自信时，会很容易因为工作过程中的一个小失误懊恼不已，分散工作注意力，从而无法最好地发挥自身的技术和能力，导致工作任务完成不好。

（四）职业自信有助于提高创新意识，使之干得妙

科技创新引领，育先机，开新局。面对百年未有之大变局，实现中华民族伟大复兴的宏伟目标，需要每个劳动者的辛勤努力。我们要在危机中育先机、开新局，就必须以科技创新为引领，全面提升我国的科技现代化水平。在大众创业、万众创新的当下，唯有坚持科技创新，才会不断缩小我国与世界先进国家的科技差距，才会不断提升我国的科技水平。职业自信有助于提升创新意识，使之干得妙。怀有自信的高职学生在学习和训练职业技能时会为自己确定具有挑战性的目标，比如制定一项更具吸引力的活动方案，或者设计一个更独特的产品，以制造精品或优品为职业目标，创新性完成工作任务，显示一定的工匠创新创造意识。职业自信较差的高职学生缺乏积极的情绪，怀着“差不多就好啦”的心态，抱着“我不能”或“我不行”的想法去完成职业任务，制造出来的可能就是“次品”或“差品”。因此，职业自信能激发对精品的坚持和追求，让人不断学习进取，勇于创新，达到积极卓越的人生状态。

---

① 李建国，刘芳．建国70年来劳模精神的发展演进、理论诠释及新时代价值［J］．学习与实践，2019（09）：14.

【案例故事】

在国际舞台上展示中国职业院校学子的风采

2022 年 8 月，首届世界职业院校技能大赛在天津、江西两个赛区举办，共有来自 100 多个国家、近 300 所学校、1000 多位选手参赛。不同大洲、不同肤色的青年人同频竞技，克服时差、语言等障碍，向着团队的共同目标奋进，展现了青年学子“技能成就精彩人生”的精神面貌，折射出新时代背景下职业技术教育发展的广阔前景。比赛中，一次次深夜举行的视频会议、上百封沟通技术细节的往来邮件、聊天群中用不同语言留下的鼓励话语，贯穿着每一项赛事，选手们相互学习、启迪思考，在积累默契中提升了成绩，也在收获友谊中成就了梦想。

本次大赛，是中国职业教育“走出去”实践成果的全景展示，也是新一代技能人才胸怀理想、展示自我、点亮未来的圆梦舞台。金牌获得者、天津电子信息职业技术学院的李红兵激动不已。他认为这份荣誉不仅属于他和老师、同学，还属于远在俄罗斯鲁班工坊的队友们。信息技术应用创新赛项中，天津电子信息职业技术学院与莫斯科国立通讯和信息技术大学“牵手”，在“云端”同台竞技。“比赛中应用的技术和设备，不仅我们学校有，俄罗斯鲁班工坊也有，大家交流起来很顺畅。从备赛到比赛，我们互相学习、互相启发，整个过程收获非常大。”李红兵说。

（资料来源：《天津日报》，2022 年 8 月 21 日，作者：王音。有删改）

职业自信是优秀学生必备的人格特质，作为培养面向生产一线的高素质、专业技能型人才的重要阵地，高职院校需要把劳模精神、劳动精神、工匠精神融入技能人才培养全过程，引导推动更多青年热爱钻研技能、追求提高技能，用自己的劳动技能证明自己的实力，用技能点亮人生梦想，用劳动创造美好生活。①

---

① 刘雅婷. 劳动创造幸福，技能点亮梦想［N］. 中国组织人事报，2022-05-06（001）.

第三节　高等职业院校劳动教育实施的原则与方法

一、高等职业院校劳动教育实施的原则

（一）五育并举，把握育人导向

新时代的教育要求是“努力培养担当民族复兴大任的时代新人”，而劳动教育具备树德、增智、健体、育美综合育人的价值，可以促进人的全面发展。在某种意义上，新时代高职院校的劳动教育被赋予了落实立德树人任务与培养时代新人的厚望，同时也是高职院校开展思想政治教育工作的必要环节，落实立德树人根本任务的重要途径。高职院校在劳动教育的实施过程中必须贯彻党中央关于劳动教育的统一部署，坚持把立德树人、育人为本的教育理念贯穿于劳动教育的全过程，将劳动教育内容有机融入思想政治理论课程，同时发挥思想政治教育在劳动教育中的优势，结合马克思主义世界观、人生观和价值观等内容，对学生开展劳动观念、劳动价值观与劳动精神教育，形成劳动教育与思想政治教育协同发展局面。为确保大学生劳动教育的系统性、科学性，必须科学把握劳动教育的重点内容、运行机制等，从劳动教育的师资配比、环境优化、评价机制、保障体系等方面着力构建系统的劳动教育体系，实现劳动教育与创新创业教育、思想政治教育、志愿服务、专业教育等有机融合，系统推进与完善高职劳动教育的协同育人机制，推动高职与社会、家庭等各方主体协同配合，形成教育合力。

德智体美劳五育并举是新时期党的教育方针，成为时代新人的重要前提就是德智体美劳的全面发展。实施劳动教育旨在落实“培养德智体美劳全面发展的社会主义建设者和接班人”的育人宗旨，高职院校应坚持将劳动教育上升到五育并举的新时代教育方针层面来贯彻实施。劳动教育不再从属于或者等同于高职教育体系中的专业技能教育，而是与专业教育、思想政治教育共同构成高职教育体系。高职院校应以新时期党的方针政策为引领，以“三全育人”理念为导向，以学校为抓手，以高职学生为中心，将劳动教育全方位融入“育人实践”的全过程，实现德智体美劳五育并举，努力培养学生形成良好的劳动价值观及提升劳动技能水平，促进高职学生全面发展。首先要明确的是，劳动与其他学科具有平等关系，各学科相互依存，缺一不可，对于人才培养都起着重要作用。其次需要明确的是，作为人才培养体系的五个方面之一，劳动教育要确

立自身的知识能力、素质结构体系，要形成独特的学科品质与内涵，不能被其他学科所取代或遮蔽，要有其存在的独立性。再次就是劳动教育与其他学科的相融性。我们强调劳动教育在人才培养体系中的重要性与独立性，并不意味着劳动教育与其他学科的关系是不相交互与融合的。相反，劳动教育与德智体美往往是你中有我、我中有你。在知识谱系上，劳动教育可以与德智体美相互贯通，相互启发，协同发展，起到综合育人的成效。①

（二）理实结合，遵循教育规律

第一，理论与实践相结合。高等职业院校课程一般都具有理论与实践的两方面属性，有的课程理论性偏强，有的课程注重实践，纯理论不需要动手的课程还是比较少的。我们应该将劳动教育定义为高等职业院校人才培养体系中的一门课程，同样具有理论与实践两方面特性。知行合一的理念在我国劳动教育中具有悠久的历史，《墨子·耕柱》云："言足以复行者，常之；不足以举行者，勿常。不足以举行而常之，是荡口也。"墨子教授门徒既有理论讲说，更要以身示范、注重实践。这无论是对于职业教育还是对于劳动来讲，都值得借鉴，尤其对于职业技术技能人才劳动教育具有极大借鉴价值。高等职业院校大学生劳动教育理论属性主要体现在对劳动的起源、劳动的历史、劳动的价值、劳动的意义等方面的阐述研究，尤其是对马克思主义劳动观的研究与介绍，这些主要解决的是思想认识与知识谱系问题。而实践性特征，在劳动教育中则是鲜明而又丰富的，从个人的生活劳动习惯，到集体居住的环境保持，再到与学科知识相关的生产劳动，或者是投身公益性的义工志愿者服务等，都需要动腿动手，都需要实践操作。所以在安排劳动教育课程时，一定要将理论与实践结合起来。

第二，学生主体性与学校主导性相结合。正确认识劳动教育的学生主体地位和学校的主导作用可以提高劳动教育的实效性。学生主体与学校主导相结合的劳动教育原则既符合教育规律，也符合教育目的，是促进大学生全面发展的要求。在高等职业院校实施劳动教育的过程中，一方面，学校和老师要严格贯彻党的教育方针，把其作为全面发展教育体系的重要组成部分，主动加强学生的劳动教育，努力实现劳动教育树德、增智、强体、育美之功能；另一方面，要引导学生树立正确劳动观念、养成良好劳动习惯、提升多样的劳动能力，让学生增强劳动的自主性和创造性。首先，充分肯定学生的主体地位。主体原则

① 王晓青. 新时代高校劳动教育：意义、问题、原则与路径［J］. 淮阴师范学院学报（自然科学版），2021，20（02）：151.

指教育工作者在开展教育活动时，需要充分尊重受教育者的主体地位，调动受教育者自我教育的积极性与主动性，从而达到教育目的的行为准则。以学生为主体是现代教育的普遍共识。在劳动教育过程中，大学生不是被动接受教育的主体，而是不断地进行自我教育的主体。发挥学生的主体性需要在劳动教育过程中充分尊重大学生的主体地位，注意调动大学生的积极性。新时代大学生具有个性独立、思维敏捷、接受新鲜事物能力强等特点，劳动教育只有通过他们的主动内化，才能真正取得理想的效果。其次，发挥高职院校的主导作用。新时代劳动教育突出学生的主体地位，激发学生的主体意识，并不是否认学校劳动教育的主导作用。学校的主导作用发挥得好，学生的主体地位才能得到更充分的体现。为调动学生的主体性，高职院校应承担起劳动教育的主导者责任，确保开足、开齐劳动教育课程，科学设计课内外劳动项目，协调组织好大学生的校内、校外劳动实践。高职院校应采取多种措施对教师进行培训，提高教师的劳动教育理论和实践素养。高职院校还应加强师德师风教育，提倡教师以身作则、率先垂范，在劳动过程中做出表率，为学生树立榜样。同时，应着重建立正向的激励机制。高职院校开展劳动教育应建立起全方位的评价体系，包括大学生的劳动认知、情感、意识、实践、创新等方面的评价指标，紧紧围绕劳动教育规划，着力分阶段、多维度构建各领域的劳动教育指标；对于劳动表现突出、取得优秀和创新成果的学生给予物质上和精神上的激励，形成人人争先的劳动氛围。

第三，教师与学生的融合。劳动教育首先是教，教师要站稳讲台，为学生提供优质的劳动教育课程。这就要求教师既有相关的专业知识，又能合理利用各种教学方法，活跃课堂气氛，取得好的教学效果，真正发挥教师的指导与引路的作用。教的另一面是学，学生要重视劳动教育课程，积极参加课程学习，充分发挥自己的主观能动性，主动学习，创造性学习。因此，教师与学生是互动的关系，教与学是相互融合的关系。教师能激发起学生的学习积极性，这才是教育的目的；学生能主动积极地探讨研究，产生了浓厚的学习兴趣，并形成劳动的愿望，这才是学习的效果。教与学缺一不可，教师与学生互融互动，才能上好劳动教育课，才能有好的学习效果。

（三）精准定位，因人因时因地制宜

第一，全员教育与个别指导相结合。高职院校劳动教育既要针对学生存在的共性问题，又要针对学生存在的个性问题。就共性问题而言，当前高职院校开展劳动教育主要是围绕大学生的职业发展开展的专业训练，涉及劳动技能教育的内容较多，常常忽视职业观、职业情感的教育，对非职业性的劳动，如日常生活劳动与服务性劳动关注度较低，造成当代大学生劳动技能、劳动态度和观念的弱化，易产生职业歧视的问题。针对普遍存在的共性问题，我们不能也不应将劳动教育限定为职业技能训练，而应当拓展高职院校劳动教育的范围，使之符合新时代劳动教育的要求。① 高等职业院校应开展以日常生活劳动、生产劳动以及服务性劳动为主要内容的劳动教育，注重全方位提升大学生的劳动素养。劳动要依据能力进行合理分工，以人尽其才。高等职业院校开展劳动教育，既要针对学生劳动方面的普遍问题进行全员教育与引导，又要依据学生的专业、个性、身心差异与劳动素养层次进行因材施教，挖掘和激发学生的劳动潜能，做到精准教育、分层教育。劳动教育的实施应侧重于交互性的实践活动，应该考虑学生个体需求，调动学生的主观能动性，充分发挥学生在劳动教育过程中的主体性作用，从而增强劳动教育的亲和力、针对性与有效性。

第二，统一性与差异性相结合。高职劳动教育既要贯彻中央的整体部署，又要坚持灵活多样的教育方式。高等职业院校要因地制宜地开展灵活多样的劳动教育。我国地区之间的发展存在着很大的差异，开展劳动教育客观条件的差异性决定了高职院校需要依据地区的实际情况，结合当地的经济、文化、自然等条件，充分挖掘并利用企业、事业等单位的资源，做到因地制宜地开展劳动教育。另外，各个高职院校的办学特色、专业设置、办学规模、办学定位等方面也存在差异，因此，各高职院校要结合学校的实际情况，推行适合本校特点的劳动教育。职业技术型院校应围绕专业技能训练开展劳动教育，注重培养大学生敬业和诚信的职业精神。同时，高等职业院校也应该注重劳动教育的层次性，针对不同年级、不同阶段的大学生，开展有针对性的劳动教育，统筹推进劳动教育。由于每位学生的家庭环境、成长环境和自身阅历不同，其对劳动的认知、情感和内在诉求不尽相同，因此，只有在整体性把握新时代大学生劳动教育的同时，关注每位学生的成长和内在需求，才能使劳动教育有的放矢，增强针对性，提高实效性。

（四）与职业技能相融合，体现时代特征

我国高等教育理念经历了“德智体”到“德智体美”再到“德智体美劳”全面发展的变化，这些变化既体现了教育的与时俱进，也体现了党和国家对新时代人才培养的期望，对于构建高质量人才培养体系具有重要的作用。职业教

① 贾丽辉. 新时代高校劳动教育的价值意蕴、实施原则及策略［J］. 现代教育管理，2021（06）：38.

育与劳动教育同是国民教育体系中的重要内容，在国家教育事业发展中都发挥着重要作用。二者的教育内容相互联系、相互融合，比如培养劳动技能、劳动精神、劳动价值观等，劳动教育是职业教育培养职业人才重要实施途径，贯穿于职业教育的全过程。高职院校应从职业教育与普通教育的联系中深刻理解并定位劳动教育的属性，唯有如此，我们才能拓宽视野，解放思想，深化对高职院校劳动教育的认知，进一步理解与把握高职院校劳动教育的特殊性，将劳动教育与职业技能教育深度融合、长期有效地开展起来，从而不负劳动教育的时代使命。劳动精神所蕴含的一个重要精神就是实用务本精神，即在具体从事的事务中探寻事务的内在规律，熟练掌握技艺技巧。对于高职大学生劳动教育来说，要把劳动教育融合到专业教育教学中去，在学科教学与实训中渗透劳动教育的内容。高职大学生劳动教育要根据满足市场和企业用人需求这一实用要求来开展，如机械制造专业类要重视工匠精神的培养，财会专业类则要注重对学生的诚信劳动教育。劳动教育是新时代党的教育方针中的重要内容，是实践中国特色社会主义教育的重要路径，也是在新时代贯彻党的教育路线的重要标志。新时代的高职劳动教育要在不断融合创新中实现其价值和目标。高职劳动教育应在具体的实施过程中坚持劳动教育与立德树人相融合的原则。对劳动教育的理解绝不能局限于某些劳动技能、劳动技术的掌握，或者说仅仅是一些劳动习惯的养成。劳动教育首先应培养的是学生的世界观、人生观与价值观，是在深层次上与一个人的德行品行相关的品质。我们要坚持马克思主义的劳动观，即劳动创造历史，劳动创造人类，劳动推动未来。这是劳动的终极意义所在，也是我们正确看待劳动价值的逻辑起点。劳动教育就是要培养人的劳动精神，发挥人的创造价值，体现劳动推动人类社会发展的光荣使命。从个体来说，富有劳动精神的人，必须有吃苦品质、艰苦奋斗的意志，意识到劳动的成果源自艰辛劳动，我们要学会尊重劳动者、同情劳动者和关爱劳动者。当然劳动教育内在意义也包含劳动者有所得、劳动者取其酬的现代公平思想，反对不劳而获与投机取巧，提倡个人奉献于集体和社会，努力克服浮躁虚荣与贪图享受的思想。而这些，无论是从更高层次的劳动对人类社会的意义，还是从劳动所蕴含的公平与奉献精神来说，都与社会主义立德树人的价值相一致。

（五）整合资源，强化综合实施

高职院校要根据各地区和学校实际，结合当地在自然、经济、文化等方面条件，充分挖掘行业企业等可利用资源，宜工则工，宜农则农，采取多种方式开展劳动教育，避免“一刀切”。[①] 高等职业院校劳动教育的实施过程中，对学生的劳动教育不能局限在校园这方天地，而是要校内与校外相融合，形成互补的教育空间。在校内首先要做好第一课堂的建设，要合理利用好课堂讲授的教育形式，保证课堂教学质量。其次要加强校内第二课堂建设，即课后实践训练课的计划与安排。第二课堂的实践形式可多样化，比如宿舍内务整理、个人生活习惯的改善、公共区间清洁卫生的保持等，还可以设计一些劳动实践岗供学生们劳动。从专业性讲，一些实验性学科的实验室、生产车间等也可提供实践机会。对校外来说，主要是抓好第三课堂建设，利用好社会这个大舞台，与各行各业建立合作关系，动员社会力量与资源协同，为劳动教育提供服务。比如学生可到企业、工厂、商店及社区等单位，通过自己的劳动，培养劳动情操，培育劳动美德，同时也认识社会，了解生产，成长自己。

二、高等职业院校劳动教育实施的方法

（一）与专业特点相结合，兼顾劳动教育和职业教育属性

教育部文件要求将劳动教育纳入学校人才培养的全过程，积极丰富和拓展劳动教育的途径，也特别指出了要在专业教学中有机渗透劳动教育，所以高等职业院校开展劳动教育活动，要充分利用公共课程和专业课程的优势来渗透劳动教育，提升劳动教育的效果。例如在公共基础课程中，可利用思想政治课程和历史课程，从劳动创造人类社会、劳动创造人类历史和世界的角度阐释劳动在人类社会发展中的重要意义，使学生知晓劳动不分贵贱、劳动创造美好生活的马克思主义劳动观；利用语文、艺术等学科来挖掘与劳动教育相关的劳模或者劳动者的素材，给学生呈现中华民族勤劳俭朴、艰苦奋斗的优良传统；而像物理、化学等理科科目，则能够培养学生在劳动中的科学态度、创新精神、效率观念等，这也符合学科三维教学目标中对学生情感、态度与价值观的教育要求。而在专业课教学中，教师则要把专业课程的理论学习和实践课程学习结合起来，帮助学生养成扎实且过硬的专业技能，这就是在对学生进行劳动教育，也是高等职业院校对学生开展劳动教育最主要、最有效的路径。在专业教学的过程中，教师除了要重视对学生专业技能的教育引导外，也要关注对学生专业精神的培养，如严谨认真、吃苦耐劳、刻苦钻研、“干一行，爱一行”等，这样

① 刘强，黄鹏. 劳动教育视域下非遗校本课程的建设与实践［J］. 江西电力职业技术学院学报，2022，35（09）：37.

才是全面落实劳动教育的理念要求。[①]

职业院校学生除了要深刻理解马克思主义劳动观和社会主义劳动关系，具备劳动自立自强能力，更要建立良好的精神意识，学习、储备厚实的知识体系，以实践为劳动载体实现知行合一，能够在创造劳动成果的过程中提高发现问题和创造性解决问题的能力，在劳动教育中具备相应专业的创新创业能力。教育部颁布的《大中小学劳动教育指导纲要（试行）》明确了高等职业院校的劳动教育要结合学校的专业设置，关注对学生职业荣誉感和职业责任感的教育，在提高学生职业劳动技能的基础上，帮助学生养成积极向上的劳动精神和认真负责的劳动态度，在此指导思想上来开展高等职业院校的劳动教育工作。这也是在落实立德树人的新时代教育根本任务。高等职业院校开展劳动教育，要坚持以学生为中心的教育理念，从有利于学生发展的角度来进行劳动教育课程建设；要重视强化高职学生的劳动观念，弘扬劳动精神，营造积极劳动、主动劳动、自觉劳动的氛围；要特别重视学生的参与，力争让学生手脑并用，从而调动学生的积极性，发挥学生的主体作用。

（二）围绕培养目标要求，为开展劳动教育创造条件

在开展劳动教育的过程中，高职院校要发挥宏观引领与物质保障的作用，为劳动教育的开展积极创造各种有利条件。高质量劳动是在意识、精神、智力、行为等多层面的协调作用下产生的，需要职业环境涉及的行业、企业、学校等多维度优势资源支撑才能实现。高等职业院校可结合自身实际提供教师和场地等条件，特别是发挥部分技能课的专业教师的作用；也可利用学校自身的实践基地开展相关的劳动教育活动，用多样化的课程来调动学生参与劳动教育的积极性。

组建专兼职结构化师资队伍。劳动教育实施和评价需要不同角色老师通过不同的方式开展，需要来自行业、企业和学校等多方高素质、高水平专业人员组建结构化师资队伍协同完成。一是依托行业技能大师工作室，组建以省级技能大师为引领的高水平技术技能型师资队伍，在劳动教育中着重培养学生掌握行业技术规范以及具备吃苦耐劳、精益求精的工匠精神和解决技能难题的创新能力；二是聘请行业专家作为兼职教师，将行业发展新技术、新工艺、新标准及时传授给学生，提升学生运用所学知识解决一线生产问题能力；三是依托校企合作项目培养双师型专任教师，具备懂行业技术、会解决实践问题的能力，

---

① 彭谦. 职业院校劳动教育实施路径的创新与实践［J］. 中国职业技术教育，2021（34）：87.

使其开展劳动教育能教、会教，培养学生树立牢固的劳动意识和劳动观念，并具有扎实的专业基础能力。

建设产教融合型劳动教育基地。开展职业教育劳动教育需要拥有实践性和开放性的劳动教育基地作为支撑，搭建产教融合育人平台是职业教育劳动育人、培养面向新时代德智体美劳全面发展的人才的重要路径。以“通用职业素养—职业基本能力—职业能力核心能力—职业综合能力”为逻辑主线，整合政行企校四方资源，构建“行业引导、学校夯实、企业提升”的专业劳动教育基地；以技能大师工作室和对接世赛标准建设的专业基础课程实训室开展劳动基础教育，将行业技术变革、技术创新、前沿技术标准以及行业工匠、大师事迹植入专业基础课堂，夯实学生劳动观念和知识；以校企合作项目开展定向培养，以企业生产案例开展教学，将企业最新技术和标准融入课堂，培养学生知识运用能力、解决实际生产问题能力和精益求精的工匠精神，提高面向岗位的职业核心能力以及创新能力；通过在企业进行顶岗实习提升学生的综合职业能力。

保证劳动教育开展的时间。为了强化学生对劳动教育的重视，尽可能减少学生在劳动过程中的应付心态甚至投机心理，高等职业院校应结合自身教育特点把劳动教育课程纳入学校课程表，为规范性地开展劳动教育提供时间保障。也可把学生参加劳动的时间、任务纳入学生考核内容中，提升学生对劳动教育的重视程度。

（三）强化职业教育劳动文化，营造劳动育人校园氛围

教育部颁布的指导高等职业院校开展劳动教育的文件中特别指出，“要在校园文化建设中强化劳动文化”，为此，高等职业院校要从用文化影响人、用氛围塑造人的角度出发，积极营造良好的劳动教育氛围，根据学校实际来制定学校和班级的劳动公约、学期的劳动任务清单和每天的劳动常规，使学生重视劳动。在此基础上，高等职业院校可鼓励学生组建与劳动教育相关的社团或者兴趣小组，并为其活动创造条件。也要利用一些重要节日开展劳动主题教育，如教师可利用每年的学雷锋纪念日鼓励学生开展学雷锋活动；在植树节参加地方组织的植树活动，这也有利于培养学生的生态意识；而“五一”劳动节、中国农民丰收节等节日都是开展劳动教育的契机。通过这些多样化的活动，努力给学生们营造劳动光荣、劳动伟大、热爱劳动的积极向上的校园文化，营造良好的劳动教育氛围，为劳动教育的开展创造条件。

【案例故事】

工匠在身边，文化在传承

——建在校园里的铁板浮雕艺术馆

河北工业职业技术大学作为河北省规模最大、办学历史最悠久的省属冶金类院校，以“铸魂琢匠、钢工铁院”为核心文化理念，在2018年将铁板浮雕艺术引进校园，聘任代表性传承人、中国工艺美术大师郭海博为客座教授，代表性传承人、学校专职教师郭墨涵为指导教师。2019年建成占地400平方米的郭海博、郭墨涵铁板浮雕艺术馆，成为集展示、教学、研究于一身的，最具铁板浮雕特色的非物质文化遗产传承教学基地。艺术馆分三个部分：作品展示区、大师工作室和大学生传习体验室。该馆于2019年被评为省级技能大师工作室，2020年获批郭海博、郭墨涵河北省非物质文化遗产研究传承基地。铁板浮雕艺术馆目前是校内外参观、传习和产教研相结合的实训场所，更是非物质文化遗产铁板浮雕艺术的交流、展示平台，高校联谊艺术交流示范点，为培养新时代匠人注入了强大的文化力量。

在学校开展多样化的劳动教育活动。活动育人是新时代育人的重要特点，也契合高职学生身心特点，因此高等职业院校可把劳动教育与学生的个人生活、学校生活以及社会生活结合起来，给学生创造多样化的劳动体验，这样不仅能够提升学生的劳动能力，还能够深化学生对劳动的理解。高等职业院校可结合自身专业设置特色开展劳动技能竞赛活动，以劳动教育促进学生的专业学习，这也有利于形成良性的学习氛围。还可结合学生住校等特点，开展宿舍日常卫生评比活动，帮助学生养成主动劳动的意识。学校也可根据自身劳动教育规划，开展与劳动教育相关的专题讲座、主题演讲比赛等活动；利用劳动周组织学生对实训室的清扫活动，举办典型人物事迹宣讲活动，通过举办大国工匠、世赛冠军、劳动模范、全国技术能手进校园等活动，学习榜样人物事迹，观摩高超精湛技艺，领悟精益求精的工匠精神和勤勉敬业的劳动精神；举办专业技能竞赛、创新创业大赛等多维度主体活动，发扬艰苦奋斗精神，让学生体会成为一名高素质技术技能人才在职业发展中需具备专业知识、专业技能和创新精神的重要性。

重视社会生活中的劳动教育活动。利用节假日时间，组织学生开展日常生活劳动，例如家庭卫生清洁、烹饪、家居美化等。可开展每日劳动打卡竞赛活动，来强化对学生日常的劳动管理。这样的日常生活劳动，有利于提升学生的自理能力和主动劳动的习惯，还能够培养学生的家庭责任意识。高等职业院校还可利用其校外教育实践基地的优势，把劳动教育融入校外实践活动，促进社会劳动教育的开展。同时，高等职业院校要通过与社会相关机构的联系，开展公益性的社会劳动，如组织学生到养老院开展义务劳动、组织学生进入社区开展推广垃圾分类的相关活动等。这样的劳动教育有利于培养高职学生的社会公德意识，帮助学生厚植爱国爱民的情怀。

（四）建立健全评价体系，兼顾劳动过程性评价与结果性评价

劳动教育评价体系是否健全直接影响劳动育人成效。为了强化学校对劳动教育的重视与推进，国家强调要健全劳动素养评价制度，指出要将劳动素养评价纳入学生综合评价体系，以评价促进劳动教育的扎实有序推进，其内容要求中特别强调了劳动素养要成为评价学生全面发展的重要依据，作为学生评优评先、毕业、升学的重要依据或者参考。因此，高等职业院校要结合高职教育的特点以及高职学生的实际状况，不断完善评价体系，真正把劳动教育评价纳入评价体系，这也能够提升学生对劳动教育的重视。首先，要重视对学生平时表现的评价，可给学生明确学期劳动的类型、时间、次数等，然后以学生自评、家长评价、实践单位评价和教师评价相结合进行日常评价，其所占比例可略大。其次，开展学生劳动素养检测活动，也就是结合劳动理论学习、劳动实践参与等具体活动，对学生的劳动素养进行评估。这里要重点关注劳动观念、劳动精神、劳动品质等隐性内容的全面评估，用评价激励学生重视劳动、参与劳动，培养学生的劳动积极性，帮助学生树立正确的劳动价值观。再次，定性评价和定量评价相结合。劳动教育具有显性和隐性双重特征，显性特征采用定量评价，隐性特征则需用定性评价，而劳动教育隐性特征则是劳动教育成效的基础。在第一学期，学生参加学校劳动教育以及在校期间参加校园文化活动，劳动价值观、劳动意识和劳动态度等隐性特征占比重较大，劳动成果体现等显性特征占比重较小，主要采用表现性评价进行定性评价。在第二至第六学期结合专业技能实施劳动教育，显性特征和隐性特征均占较大比重，对于显性评价主要采用评分表、劳动成果质量评定等方式进行，对于隐性评价则通过学校教师、企业技师和学生自评互评等多个维度进行。最后，过程性评价与结果性评价相结合。一是依据劳动教育课程教学标准、教学设计和评价方式开展课堂过程性实时评价；二是对标教学任务目标，结合新时代职业素养要求和岗位职业能力要求对学生进行劳动教育阶段性考核和结果性评价。通过过程性评价和结果性评价相结合的方式，全面进行劳动价值观、劳动习惯、劳动知识和劳动能力的考核把关。

思考与练习：

1. 高等职业院校劳动教育的主要内容有哪些?
2. 你参与过哪些形式的劳动教育？如何积极参与学校的劳动教育?
3. 结合高等职业院校劳动教育的内涵和特点，谈谈你对劳动教育重要性的理解。
4. 如何理解劳动创造和职业自信的关系？在参加劳动教育的实践中，你有哪些职业自信提升的体会?

第三章　劳动精神、劳模精神、工匠精神

第一节　弘扬劳动精神

劳动精神在劳动过程中形成，是人在劳动中获得的属人的精神追求。劳动精神升华于马克思主义劳动观的科学指引，在中华民族优秀传统文化中赓续传承，在社会主义伟大实践中弘扬发展，其内涵丰富，意境深远，历久弥新。弘扬劳动精神对于实现中华民族伟大复兴、全面建成社会主义现代化强国、培育担当民族复兴大任的时代新人具有重要意义。

一、劳动精神的内涵

【案例导学】

劳模精神、劳动精神、工匠精神是民族精神和时代精神的生动体现

党的十八大以来，以习近平同志为核心的党中央始终关心劳模和劳模工作，礼赞劳动创造，讴歌劳模精神、劳动精神、工匠精神。2013 年 4 月 28 日，习近平总书记亲临全国总工会机关同全国劳动模范代表座谈，强调必须大力弘扬劳模精神、发挥劳模作用。2014 年 4 月 30 日，习近平总书记在乌鲁木齐接见劳动模范和先进工作者、先进人物代表时，提出劳动精神。2016 年 4 月 26 日，习近平总书记在安徽主持召开知识分子、劳动模范、青年代表座谈会时，提出工匠精神。2020 年 11 月 24 日，在全国劳动模范和先进工作者表彰大会上，习近平总书记对劳模精神、劳动精神、工匠精神做出全面系统深刻阐述，强调劳模精神、劳动精神、工匠精神是以爱国主义为核心的民族精神和以改革创新为核心的时代精神的生动体现。习近平总书记的重要论述，丰富和深化了我们党对劳动、劳动价值的认识，对新时代新征程上大力弘扬劳模精神、劳动精神、工匠精神具有重大意义。

劳模精神、劳动精神、工匠精神具有内在联系。劳模精神反映劳动模范在生产实践中的职业素养、职业能力、职业品质，弘扬劳模精神强调用劳模的先进思想、模范行动影响和带动全社会。劳动精神是劳动者劳动意识、劳动理念、劳动态度、劳动习惯的集中展示，弘扬劳动精神强调正确认识劳动是人类的本质活动。工匠精神不仅是大国工匠群体特有的品质，更是广大技术工人心无旁骛钻研技能的专业素质、职业精神，弘扬工匠精神强调在追求卓越中超越自己。劳动精神是劳模精神、工匠精神的根基，离开劳动精神，劳模精神和工匠精神就是无源之水、无本之木。劳模精神和工匠精神是劳动精神向更高水平的发展、在更高层次的升华。

（资料来源："学习强国"学习平台）

课堂讨论：劳动精神、劳模精神、工匠精神三种精神之间有怎样的联系?

劳动精神的内涵是在历史积淀中形成的正确价值观念、劳动观念、劳动态度、品德规定，在新时代感召下不断发展。习近平总书记于 2020 年 11 月 24 日在全国劳动模范和先进工作者表彰大会上的讲话中明确提出"崇尚劳动、热爱劳动、辛勤劳动、诚实劳动的劳动精神"。中国特色社会主义背景下的劳动精神是以爱国主义为核心的民族精神和以改革创新为核心的时代精神的具体体现。

（一）以崇尚劳动为核心的劳动观念

劳动是创造财富的源泉，是人全面发展的路径，是社会由低级走向高级的推动力。崇尚劳动是劳动精神的核心意涵。

马克思主义给予劳动至高无上的地位，劳动是人类发展的根本，没有劳动就没有人类的生存和发展，劳动揭示社会发展规律，劳动创造世界，劳动创造财富，劳动创造人类。崇尚劳动也是中华民族传统文化固有之义。中华五千年文明史是扎根于农业文明的劳动史，有讴歌劳动、尊重劳动、崇尚劳动的光荣传统，赞誉劳动者或以劳动者视角洞察社会现实的诗词美句更是数不胜数，"民生在勤，勤则不匮""富贵本无根，尽从勤里得"等谚语在民间广泛流传，古代乡村文化中"耕以致富，读能荣身"的朴素愿望蕴含着崇尚劳动的价值观念。近现代以来，广大人民群众在中国共产党的领导下以艰苦奋斗的劳动实践赢得一个个伟大胜利：土地革命有力突破封建土地制度的桎梏；大生产运动保障了赢得抗日战争胜利的物质基础；解放战争时期的土地改革，极大调动了广大农民生产热情，树立了劳动人民主人翁意识；社会主义建设初期顺利完成农业、手工业、资本主义工商业的社会主义改造，确立社会主义基本制度；改革开放以来，成千上万的知识分子发扬劳动精神，锐意进取，创造出巨大成就。党的十八大以来，习近平新时代中国特色社会主义思想进一步将马克思主义劳动观与中国具体实际相结合。习近平总书记指出："劳动是财富的源泉，也是幸福的源泉。""撸起袖子加油干""幸福是奋斗出来的，奋斗本身就是一种幸福"等一度成为流行热语，中华民族在广大劳动者的接续奋斗中逐渐走近世界舞台中央。新时代信息技术、科技创新等新生产要素日新月异，轻视劳动的错误价值观会阻碍社会发展。劳动精神指引广大劳动者树立正确的劳动价值观，认可劳动之力，崇尚劳动之美，与好逸恶劳的不良风气做坚决斗争，让"劳动最光荣、劳动最崇高、劳动最伟大、劳动最美丽"成为内心深处的坚定信仰，让崇尚劳动成为全社会的价值共识。

（二）以热爱劳动为核心的劳动态度

在崇尚劳动的价值共识下，人们就会渴望劳动、热爱劳动。"热爱劳动"是正确的劳动态度，表现为劳动者自觉自愿劳动、积极参与劳动的心理，是劳动精神的应有之义，是新时代广大参与社会主义现代化建设劳动者的共有品质。

马克思认为，劳动不仅仅是人谋生的手段，更是人实现自由而全面发展的必经之路。习近平总书记强调，要推动全社会热爱劳动、投身劳动、爱岗敬业，为改革开放和社会主义现代化建设贡献智慧和力量。人们对劳动的价值认同与对幸福的价值追求具有本质的一致性，每个人都应该热爱劳动，在劳动中追求幸福、实现自我。如果对劳动不能形成由内而外的热爱，劳动就会异化为束缚人发展的桎梏，就会成为人们竭力摆脱的枷锁。当前，社会上存在被享乐主义侵蚀的现象，个别职业的劳动者未能得到应有的尊重，部分青年在职业选择上轻视体力劳动，耽于享受，消极劳动心理蔓延滋生。劳动精神指引广大劳动者正确认识劳动价值，对不同劳动予以同等尊重，在劳动实践中坚守热爱劳动的思想观念，继承和发扬热爱劳动的劳动精神，自觉营造热爱劳动的社会风气，以高昂斗志和满腔热情参与社会主义现代化建设的时代伟业。

（三）以辛勤劳动为核心的劳动能力

"辛勤劳动"描绘的是劳动者吃苦耐劳、勤谨劳作的场景，是在遵循劳动客观规律前提下，劳动者对劳动过程及劳动强度的充分肯定。辛勤劳动是劳动精神的基础坐标。

无论是体力劳动还是脑力劳动都需要劳动者艰苦奋斗，都需要用劳动者的辛勤汗水、心血智慧浇灌才能开出幸福之花，所谓"天道酬勤""业精于勤，荒于嬉"。勤劳是中华民族千百年来的价值认同和传统美德，只有勤劳奋斗，才能懂得乐于奉献、追求卓越、争创一流，才能成就出彩人生。毛泽东同志曾指出："社会主义制度的建立给我们开辟了一条到达理想境界的道路，而理想境界的实现还要靠我们的辛勤劳动。"习近平总书记也强调："社会主义是干出来的，新时代是奋斗出来的。"中华民族在千百万劳动人民的辛勤劳动中实现从站起来、富起来再到逐渐强起来的飞跃，"蛟龙"入海、"天眼"探空、"墨子"传信、"北斗"组网等重大科技成果，完成南水北调、西气东输、西电东送、青藏铁路等巨大工程，向世界展示了中国共产党带领各族人民艰苦奋斗、辛勤劳动的奇迹。新时代新征程，广大劳动者特别是青年一代要深刻体会美好生活的来之不易，发扬辛勤劳动的优良作风，让劳动精神成为自己参与社会主义建设的精神坐标。

（四）以诚实劳动为核心的劳动品德

"诚实劳动"是劳动者遵纪守法、求真务实、实事求是的劳动品格，要求劳动者踏实对待工作，正视工作问题，同时善于钻研和解决问题，在具体工作中坚守标准、恪守道德、遵循法律。"诚实劳动"是劳动精神价值意蕴的必然要求，是对劳动者品德的客观规定。

习近平总书记在 2013 年 4 月 28 日同全国劳动模范代表座谈时指出："人世间的美好梦想，只有通过诚实劳动才能实现；发展中的各种难题，只有通过诚实劳动才能破解；生命里的一切辉煌，只有通过诚实劳动才能铸就。"诚实劳动是所有劳动者共同的职业要求，是合格劳动者的固有本色，是创造幸福生活的基本前提，是干事创业的必然要求。只有诚实做事，才能实干兴业，才能在平凡岗位上创造出不平凡的业绩。在中国人民汇聚磅礴力量，以劳动推动时代进步、奏响实现中国梦宏伟乐章之时，也会出现不劳而获、偷奸耍滑、粗制滥造、投机取巧的不和谐音符。广大劳动者应以实际行动接受时代考验，威慑不诚实劳动，以诚实劳动的先进事迹净化自身，增强舆论正向引领，自觉以诚实劳动的良好风尚武装自己，营造诚实劳动的社会环境，厚植诚实劳动的社会土壤，努力让自己成为诚实劳动的提倡者、劳动致富的信仰者、中国质量的守护者、劳动精神的传承者。

【知识拓展】

在长期实践中，我们培育形成了爱岗敬业、争创一流、艰苦奋斗、勇于创新、淡泊名利、甘于奉献的劳模精神，崇尚劳动、热爱劳动、辛勤劳动、诚实劳动的劳动精神，执着专注、精益求精、一丝不苟、追求卓越的工匠精神。劳模精神、劳动精神、工匠精神是以爱国主义为核心的民族精神和以改革创新为核心的时代精神的生动体现，是鼓舞全党全国各族人民风雨无阻、勇敢前进的强大精神动力。

——2020年11月24日，习近平在全国劳动模范和先进工作者表彰大会上的讲话

二、劳动精神的价值

【案例导学】

不能忽视“劳”的作用

挥锹铲土、扶树填坑、踏土夯苗、提水浇灌，植起绿色希望，也播下严谨细致的做事态度；体验插花剪纸、泥塑木工等非遗技艺，既提高了动手实践能力，也加深了对中华优秀传统文化的理解；开展家庭大扫除，承担力所能及的家务劳动，体味劳动畅快，传承勤俭家风……“五一”国际劳动节前后，内容丰富、形式多样的劳动教育，让莘莘学子在轻松快乐中丰富了见识、增长了本领。

劳动是一切成功的必经之路，也是培养造就栋梁之材的必需方式。党的十八大以来，习近平总书记高度重视青少年劳动教育，强调把劳动教育纳入人才培养全过程，贯通大中小学各学段和家庭、学校、社会各方面。今年参加首都义务植树活动时，习近平总书记询问孩子们学习生活情况，叮嘱他们要德智体美劳全面发展，不能忽视“劳”的作用。在系统的文化知识学习之外，有目的、有计划地组织学生参加日常生活劳动、生产劳动和服务性劳动，对成长成才大有裨益。

人类是劳动创造的，社会是劳动创造的。从珍馐美味到清洁环境，从平安家园到健康保障，都凝结着大量“看得见”的劳动成果和“看不见”的劳动价值。一个人只有树立正确的劳动观，才能真正理解劳动的本质和价值，准确掌握历史前进、社会运转的机理。反之，没有劳动情怀、缺乏劳动锻炼，必然导致不想劳动、不会劳动，滋生坐享其成、贪图享乐等怠惰奢靡之风。

美好品德的陶冶，智慧潜能的激发，健康体魄的养成，审美水平的提升，都离不开特定的劳动场景和劳动实践。劳以树德，劳动能传递以辛勤劳动为荣、以好逸恶劳为耻的价值观；劳以增智，劳动有助于启发思考科学原理、探索事

物奥秘；劳以强体，动动手、流流汗，强健了体魄，增强了体能；劳以育美，发挥聪明才智去设计创造，本身就是在提高美育素养。劳动教育并不是孤立的教育形态，而是促进学生素质全面发展的有力抓手。

培养担当民族复兴大任的时代新人，才智要强起来，身体也要强起来，精神更要强起来。“不惰者，众善之师也。”劳动本就是培养吃苦耐劳、艰苦奋斗品质的沃野，在长期实践中形成了劳模精神、劳动精神、工匠精神等宝贵精神财富。把劳动的种子深植在青少年心中，有助于让他们懂得“伟大出自平凡，平凡造就伟大”的价值理念，知晓“共和国的大厦是靠一块块砖垒起来的，人民是真正的英雄”的历史哲理，涵养“在新时代更好建功立业”的奋斗追求。热爱劳动、不懈奋斗，一切美好的东西都能创造出来。

劳动，人之为人的永恒课题，成长成才的必修课程。随着劳动形态更为多元、更富变化，劳动的价值越来越彰显，劳动教育变得越来越重要。积极探索具有中国特色的劳动教育模式，齐心协力开展好劳动教育，一定能让莘莘学子在劳动中发现广阔的天地，在劳动中体现价值、展现风采、感受快乐。

（资料来源：《人民日报》，2022 年 5 月 1 日，作者：李斌）

课堂讨论：结合案例学习，以关键词形式梳理劳动的价值包含哪些方面。

崇尚劳动、热爱劳动、辛勤劳动、诚实劳动的劳动精神体现在我国社会所有实践领域，以价值引领的姿态促进人的全面发展，承载人民追求幸福的美好愿景，推进党的事业永续发展，彰显中国特色社会主义制度优势，助力培养社会主义建设者和接班人，为中华民族伟大复兴凝心聚力，凸显时代价值。

（一）劳动精神是增进人民福祉的重要支撑

首先，劳动精神引导广大劳动者树立正确劳动道德，提升道德情操。中华民族素有热爱劳动、崇尚劳动的光荣传统。中国特色社会主义背景下的劳动精神生发于中华文化底蕴，升华于马克思主义理论指引，在中国特色社会主义的伟大实践中抵御风险、发展壮大，融合时代特征。在多元化的环境下，劳动精神在提升广大劳动者道德水平、引导劳动者与时俱进端正劳动认识、适应新的劳动环境、创造劳动价值方面具有重要意义。

其次，劳动精神的弘扬进一步满足劳动者对美好生活的向往。“人”是马克思主义的普遍关切。马克思主义与中国具体实践相结合，形成以人民为中心的治国理念和价值遵循，劳动精神是以人民为中心的价值引导。在中国特色社会主义背景下，劳动精神是中国精神的具体体现，是劳动主体与劳动目的相统一的纽带。劳动精神引领广大劳动者辛勤劳动，创造更多物质财富，使劳动者公平获得实实在在的利益，共享社会主义建设的物质红利，同时社会给予不同劳动者同样尊重，肯定所有劳动者在社会主义建设中的主体地位，使劳动人民增强获得感和幸福感，诠释了“发展依靠人民，发展为了人民，发展成果由人民共享”的理念。

最后，劳动精神使人自由而全面发展成为可能。人自由而全面的发展是对共产主义社会的生动描述，是马克思毕生的追求。只有劳动，且自由的劳动才能实现人自由而全面的发展，那时劳动不再是让人感到束缚或痛苦的东西，人们在劳动中获得尊严、实现自我，获得真正的幸福。劳动精神通过意识对物质的反作用，推动生产力发展，促进社会进步，积累实现人自由而全面发展的物质基础。同时，劳动精神将人们的思想水平、价值观念、道德情操、精神状态不断推向高级，实现劳动者的自觉劳动、创造性劳动，是人自由而全面发展的精神引领。

（二）劳动精神是推进党的事业的精神动力

劳动贯穿于中国共产党人革命、建设、改革的全过程，劳动精神是推进党的事业的精神动力。习近平在党的十九大报告中指出，中国共产党人的初心和使命，就是为中国人民谋幸福，为中华民族谋复兴。人民幸福和民族复兴就是中国共产党人的毕生事业。

自中国共产党成立以来，党带领人民艰苦奋斗、爬坡过坎，战胜无数困难，在危机中赢得一次次生机，形成中国特色的劳动精神，蕴含团结、奋斗、创新、梦想等丰富精神养分，和其他伟大精神一并构成中国共产党的精神谱系，成为党的事业发展的精神动力，党的事业在劳动精神指引下风生水起，发展壮大。

新中国成立初期，毛泽东同志就忧虑地指出：“现在我们能造什么？能造桌子椅子，能造茶碗茶壶，能种粮食，还能磨成面粉，还能造纸，但是，一辆汽车、一架飞机、一辆坦克、一辆拖拉机都不能造。”如今，中国共产党带领人民用几十年的时间走完了发达国家几百年走过的工业化历程，创造了世界罕见的发展奇迹。从长春第一汽车制造厂的诞生到新中国第一颗原子弹的爆炸成功；从响彻太空的《东方红》到“嫦娥”探月、“北斗”导航、“蛟龙”探海等，结束了中国无数个“不能”，无不体现中国共产党人求是创新精神和中华儿女的劳动智慧。

从嘉兴南湖边的“摆渡人”，到战争年代挺起脊梁的“主心骨”，再到建设时期勇往直前的“先锋队”，中国共产党始终初心如磐，劳动精神是党的事业的传家宝，是党锤炼政治本色的法宝。

在新的历史条件下，实现人民对美好生活的向往成为党新的奋斗目标，弘扬劳动精神，发掘党和人民的创新创造活力，发扬逢山开路、遇水搭桥的劳动创造精神，锐意进取，大胆探索是推进党和国家的事业走向兴旺发达的必经之路。

（三）劳动精神是实现立德树人的必要举措

在立德树人的重大命题中，劳动精神以鲜明的创新特征培养学生的积极性、主动性和创造性。当今世界充满着前所未有的机遇和挑战，我们面对的形势极其复杂，更加紧迫。世界竞争说到底是人才竞争。中华民族伟大复兴中国梦的实现需要以劳动精神引领更多懂得劳动伟大、弘扬劳动精神、勤于躬身实践、传承技术技能、善于创新创造的高素质劳动者。

随着社会物质财富增长，市场经济在给人们带来红利的同时，也有一些冲击人们思想观念、道德规范和价值取向的消极因素随之产生，严重冲击人们特别是学生对辛勤劳动、艰苦奋斗的认知。将劳动教育和书本教育相结合，重点培养学生吃苦耐劳、艰苦奋斗的劳动精神是应对部分学生价值观扭曲、劳动观念弱化的必要举措，进而引导学生树立正确的劳动价值观，培养良好劳动态度，涵养深厚劳动情怀，培养高尚劳动品质。

在新时代的历史坐标上，智能化、电子化、机械化等方面的高科技层出不穷，成为鲜明时代特征，与此同时，劳动形态也发生巨大变化。时代要求学生自觉承担使命，在学习、就业的不同阶段发扬劳动精神，通过创造性劳动实现自我价值。劳动精神不仅能引导学生紧跟时代步伐，还能助力学生推进时代前进步伐。

习近平总书记在自述文章中写道：“作为一个人民公仆，陕北高原是我的根，因为这里培养出了我不变的信念：要为人民做实事！”习近平总书记正是在艰苦的劳动中坚定了“我将无我，不负人民”的信念。劳动精神在劳动实践中传承，有益于劳动者道德精神的发展，特别是有益于培养学生乐于助人、甘于奉献的精神，提升时代新人精神境界，实现自我价值与社会价值的统一。

（四）劳动精神是新时代社会主义事业的精神支柱

劳动精神是中国特色社会主义事业不断发展的精神支柱，是整个国家必须弘扬的民族精神。劳动精神的支柱作用主要体现在凝聚力量，形成合力，激发潜能，激励劳动者肯干实干、创新创造。

习近平强调：“实现中国梦必须走中国道路、弘扬中国精神、凝聚中国力量。”中国梦是国家的、民族的。劳动精神指引 14 亿中国人的智慧凝聚到社会主义建设事业中来，最广泛地汇集劳动资源，最充分地调动劳动潜力，促使广大群众充分认识实现中华民族伟大复兴中国梦过程中劳动、劳动精神的意义和价值，将个人理想和民族复兴结合起来，以辛勤劳动、诚实劳动、创造性劳动投入到中国梦的实现之中。

新时代中国特色社会主义事业是共产主义远大理想与中国特色社会主义共同理想相结合的事业，是将马克思主义与中国精神相结合的事业，是中国梦、民族梦和个人梦相结合的事业，每个层次都需要劳动精神支撑劳动者坚定想劳动、会劳动、巧劳动的信念。“社会主义是干出来的，新时代也是干出来的”“劳动没有高低贵贱之分，任何一份职业都很光荣”“幸福是奋斗出来的，奋斗本身就是一种幸福”生动描绘出劳动精神是劳动者奋斗实干的精神动力，是推动社会发展进步的精神支撑。在社会主义建设事业中，科学技术是最核心的生产力和竞争力。核心技术是讨不来，买不来，要不来的。劳动人民的创新潜能和创造智慧是科技报国的动能，是中国实施创新驱动发展战略、引领新技术革命发展的制胜法宝。推动科技创新、推动创造性劳动创造价值同样需要劳动精神持续发力。

历史证明，劳动精神在我国社会主义建设各个时期都发挥了重要作用。当前正值“两个一百年”奋斗目标交汇的关键时期，全面建设社会主义现代化的新征程已经开启。新时代、新征程、新任务，需要中华儿女凝心聚力发扬劳动精神，刻苦钻研，精益求精，突破技术关卡，推动自立自强，实现高质量发展。

【知识拓展】

致敬奋斗者——听习近平总书记说给劳动者的“暖心话”

劳动最光荣、劳动最崇高、劳动最伟大、劳动最美丽。全社会都应该尊敬劳动模范、弘扬劳模精神，让诚实劳动、勤勉工作蔚然成风。

——2018 年 4 月 30 日，习近平给中国劳动关系学院劳模本科班学员的回信

只有奋斗的人生才称得上幸福的人生。奋斗是艰辛的，艰难困苦、玉汝于成，没有艰辛就不是真正的奋斗，我们要勇于在艰苦奋斗中净化灵魂、磨砺意志、坚定信念。

——2018 年 2 月 14 日，习近平在 2018 年春节团拜会上的讲话

全面建成小康社会，进而建成富强民主文明和谐的社会主义现代化国家，根本上靠劳动、靠劳动者创造。

无论时代条件如何变化，我们始终都要崇尚劳动、尊重劳动者，始终重视发挥工人阶级和广大劳动群众的主力军作用。

——2015 年 4 月 28 日，习近平在庆祝“五一”国际劳动节暨表彰全国劳动模范和先进工作者大会上的讲话

三、劳动精神的践行

【案例导学】

陕北南泥湾，延安大生产运动纪念碑静静矗立。碑身上，“自己动手、丰衣足食”八个大字遒劲有力。抗日战争进入相持阶段后，由于日军的疯狂进攻和大规模“扫荡”、国民党顽固派的军事包围和经济封锁，陕甘宁边区及各抗日根据地财政经济发生极大困难，一度陷入没粮、没油、没纸、没衣、没经费的境地。危难之际，党中央号召边区军民自力更生，克服困难。“力”在何处？在广大劳动者中！一场轰轰烈烈的大生产运动在黄土高原开展起来——1941 年春，迎着料峭寒风，三五九旅的战士们肩挎钢枪、手握镢头，挺进南泥湾垦荒。广大军民以高昂的劳动热情，将荒无人烟的“烂泥湾”变成庄稼遍地、牛羊成群的“陕北好江南”。纺一根线、垦一亩荒，边区军民在逆境中自己动手、丰衣足食，顽强生存、英勇斗争。毛泽东指出“这是中国历史上从来未有的奇迹”。

从烽火连天的革命年代，到如火如荼的建设岁月，再到波澜壮阔的改革大潮，长期以来，在党的领导下，我国工人阶级和广大劳动群众始终站在时代前列，用汗水和智慧奏响“咱们工人有力量”的主旋律——老工人孟泰带领工友献交器材、刨开冰雪收集废旧零件，硬是没有花国家一分钱，建成鞍钢当时著名的“孟泰仓库”；产业工人许振超带领班组练就“一钩准”“一钩净”“无声响操作”等绝活儿，多次刷新集装箱装卸世界纪录；航天科技“嫦娥”团队勇于探索，成功研制我国第一颗月球探测卫星——嫦娥一号……一座座丰碑上，镌刻着不同时代劳动者只争朝夕、奋力拼搏、开拓创新的身影。

2004 年，柴闪闪成为扛包裹的转运员，每天要扛 3000 多袋包裹。他干一行、爱一行、精一行，靠着过硬的业务能力和吃苦精神，成为全国邮政系统先进个人、上海市优秀青年突击队员、全国劳动模范，并当选全国人大代表。外卖骑手宋增光、“拉面匠”韩木海买、“小砌匠”邹彬……一个个看似“开挂”

人生的背后，无不洋溢勤于劳动、勇于奋斗的精神。

重庆市巫山县竹贤乡下庄村老支书毛相林率乡亲们历时7年，在绝壁上凿出一条8千米长的“绝壁天路”，带领群众摘掉贫困帽，走上致富路；“人民楷模”、太行山上“新愚公”李保国扎根太行山35年，用辛勤的劳动和科研成果把富裕和希望带给农民……

0.00068毫米的加工公差，意味着什么？这相当于头发丝直径的1/125，连数控机床都难以实现。这不可思议的加工公差出自方文墨之手。这位航空工业沈阳飞机工业（集团）有限公司首席技能专家说：“开始很多人说我不适合干这行，但我既然选择了，就一定要做到最好。”凭着追求“最好”的劲头，他不断挑战打磨精度的边界，让“文墨精度”名震业内。

一片钢板能够薄到什么程度？太钢集团不锈钢“手撕钢”创新研发团队不断给出新答案。2018年，在经历700多次失败、攻克175个设备难题、452个工艺难题后，这支团队自主研发的0.02毫米“手撕钢”成功面世，有效破解了制约我国高精尖领域长远发展的材料难题；2020年，团队再次突破极限，轧出了光如镜、质地硬、厚仅0.015毫米的“手撕钢”……团队技术员廖席说：“创新是什么？是干别人干不了的，挑战不可能！”劳动者的字典里没有“不可能”。无数像方文墨、太钢集团创新研发团队这样的劳动者及团队，以争创一流、勇攀高峰之志，赋予劳动精神丰富的时代内涵。

（资料来源：“学习强国”学习平台）

课堂讨论：

1. 践行劳动精神的核心要义是什么？

2. 青年学生可以通过哪些途径践行劳动精神？

“伟大出自平凡，英雄来自人民”，在应对百年未有之大变局的关键时期，在实现中华民族伟大复兴中国梦的紧要关头，需要激发各行各业、各条战线劳动者建功立业的斗志，克服艰难险阻的勇气，甘于平凡和乐于奉献的激情。广大青年更要以“勤劳、奋斗、创新、奉献”的躬身实践，大力弘扬劳动精神，涵养劳动情怀和劳动品格，传承续写中国精神。

勤劳是弘扬劳动精神、体现传统美德的具体实践；勤劳是中华民族几千年贯彻始终的道德精髓，是中国传统美德在劳动精神中的积淀。当今社会享乐主义、消费主义等消极观念对“勤劳”美德产生冲击，例如“啃老”“躺平”“摆烂”等错误思想，甚至有青少年将劳动和幸福对立起来，勤劳奋斗、勤俭节约的传统美德被淡忘，这些问题不容忽视。践行劳动精神，首先要弘扬勤劳节俭的美德，形成健康消费理念，合理开发利用资源的现实需要，推动高质量发展，深化供给侧改革，深悟“幸福都是奋斗出来的”道理，在提升物质条件的同时树立正确的幸福观。青年学生要加强劳动实践，主动参与诚实自觉且有利于社会的劳动，要以吃苦耐劳、艰苦奋斗的具体劳动实践消解坐享其成、不劳而获的错误观念。

奋斗是弘扬劳动精神、抵御风险挑战的具体实践。美好的理想不可能唾手而得，社会主义的宏伟大厦离不开一砖一瓦的苦干实干。经过全党全国各族人民持续奋斗，我们实现了第一个百年奋斗目标，全面建成了小康社会，历史性地解决了困扰中华民族几千年的绝对贫困问题，正意气风发向着第二个百年奋斗目标迈进。蓝图越宏伟，奋斗越艰巨。习近平总书记在十九大报告中郑重告诫：“全党同志一定要永远与人民同呼吸、共命运、心连心，永远把人民对美好生活的向往作为奋斗目标，以永不懈怠的精神状态和一往无前的奋斗姿态，继续朝着实现中华民族伟大复兴的宏伟目标奋勇前进。”新时代是奋斗者的时代，新征程中一定会有暗沟险滩、惊涛骇浪，这就需要青年学生弘扬劳动精神、艰苦奋斗，争做新时代的奋斗者。

创新是弘扬劳动精神、体现时代特征的具体实践。抓创新就是抓发展，谋创新就是谋未来。无论顺境、逆境，创新都是引领发展的第一动力。历史长河中，一代代劳动者用实际行动创造劳动价值，刷新劳动成绩，积累劳动技能，创新劳动产品，弘扬劳动精神。在新的历史坐标上，科技进步日新月异，中国特色社会主义建设已经踏上中国速度向中国质量转变、中国产品向中国品牌转变的新征程。新一轮的科技革命和产业变革快速演变，新技术、新业态层出不穷，只有咬定创新不放松，才能创造出更大的发展空间。创新是一代代人共同参加的接力赛，需要广大青年适应新时代的劳动特征，培养创新意识，涵养创新精神，通过创新科技、创新方法、创新思路等创新性劳动创造财富，不负时代使命。

奉献是弘扬劳动精神、体现社会主义特征的具体实践。共产主义信仰和中国特色社会主义信念是广大劳动者甘于奉献的信念支撑。一串串如王进喜般闪亮的名字和亿万普通劳动者甘于奉献、勇于牺牲的劳动热情汇聚成无穷的力量，创造了新中国建设史上无数个第一，为百年目标奠定坚实的基础。马克思在中学毕业论文中写道：“如果我们选择了最能为人类福利而劳动的职业，那么，重担就不能把我们压倒，因为这是为大家而献身；那时我们所感到的就不是可怜的、有限的、自私的乐趣，我们的幸福将属于千百万人，我们的事业将默默地、但是永恒发挥作用地存在下去，而面对我们的骨灰，高尚的人们将洒下热泪。”习近平总书记曾指出：“我们共产党人讲奉献，就要有一颗为党为人民矢志奋斗的心，有了这颗心，就会‘痛并快乐着’，再怎么艰苦也是美的、再怎么付出也是甜的，就不会患得患失。”新一代青年学生应真心实意地参加这种不为名、不为利的劳动，与全国人民一起为一个共同的目标而奋斗。

【知识拓展】

劳动是一切成功的必经之路。……实现我们确立的奋斗目标，归根到底要靠辛勤劳动、诚实劳动、科学劳动。

——2014 年 4 月 30 日，习近平在乌鲁木齐接见劳动模范和先进工作者、先进人物代表时的讲话

人民创造历史，劳动开创未来。劳动是推动人类社会进步的根本力量。幸福不会从天而降，梦想不会自动成真。……劳动创造了中华民族，造就了中华民族的辉煌历史，也必将创造出中华民族的光明未来。

——2013 年 4 月 28 日，习近平同全国劳动模范代表座谈时的讲话

第二节　弘扬劳模精神

2013 年 4 月 28 日，习近平在同全国劳动模范代表座谈时的讲话中指出，劳动模范是民族的精英、人民的楷模。长期以来，广大劳模以平凡的劳动创造了不平凡的业绩，铸就了“爱岗敬业、争创一流、艰苦奋斗、勇于创新、淡泊名利、甘于奉献”的劳模精神，丰富了民族精神和时代精神的内涵，是我们极为宝贵的精神财富。因此，了解劳模精神及其内涵，学习不同时代劳动模范的先进事迹，在习近平中国特色社会主义新时代弘扬劳模精神，践行劳模精神，有着特别重要的意义。

一、劳模精神的概述

劳模是劳动模范和先进工作者的简称，是在中国共产党领导下，在革命战争年代、社会主义建设时期、改革开放和中国特色社会主义新时代涌现出的先

进典型和杰出代表。劳动模范是民族的精英、人民的楷模，是共和国的功臣。劳动模范作为时代领跑者，在不同时期、不同岗位上，用自己的劳动，在中国的革命和建设史上写下了绚丽的篇章。

中国共产党历来重视先进模范的评选和表彰工作，把表彰先进模范作为开展社会动员的重要手段。早在土地革命时期，中华苏维埃共和国临时中央政府所在地瑞金就开展过春耕生产大竞赛活动并召开表彰大会。时任中华苏维埃共和国临时中央政府主席的毛泽东同志出席大会，并向模范单位赠送印有“春耕模范”字样的锦旗，同时向模范人员发放奖品，给妇女劳动模范颁发的竹笠上，还专门印有“劳动模范妇女”这几个大字。这是中国共产党历史上首次使用“劳动模范”这一称谓来称呼在生产建设中成绩卓越的劳动者。

抗日战争和解放战争时期，评选劳动模范的条件和办法相比之前更加规范。在延安时期广泛开展的大生产运动中，陕甘宁边区涌现出一大批劳动模范和先进生产工作者。为了鼓励先进生产，激励广大劳动者，1939 年 4 月 1 日，陕甘宁边区政府公布了《陕甘宁边区人民生产奖励条例》，这是中国共产党在建立地方人民政权后，以政府名义出台的奖励劳动模范的第一个条例。

新中国成立后，中共中央和国务院（政务院）于 1950 年开展了第一次全国劳动模范表彰活动，之后又多次开展不同层次的劳模评选活动。党的十一届三中全会之后，党中央、国务院恢复和健全了劳模表彰制度，并于 1980 年由中华全国总工会发布《劳动模范工作暂行条例（试行）》。1982 年，我国首次将“奖励劳模和先进工作者”写入宪法。

1989 年 9 月，党中央、国务院在北京人民大会堂举行全国劳动模范和先进工作者表彰大会。此次表彰规范了过去劳模表彰中一些不统一、不明确、不完善的做法，使得劳模评选和表彰工作更加制度化、规范化。大会名称确定为“全国劳动模范和先进工作者表彰大会”，表彰对象为劳动模范和先进工作者，“劳动模范”称号授予的是企业职工、农民和社会主义事业建设者，“先进工作者”称号授予的是机关和事业单位的职工和管理者。自此之后，劳模评选和表彰工作进入稳定发展时期，每五年表彰一次，与此同时，各省、市、县也开展了不同层次的劳动模范评选和表彰工作。

劳模精神源自于劳动模范的先进事迹，是广大劳动模范在革命和建设的各个时期，在各自的工作岗位上拼搏奋斗所表现出的被后人敬仰的崇高品质和精神力量。劳模精神是以爱国主义为核心的民族精神和以改革创新为核心的时代精神的生动体现，是民族精神的重要组成部分，是中国人民宝贵的精神财富。

全体公民要在全社会大力弘扬伟大的劳模精神已经建成了。2021 年 9 月，党中央批准了中央宣传部梳理的第一批纳入中国共产党人精神谱系的伟大精神，劳模精神被纳入首批中国共产党人精神谱系。

二、劳模精神的内涵

2020 年 11 月 24 日，习近平总书记在全国劳动模范和先进工作者表彰大会上的讲话中指出："在长期实践中，我们培育形成了爱岗敬业、争创一流、艰苦奋斗、勇于创新、淡泊名利、甘于奉献的劳模精神。……劳模精神、劳动精神、工匠精神是以爱国主义为核心的民族精神和以改革创新为核心的时代精神的生动体现，是鼓舞全党全国各族人民风雨无阻、勇敢前进的强大精神动力。"

（一）爱岗敬业

爱岗敬业是指忠于职守的敬业精神。这是职业道德的基础。爱岗就是热爱自己的工作岗位，热爱本职工作；敬业就是要用一种恭敬严肃的态度对待自己所从事的工作。爱岗和敬业，互为前提，相互支持，相辅相成，爱岗是敬业的基石，敬业是爱岗的升华。爱岗敬业是职业道德的活水源头，是劳模精神的基本特征。

爱岗敬业的优秀品质是成为劳模的基本条件，一代代劳动模范无不是践行爱岗敬业的典范。爱岗敬业就是要求劳动者干一行爱一行，喜欢自己所从事的工作，忠于职守、兢兢业业，不忘初心、奋发进取。

（二）争创一流

争创一流就是在工作中，不故步自封，不安于现状，提高工作标准，争创一流业绩，追求卓越，止于至善。爱岗敬业是基础，争创一流是境界，争创一流就是在工作中不断强化自身的进取意识、竞争意识，事争一流、唯旗是夺。

争创一流是劳模精神的关键内容，许多劳动模范都是在争创一流的奋斗历程中创造着工作的辉煌业绩，绽放着人生的绚丽光彩。进入新时代，我们更要成为争创一流的践行者。思想是行动的先导，要创造一流的业绩，就要有事争一流、唯旗是夺的思想自觉；要做到事争一流，就要有足够的能力储备，锤炼过硬本领，提高综合能力，突破工作和事业发展的"瓶颈"，不断筑牢自身的根基；要做到事争一流，就要有不怕困难、不畏艰险的奋斗精神，就要有不达目的誓不罢休的顽强意志，就要有扛牢红旗的自豪、勇立潮头的飒爽。

（三）艰苦奋斗

艰苦奋斗，就是要不惧条件艰苦，不怕艰难困苦；就是要坚持迎难而上，坚持英勇斗争；就是有条件要上，没有条件创造条件也要上；就是“宁可少活二十年，拼命也要拿下大油田”的冲天豪情。艰苦奋斗精神是中国共产党的传家宝，无论是在革命战争年代，还是在社会主义建设时期，我们党都时刻要求党员保持艰苦奋斗的作风，无论党的七届二中全会提出的“两个务必”（务必使同志们继续地保持谦虚、谨慎、不骄、不躁的作风，务必使同志们继续地保持艰苦奋斗的作风），还是党的二十大报告提出的“三个务必”（务必不忘初心、牢记使命，务必谦虚谨慎、艰苦奋斗，务必敢于斗争、善于斗争），保持艰苦奋斗的作风，都是其中的重要内容。

艰苦奋斗作风是劳模精神的重要内容，许多劳动模范都是艰苦奋斗作风的践行者。在中国共产党的精神谱系中，集中体现在延安精神、南泥湾精神、红旗渠精神、北大荒精神、塞罕坝精神，在这些重大历史事件中涌现出的劳动模范，是艰苦奋斗作风的杰出代表。

在新时代，我们更要始终坚守初心使命，不怕吃苦、甘于奉献。越是伟大的事业，越充满艰难险阻，越需要艰苦奋斗精神。只有勇敢地迎难而上，锐意进取、奋力拼搏，才能战胜一切艰难险阻。坚持艰苦奋斗精神，就要发扬斗争精神、增强斗争本领。实现伟大的理想，没有平坦的大道可走，未来的道路，我们还有许多“雪山”“草地”要跨越，还有许多“娄山关”“腊子口”要征服，这就要求我们发扬斗争精神，增强斗争本领，应对好每一次重大风险挑战。奋斗新时代，奋进新征程，我们要把艰苦奋斗精神传承下去，永远保持谦虚谨慎、不骄不躁的作风，为实现中华民族伟大复兴凝聚起奋勇前进的强大精神力量。“不论我们国家发展到什么水平，不论人民生活改善到什么地步，艰苦奋斗、勤俭节约的思想永远不能丢。”（2019 年 3 月 5 日，习近平总书记在参加十三届全国人大二次会议内蒙古代表团审议时发表的讲话）

【知识拓展】

中国共产党人精神谱系之艰苦奋斗精神

井冈山精神：坚定信念、艰苦奋斗，实事求是、敢闯新路，依靠群众、勇于胜利

延安精神：坚定正确的政治方向、解放思想实事求是的思想路线，全心全意为人民服务的根本宗旨、自力更生艰苦奋斗的创业精神

南泥湾精神：自力更生、艰苦奋斗

红旗渠精神：自力更生、艰苦创业、团结协作、无私奉献

北大荒精神：艰苦奋斗、勇于开拓、顾全大局、无私奉献

塞罕坝精神：牢记使命、艰苦创业、绿色发展

（四）勇于创新

创新是民族进步的灵魂，是国家兴旺发达的不竭动力。创新活动是一种高级的实践活动，是对简单模仿、一味重复的批判和否定，大到一个国家一个民族，小到一个单位一个人，若要在不断变化的环境中生存和发展，就必须不断创新。党的二十大报告指出："必须坚持科技是第一生产力、人才是第一资源、创新是第一动力，深入实施科教兴国战略、人才强国战略、创新驱动发展战略，开辟发展新领域、新赛道，不断塑造发展新动能、新优势。"劳动模范不仅是艰苦奋斗的榜样，更是勇于创新的楷模。

当今世界，创新能力是衡量一个国家核心竞争力强弱的重要因素。改革开放几十年，中国依靠创新发展，在许多关键核心技术上有了突破，载人航天、中国天眼、北斗导航、高铁技术等，完成了从中国制造到中国创造的华丽转身。新中国成立以来，一代代劳动模范在各自的工作岗位上，勤奋探索，勇于创新，克服困难，勇于前进，创造了许多彪炳史册的成就，艰苦奋斗、勇于创新成为中国劳模精神的关键内涵。弘扬劳模精神，就是要学习他们以实际工作需要为动力，以国家和时代发展为引领，克服困难，勇于创新，为建设创新型国家贡献力量的精神。

【知识拓展】

中国共产党人精神谱系之创新精神

遵义会议精神：坚定信念、实事求是、独立自主、敢闯新路、民主团结

改革开放精神：解放思想、实事求是，敢闯敢试、勇于创新，互利合作、命运与共

特区精神：敢闯敢试、敢为人先、埋头苦干

企业家精神：增强爱国情怀、勇于创新、诚信守法、承担社会责任、拓展国际视野

（五）淡泊名利

淡泊名利就是轻视外在的名声与利益，不过度追求名利，树立正确的义利观。正确的义利观是中国传统文化的重要命题，正确的义利观并不是绝对排斥名利，而是要求不过度沉迷于物质追求，追求名利要合乎社会伦理和道德规范。社会主义社会对名与利、公利和私利有了更加明确的规定，在公利与私利的关系上，社会主义义利观强调要把国家和人民利益放在首位，而又充分尊重公民个人合法利益，社会主义义利观强调义利的统一，以义导利、以义取利。

淡泊名利是劳模精神的价值引领，各个时代的劳模都是谨守本分、安贫乐道、淡泊名利、不求闻达的榜样，劳动模范们为了单位、为了国家和民族的利益努力奋斗，从不关心个人的利益和个人名誉。对于这些英模，人民没有忘记他们，共和国也没有辜负他们，不仅给了他们崇高的荣誉，也给了他们比较丰厚的物质待遇。

（六）甘于奉献

甘于奉献，就是对自己的事业不求回报的热爱并全身心地付出。奉献就是一种不求回报的给予、一种高尚的情操。淡泊名利是认识，是思想基础，甘于奉献是具体行动。劳动模范就是这样一群人，他们在工作上“争”，在名利上“让”。在工作上“争”是进取心的表现，是责任心的体现；在名利上“让”是内心的淡泊明志，是品德的谦逊无私。

爱岗敬业、争创一流、艰苦奋斗、勇于创新、淡泊名利、甘于奉献的劳模精神有三个层次，“爱岗敬业、争创一流”是基础，“艰苦奋斗、勇于创新”是关键，“淡泊名利、甘于奉献”是核心。

【知识拓展】

中国共产党人精神谱系之奉献精神

大庆精神（铁人精神）：爱国、创业、求实、奉献

西迁精神：胸怀大局、无私奉献，弘扬传统、艰苦创业

三、劳模精神的价值

劳动模范是时代的先锋、民族的楷模，一代代劳动模范通过他们的艰苦奋斗、无私奉献彰显出的劳模精神，一直对社会发挥着重要引领作用。劳模精神

是中国共产党人精神谱系的重要内容，也是社会主义核心价值体系的重要组成部分。学习劳模的先进事迹，准确理解劳模精神的内涵，从而在全社会大力弘扬劳模精神、劳动精神、工匠精神，对于新时代学校教育，特别是学校职业教育有着非常重要的意义。对培养中国特色社会主义建设者和接班人，凝聚全党全国各族人民的力量，为中华民族的伟大复兴努力奋斗有着非常重要的意义。劳模精神是以爱国主义为核心的民族精神和以改革创新为核心的时代精神的生动体现，是鼓舞全党全国各族人民风雨无阻、勇敢前进的强大精神动力。

（一）劳模精神是新时代学校教育的育人导向

习近平总书记在2018年全国教育大会上提出培养德智体美劳全面发展的社会主义建设者和接班人。学校肩负着为党育人、为国育才的重要职责，必须抓住立德树人这个根本，必须坚持正确政治方向。劳动教育可以树德、可以增智、可以强体、可以育美，对培养德智体美劳全面发展的人才具有重要的基础作用。要把劳模精神教育、劳动教育纳入人才培养全过程，贯通学校教育的各学段和家庭、学校、社会各方面，教育引导青少年树立正确的劳动观，树立崇尚劳模、学习劳动精神的社会风尚。

“一勤天下无难事”。树立正确的劳动观念、学习劳动技能、锤炼劳动精神、养成劳动习惯是学校劳动教育的培养目标。劳动观念是指崇尚劳动、尊重劳动，尊重劳动人民，尊重劳动成果，劳动观念的培养是要解决对劳动的认识问题，解决爱不爱劳动、愿不愿劳动的问题，这是劳动教育的根本和首要任务。劳动技能是指从事日常生活劳动、生产劳动和服务性劳动中的知识、技能和安全保护知识，学习劳动技能是要解决会不会劳动的问题。劳动精神是指学生在培养劳动观念和学习劳动技能的过程中应该具备的劳动态度、劳动品格和劳动情感，具体包括：克服困难、吃苦耐劳、不畏艰险“做成”工作的态度，不断探索、精益求精、追求卓越“做好”工作的品格，善于动脑、创新钻研、推陈出新“做精”工作的精神，劳动精神教育是解决肯干和善干的问题。劳动习惯是指劳动观念、劳动技能、劳动精神内化于心，外化于行，通过长期学习、训练形成的稳定的、自动化的生活方式、行为习惯、工作流程的心理定式，良好的劳动习惯的培养是劳动教育的终极目的。

爱岗敬业、争创一流、艰苦奋斗、勇于创新、淡泊名利、甘于奉献的劳模精神是正确的劳动观念、精湛的劳动技能、顽强的劳动意志、良好的劳动习惯的集中体现。学校劳动教育必须把劳模精神教育贯彻人才培养的全过程，要广泛学习劳模的先进事迹，弘扬劳模精神，引导广大师生做劳模精神的坚定信仰者、积极传播者、模范践行者，在学校教育中加大对劳动模范和先进工作者的宣传力度，讲好劳模故事，讲透劳模精神，弘扬劳动最光荣、劳动最崇高、劳动最伟大、劳动最美丽的社会风尚。

青年是国家的希望、民族的未来，作为社会主义新时代大学生一定要主动学习劳模精神、弘扬劳模精神、践行劳模精神。当代青年是新时代建设者，有幸生在近代以来中华民族发展的最好时代，有幸奋斗在实现中华民族伟大复兴的最关键时代，这对广大青年来说，是人生最大的幸运，广大青年也一定要不忘初心、努力奋斗，承载伟大时代使命，创造属于自己的精彩人生。

（二）劳模精神是新时代职业教育的价值取向

劳动教育与职业院校有天然的耦合关系，劳模精神是新时代职业教育的价值取向，弘扬劳模精神、劳动精神、工匠精神对于提高职业院校的人才培养质量具有极为特殊的意义。

高等职业院校开展劳动教育和劳模精神教育，既要体现普通高等教育的一般规律，又要发挥职业院校教育的特色，在劳动教育定位中要将职业元素贯穿于劳动教育始终，发挥校内实习实训中心和校外实训基地的作用，按照校企结合、工学结合的教育原则，形成职业院校劳动教育的特色。要聚焦培育适合社会岗位需要的技术型人才，聚焦劳动技能学习、劳动价值树立及劳动精神培养等方面的系统组合。总之，职业院校开展劳动教育要注重劳动知识、技能学习，更要善于将劳动精神、劳模精神、工匠精神教育有机融入劳动知识、技能学习之中，通过一系列措施增强劳动教育的实效性。

作为职业院校的大学生，一定要了解职业教育的特点，自觉培养自身的劳动观念、劳动技能、劳动精神、劳动习惯，用日常生活劳动、生产劳动、服务性劳动锤炼自己，以劳动模范为榜样，立志早日成为一名合格的中国特色社会主义建设的接班人。

（三）劳模精神是新时代劳动者的追求目标

世界面临百年未有之大变局，世界经济迎来了第四次工业革命的浪潮。新时代新经济模式对劳动者素质有了更高的要求，劳动者素质对一个国家、一个民族发展至关重要。当今世界，综合国力的竞争归根到底是人才的竞争、劳动者素质的竞争，职业院校大学生更要树立终身学习的理念，养成善于学习、勤于思考的习惯，特别是要从劳动模范的英雄事迹和劳模精神中汲取营养，实现学以养德、学以增智、学以致用。

广大青年学生要适应新一轮科技革命和产业变革的需要，密切关注行业、产业前沿知识和技术进展，勤学苦练、深入钻研，不断提高技术技能水平。技术工人是支撑中国制造、中国创造的重要基础，从“中国制造”到“中国智造”再到“中国创造”，需要无数高技能专业人才、大国工匠。职业院校大学生一定要学习历代劳动模范锐意创新的勇气、敢为人先的锐气、蓬勃向上的朝气，刻苦学习文化知识和专业技能，早日成为有理想守信念、懂技术会创新、敢担当讲奉献的合格的高技能人才，争取成为技能大师、大国工匠。

（四）劳模精神为中华民族伟大复兴凝聚磅礴力量

为中国人民谋幸福、为中华民族谋复兴是中国共产党人的初心使命，实现中华民族伟大复兴是中国共产党人的奋斗目标，要实现中华民族的伟大复兴，离不开全国人民的共同努力，要靠各行各业劳动者的辛勤劳动，更需要劳动模范和劳模精神对广大劳动者的激发和引领。

劳模精神是中国共产党人精神谱系的重要组成部分，大力弘扬劳模精神，有利于充分调动劳动者的积极性、主动性、创造性，必将凝聚全体中华儿女牢记初心使命，坚定理想信念，为实现人民对美好生活的向往不懈努力；必将为实现中华民族伟大复兴提供强大精神动力。

四、劳模精神的践行

在中国革命、建设和改革的不同时期，一代代劳动模范立足平凡岗位，为实现民族解放、国家富强做出了突出贡献。他们是劳模精神的培育者、创造者，更是劳模精神的践行者。这些劳模们在平凡的岗位上拼搏奋斗、争创一流、勇攀高峰，以实际行动践行着爱岗敬业、争创一流、艰苦奋斗、勇于创新、淡泊名利、甘于奉献的劳模精神，用智慧和汗水营造了劳动光荣、知识崇高、人才宝贵、创造伟大的社会风尚。

江山代有才人出，劳模精神的丰富和践行永远在路上。中国社会主义进入新时代，全社会，特别是青年学生，必须要学习劳动模范的先进事迹，在个人人生历程和职业生涯中弘扬和践行劳模精神。

（一）革命战争年代践行劳模精神

在革命战争年代，涌现出了许多具有崇高声誉、备受人民尊敬的劳动模范。土地革命时期，在江西瑞金，春耕模范们就开始培育和践行着劳模精神。延安时期，被毛主席称为“中国式的斯达汉诺夫”的赵占魁是陕甘宁边区农具厂工人，始终“冲锋在前，退却在后”，在工作上不怕艰苦繁重，做得最多最好，但他从来不自夸、不贪功，成为边区的一面旗帜。“兵工事业开拓者”吴运铎成为鼓舞一代代青年人的榜样。“炮弹大王”甄荣典，被评为晋冀鲁豫边区“新劳动者旗手”称号。这些革命前辈们在血雨腥风的战争年代，践行着劳模精神，作为旗帜和榜样引领和带动广大人民群众投身中国共产党领导的人民解放事业。

【案例导学】

中国的保尔·柯察金——吴运铎

吴运铎是新四军兵工事业的创建者和新中国兵器工业的开拓者，新中国第一代工人作家，被誉为“中国的保尔·柯察金”。

1938 年 9 月，吴运铎到皖南根据地参加了新四军，在革命队伍中，吴运铎读完了中学课程，并自修了机械制造专业理论。当时，在一无资料，二无材料，条件十分困难的情况下，为了供应前方的军需，吴运铎毅然挑起了军械维修和制造的重担，用简陋的设备研制出杀伤力很强的枪榴弹和发射架，在战场上发挥了巨大作用。为研制子弹，在敌人重重封锁下，找不到火药就用代用品。为制造军工机床，他组织大家用几节切断了的钢轨，中间钻洞安装在木板上，算是代用的“冲床”了。他先后发明和制造了各种地雷和手榴弹，在条件极端艰苦的状况下，修复了大量枪械。为试制弹药，他先后多次严重负伤，炸坏了左腿，炸断四根手指，炸瞎了左眼，身上大大小小留下了无数伤疤。吴运铎主持研制的无后坐力炮、高射炮、迫击炮和轻武器等多项重大课题研究，取得了重大成果，并且为国家培养了一批年轻的兵工专家，为国防现代化和改善我军装备做出了贡献。

自参加革命之日起，吴运铎就把献身党的事业作为毕生追求，刻苦钻研、勤奋工作，以铮铮铁骨书写了中国革命史和人民兵工发展史上的一段传奇。吴运铎“把一切献给党”的赤子之心，将永远闪烁着灿烂的光辉，成为兵器工业薪火相传的“根”和“魂”。1991 年，吴运铎被命名为全国自强模范。2009 年，吴运铎被评为 100 位为新中国成立做出突出贡献的英雄模范之一。2019 年 9 月 25 日，吴运铎获“最美奋斗者”个人称号。

课堂讨论：结合案例学习，以关键词形式梳理革命战争年代的劳模精神。

（二）社会主义建设时期践行劳模精神

新中国成立之初，鞍山钢铁厂工人孟泰爱厂如家，艰苦创业，8 次受到毛泽东主席的接见，用实际行动践行着“孟泰精神”。社会主义建设时期，“铁人”王进喜以“宁肯少活二十年，拼命也要拿下大油田”的气概，带领石油工人为我国石油工业发展顽强拼搏，“铁人精神”“大庆精神”成为激励各族人民意气风发投身社会主义建设的强大精神力量。“两弹一星”英雄群体、塞罕坝英雄群体等一批又一批先进模范，他们响应党的号召，带动广大群众自力更生、奋发图强，成为劳模精神的传承者。

【案例导学】

“铁人”王进喜

王进喜，甘肃玉门人，是新中国第一批石油钻探工人，全国著名的劳动模范。1938 年，王进喜进入玉门石油公司当工人，历任玉门石油管理局钻井队长、大庆油田 1205 钻井队队长、大庆油田钻井指挥部副指挥。他率领 1205 钻井队艰苦创业，打出了大庆第一口油井，并创造了年进尺 10 万米的世界钻井纪录，展现了大庆石油工人的气概，为我国石油事业立下了汗马功劳，成为中国工业战线一面火红的旗帜。王进喜以“宁肯少活二十年，拼命也要拿下大油田”的顽强意志和冲天干劲，被誉为油田“铁人”。

1960 年春，我国石油战线传来喜讯——发现大庆油田，一场规模空前的石油大会战随即在大庆展开。王进喜从西北的玉门油田率领 1205 钻井队赶来，加入了这场石油大会战。一到大庆，呈现在王进喜面前的是许多难以想象的困难：没有公路，车辆不足，吃和住都成问题。但王进喜和他的同事们下定决心：有天大的困难也要高速度、高水平地拿下大油田。钻机到了，吊车不够用，几十吨的设备无法从车上卸下来。王进喜说：“咱们一刻也不能等，就是人拉肩扛也要把钻机运到井场。有条件要上，没有条件创造条件也要上。”他们用滚杠加撬杠，靠双手和肩膀，奋战三天三夜，38 米高、22 吨重的井架迎着寒风矗立荒原。这就是油田会战史上著名的“人拉肩扛运钻机”。

要开钻了，可水管还没有接通。王进喜振臂一呼，带领工人到附近水泡子里破冰取水，硬是用脸盆水桶，一盆盆、一桶桶地往井场端了 50 吨水。经过艰苦奋战，仅用 5 天零 4 小时就钻完了大庆油田的第一口生产井。在重重困难面前，王进喜带领全队以“宁肯少活二十年，拼命也要拿下大油田”的顽强意志和冲天干劲，苦干五天五夜，打出了大庆第一口喷油井。在随后的 10 个月里，王进喜率领 1205 钻井队和 1202 钻井队，在极端困苦的情况下，克服重重困难，双双创造了年进尺10万米的奇迹。

在那些日子里，王进喜身患重病也顾不上去医院；几百斤重的钻杆砸伤了他的腿，他拄着双拐继续指挥。一天，突然出现井喷，当时没有压井用的重晶粉，王进喜当即决定用水泥代替。成袋的水泥倒入泥浆池却搅拌不开，王进喜就甩掉拐杖，奋不顾身跳进齐腰深的泥浆池，用身体搅拌，井喷终于被制服，可是王进喜累得站不起来了。房东大娘心疼地说："王队长你可真是铁人啊!""铁人"的名字就是这样传开的。王铁人为发展祖国的石油事业日夜操劳，终致身心交瘁，积劳成疾，于1970年患胃癌病逝，年仅47岁。

王进喜干工作处处从国家利益着想，他重视调查研究，依靠群众加速油田建设，艰苦奋斗，勤俭办企业，有条件上，没有条件创造条件也要上，建立责任制，认真负责，严把油田质量关。他留下的"铁人精神"和"大庆经验"，成为我国进行社会主义建设的宝贵精神财富。

课堂讨论：结合案例学习，以关键词形式梳理社会主义建设时期的劳模精神。

（三）改革开放时期践行劳模精神

"在改革开放历史新时期，'蓝领专家'孔祥瑞、'金牌工人'窦铁成、'新时期铁人'王启明、'新时代雷锋'徐虎、'知识工人'邓建军、'马班邮路'王顺友、'白衣圣人'吴登云、'中国航空发动机之父'吴大观等一大批劳动模范和先进工作者，干一行、爱一行，专一行、精一行，带动群众锐意进取、积极投身改革开放和社会主义现代化建设，为国家和人民建立了杰出功勋。"（2013年4月28日，习近平在同全国劳动模范代表座谈时的讲话）这些模范人物的先进事迹体现了解放思想、实事求是、紧跟时代、勇于创新、知难而进、一往无前、艰苦奋斗、务求实效、淡泊名利、无私奉献的为社会主义现代化事业不懈奋斗的时代精神。

【案例导学】

"白衣圣人"吴登云

吴登云，1940年出生，男，汉族，江苏省扬州市高邮人，中共党员，主任医师。曾担任新疆维吾尔自治区乌恰县政协副主席、乌恰县人民医院院长等职务。

1963 年，吴登云从扬州医学专科学校临床医学专业毕业，前往乌恰县工作，一直在这个边陲小镇从事救死扶伤的崇高事业，他用勤奋的工作、无私的奉献，书写着人间的大爱。

1966 年冬天，一位患功能性子宫出血的柯尔克孜族妇女住进了乌恰县人民医院，医生吴登云判断，必须输血治疗，然而，医院没有血库，望着奄奄一息的病人，吴登云决定抽自己的血。300 毫升的鲜血从吴登云的体内流进了柯尔克孜族病人的血管，第一次献血就这样开始了，看到自己献出的血，挽救的却是病人的健康和生命，吴登云很是欣慰。1966 年至 2001 年间，吴登云无偿献血 30 多次，累计 7000 多毫升，相当于一个成年人全身血液的总量。

1971 年 12 月，买买提明两岁的儿子玩耍时不慎扑入火堆，全身 50%以上的皮肤被烧焦。面对惨不忍睹的小生命，吴登云感到阵阵揪心。一连十多天，他全身心地投入抢救，幼儿终于度过了休克关、感染关，接下来就是创面愈合的难关了，为了治好孩子的病，吴登云决定从自己身上取，然而手术室护士拒绝配合吴登云。吴登云只好自己给自己注射麻药，他先从两条大腿上取皮，随后，又在小腿上注射麻药，果断下刀，10 分钟后，他一共从腿上取下 13 块邮票大小的皮肤，接着，他拖着麻醉的双腿走上了手术台，将自己的皮肤植到幼儿身上，最终幼儿得救。

1984 年金秋，吴登云走上了乌恰县医院院长的岗位。当时面临最大的问题就是医务人员短缺。于是吴登云制定了一个“十年树人计划”，他到各乡镇卫生院物色柯尔克孜族医护人员，白天上班，夜里帮助他们学习汉语，然后把他们送到自治区医院去进修一年，进修回来，他又手把手地传帮带，使一大批柯尔克孜族医生成长起来。过去这家连阑尾炎手术都做不好的医院，现在几乎所有的常规手术都能做，医疗水平在边疆县级医院中领先。

乌恰县地广人稀，牧民缺医少药，从 20 世纪 60 年代初到 80 年代末，吴登云每年都要花三四个月的时间，翻山越岭、风餐露宿，深入到牧区巡诊和防疫，足迹踏遍了全县 9 个乡的 30 多个自然村，给草原人民带去了生命的阳光，受到当地各族干部群众的衷心爱戴，被誉为“白衣圣人”“马背医生”。2009 年，吴登云入选“100 位新中国成立以来感动中国人物”，2019 年，荣获“最美奋斗者”称号。

课堂讨论：结合案例学习，以关键词形式梳理改革开放时期的劳模精神。

（四）在中国特色社会主义新时代弘扬和践行劳模精神

中国特色社会主义进入新时代，我国正处于实现中华民族伟大复兴的关键时期。从全面建成小康社会到基本实现现代化，再到全面建成社会主义现代化强国，不仅需要辛勤劳动、诚实劳动、创造性劳动，更需要弘扬劳模精神，敬业担当、刻苦钻研、无私奉献，撸起袖子加油干，在全面建设社会主义现代化国家新征程上创造新的更大奇迹。

作为当代青年，要以劳动模范为榜样，从我做起，向劳动模范学习，争做社会主义现代化国家的建设者，争做新时代的弄潮儿。这就需要我们无论是现在在学校，还是将来走上工作岗位，都要始终学习劳模事迹，践行劳模精神。践行劳模精神应该做到：

1. 刻苦钻研业务，提升自身素质

刻苦钻研业务，提升自身素质是践行劳模精神的起点。打铁还须自身硬，个人的素质和能力直接影响着履职能力和工作业绩。大学时期是学习的黄金阶段，我们要把学习作为首要任务，作为一种义务、一种精神追求、一种生活习惯，塑造梦想从学习开始，让勤奋好学成为青春启航的动力，让提高能力成为青春搏击的能量。

走上工作岗位后，更要深刻认识到学习理论知识、刻苦钻研业务是加强自身能力建设，提高履职能力的重要手段。必须发扬严谨务实、勤勉刻苦的精神，坚决克服夸夸其谈、评头论足的毛病，要真正静下心来，从小事做起，从点滴做起，养成脚踏实地、埋头苦干的良好习惯。要积极参加各种学习培训，不断接受各种新理论、新知识、新观念，提高促进科学发展和服务人民大众的能力。要向老同志学习、向身边的同事学习，谦虚向他人请教，为自己的职业生涯奠定坚实的基础。要紧紧围绕本职工作，结合实际问题，注重学以致用，从而把学习效果最大化。要坚持在学中干、在干中学，不断提升自己、充实自己，在实践中把自己锻炼成能干事、会干事、干成事的杰出人才。

2. 立足自身岗位，做好本职工作

践行劳模精神，关键是要把这种精神落实到我们的实际工作中去，就是要干一行，爱一行，立足自身的工作岗位，努力做好本职工作。当我们步入社会，走上工作岗位，做好本职工作就成了我们职业生涯中一个永恒的主题。无论你从事何种类型的职业，无论你的职位高低，我们都要热爱自己所从事的职业岗位，努力把分内的事情做好。要增加职业认同感，敬重自己所从事的职业，自觉将个人发展目标与职业岗位目标相结合，以一种积极的姿态、敬业的精神，踏踏实实地去工作，在辉煌的职业生涯中成就个人的理想和人生，像一代代劳动模范那样，为国家和社会做出自己的贡献。

爱岗是前提，敬业是根本。我们步入职业生涯后，对工作负责是最基本的要求和做人的原则，无论从事任何工作，首先要抱着认真负责的态度把它做到最好，做到敬业、严谨、认真、负责，只有这样才会得到领导的肯定和同事的拥护，才能成就自己的精彩人生，为实现中华民族的伟大复兴添砖加瓦。

3. 不畏艰难险阻，永争一流业绩

爱岗敬业是对劳动者的普遍要求，克服客观条件的限制、超越同行同事、取得一流的业绩是只有少数劳动者能够实现的目标。正是这种工作态度，使得劳动模范们从成千上万的普通劳动者中脱颖而出，受到了国家的表彰奖励，成了广大人民群众竞相学习的楷模。

践行劳模精神就要不怕艰难困苦，创造不凡业绩。宝剑锋从磨砺出，奋斗要从现在做起，人不经过艰难困苦，人格就很难提升。作为新时代青年一定要深知空谈误国、实干兴邦的道理，在学校要努力学习科学文化知识，到工作岗位要挑战艰巨任务，破解重大难题，敢于迎难而上，以坚韧不拔的奋斗精神，创造出实实在在的工作成绩；更要淡泊名利，无私奉献，力争成为劳模精神的践行者和传承人。

第三节　弘扬工匠精神

在我国，工匠精神源远流长，早已融入中华民族的血液之中，内化成强大的精神力量。从“庖丁解牛”“巧夺天工”的典故，到鲁班、李春、李冰、沈括这样的工匠大师，再到如今港珠澳大桥建成通车，载人航天工程取得辉煌成就，国产大飞机、高铁的精密设计……时代发展，需要大国工匠；迈向新征程，需要大力弘扬工匠精神。

一、工匠精神的内涵

【案例导学】

弘扬工匠精神　创造出彩人生

“技术工人队伍是支撑中国制造、中国创造的重要力量。”2022 年 4 月 27 日，习近平总书记向首届大国工匠创新交流大会致贺信强调，我国工人阶级和广大劳动群众要大力弘扬劳模精神、劳动精神、工匠精神，适应当今世界科技革命和产业变革的需要，勤学苦练、深入钻研，勇于创新、敢为人先，不断提高技术技能水平，为推动高质量发展、实施制造强国战略、全面建设社会主义现代化国家贡献智慧和力量。

工匠，锻造大国重器，堪称世人楷模。工匠精神意味着精益求精、精雕细琢，意味着对高品质追求的责任感与自豪感。C919 大型客机飞上蓝天，港珠澳大桥主体工程全线贯通，复兴号高铁驰骋于华夏大地，神舟十三号载人飞船返回舱成功着陆……每一项伟大成就的背后，都凝结着执着专注、精益求精、一丝不苟、追求卓越的精神力量。

弘扬工匠精神不是一句口号，而是要投入实际行动。践行工匠精神，不但要培养浓厚的兴趣，还要有强烈的事业心、责任感，因为只有那些有事业心、责任感的人，才能几十年如一日钻研某一种技艺技能，造就精品。践行工匠精神，更要把自己的事业追求与国家、社会、行业的需要结合起来，既要热爱本职，还要精研本职，从而在平凡岗位上不断追求卓越，创造出彩人生。

（资料来源：《解放军报》，2022 年 4 月 29 日，作者：白帮喜。有删改）

课堂讨论：具备工匠精神的劳动者需要哪些品质？

工匠精神是什么？习近平总书记曾用 16 字概括其深刻内涵——执着专注、精益求精、一丝不苟、追求卓越。工匠精神是成为优秀劳动者的内在驱动力，也是优秀劳动者核心竞争力的体现。

（一）执着专注

荀子说：“锲而舍之，朽木不折；锲而不舍，金石可镂。”业精于一，只有执着专注于自己所专攻的术业，不泄劲，有心劲，几十年如一日地努力，才能成就一番事业。坚守“一生只做好一件事”的职业信念，优秀的工匠们才能在自己的职业岗位上持续发力。

执着专注是工匠最显著、最可贵的行为特质，体现的是工作者的敬业精神。敬业是从业者基于对职业的敬畏和热爱而产生的一种全身心投入的认认真真、尽职尽责的职业精神状态。中华民族历来有“敬业乐群”“忠于职守”的传统，敬业是中国人的传统美德，也是当今社会主义核心价值观的基本要求之一。专注就是内心笃定而着眼于细节的耐心、执着、坚持的精神，这是一切“大国工匠”所必须具备的精神特质。执着专注体现的是脚踏实地的实干精神，任何行业的高超技艺都不可能靠运气取得，只有倾注心血、刻苦钻研才能增长实力，只有慎终如始，坐得住，守得牢，才能做得好。

实干兴邦，实现社会主义现代化的宏伟目标离不开务实肯干、干一行爱一行的现代工匠群体的奋斗和奉献。执着专注源于对职业理想和初心的坚守，持续的工作热情必然源自内在的精神动力。一时兴起，不可能将工艺做到极致，只有热爱本职工作，坚持职业理想，投入整个身心，才能实现厚积薄发。

（二）精益求精

精益求精是从业者对每件产品、每道工序都凝神聚力、追求极致的职业品质。精益求精是指已经做得很好了，还要求做得更好。优秀的工匠从不满足于已有的产品质量，总是不断寻求技艺突破和品质提高，追求从99.9%到99.99%的进步。在生产实践中，精益求精是工匠不断打磨产品、精雕细琢、力求完美的过程，是他们追求“没有最好只求更好”的具体表达。

精益求精追求的是道技合一、循美至善的境界。工匠活动集生产与创造、实用与审美、技术与艺术于一体，工匠在手工劳动或技术实践中，也将自己的审美融入产品生产之中，随着技术熟练程度的提高，逐渐达到心手合一、心物相通的境界，使工匠劳动不仅是一种物质性生产活动，更成为一种艺术性生产和展示活动，技术和艺术在工匠追求精益求精的过程中，实现了相融相通。

精益求精是我国建设制造强国的基本要求。制造业是国民经济的主体，是立国之本、兴国之器、强国之基。精益求精是以制造业为主的现代工业发展进步的关键所在。蛟龙号是中国首个大深度载人潜水器，有十几万个零部件，组装起来最大的难度就是密封性，精密度要求达到了“丝”级。潜水器的装配钳工技师，不断追求极致，凭双手捏捻搓摸和观察，就能判断0.2丝的误差，相当于一根头发丝的五十分之一，即便是在摇晃的大海上，纯手工打磨维修潜水器密封面平面度也能控制在2丝以内，其精细程度令人叹服。

（三）一丝不苟

工匠从细处着眼，于小处见大，一丝不苟体现的是他们对工作的尊重。一丝不苟、认真细致的工作态度，对产品的质量乃至一个行业的发展都意义非凡。在细节上没有终点，细节和精度决定了产品最终的成败，1%的疏忽大意就可能导致100%的失败，只有把每一道工序、每一个步骤、每一个环节认认真真、扎扎实实做好、做实、做到位，才能让产品和项目趋于完美。工匠保持一丝不苟的严谨状态，才能对工作细节实现精准把控，为做出精品提供可靠保障。工匠的一丝不苟，表现在对每一个数字和标准的严格要求，对“毫厘”的斤斤计较，实质是对工作的高度负责和敢于担当。负责港珠澳大桥岛隧工程沉管舾装的钳工团队，先后完成了 33 节巨型沉管和 6000 吨最终接头的舾装任务，做到了 60 多万颗螺丝零失误，为世界首条“滴水不漏”的外海沉管隧道建设，创造了中国工匠独有的技艺技法。

一丝不苟是注重品牌、塑造品牌的现实行动。优秀的民族品牌是国家实力和国家形象的重要体现。当今世界，品牌的竞争日益激烈。中国制造要实现由“大”至“强”的转变，必须打造一大批有国际影响力和竞争力的民族品牌。品牌离不开品质，品质的提升离不开各行各业劳动者一丝不苟的努力。正是千千万万劳动者一丝不苟做好产品的现实行动，才使得优秀民族品牌不断涌现，走出国门，走向世界。

（四）追求卓越

工匠们一生追求卓越，是为了在行业保持顶尖水平。无论是在传统农耕社会，还是现代工业化时代，扎实的专业知识、精湛的专业技艺都是工匠安身立命之根本，不断超越自我、勇攀行业顶峰是工匠的毕生职业追求。

追求卓越需要创新驱动，创新是新时代工匠精神的灵魂。传统工匠强调继承，现代工匠更重视在继承基础上的创新。当前，人类正迈进智能化时代，人工智能技术与制造业加速融合，新一代智能制造将成为新一轮工业革命的核心驱动力。智能制造是人工智能、大数据、云计算、物联网、5G 等信息技术与 3D 打印等先进制造技术的融合发展和集成创新，这种新型工业生产方式对工匠技艺提出了更高的要求。作为第四次工业革命的主要参与者，智能制造也是我国产业升级的重要突破点，这对工匠的创新能力和创新水平提出了更高要求。新时代的工匠只有在创新中才能实现追求卓越的目标，勇于创新、善于创新是新时代工匠精神的灵魂。

【知识拓展】

建设知识型、技能型、创新型劳动者大军，弘扬劳模精神和工匠精神，营造劳动光荣的社会风尚和精益求精的敬业风气。

——2017 年 10 月 18 日，习近平在中国共产党第十九次全国代表大会上的报告

二、工匠精神与职业价值

【案例导学】

以文化古训培育青年职业精神

“三人行，必有我师焉”“纸上得来终觉浅，绝知此事要躬行”“路漫漫其修远兮，吾将上下而求索”“千里之行，始于足下”……众多寓意深刻、脍炙人口的文化古训，都是以优秀传统文化为内核，融入了无数前人的智慧与后人的实践检验，不只是为当代青年道德品质培育提供养分，对培育青年职业精神也有借鉴意义。

文化古训有着深厚的文化积淀，也蕴含着宝贵的职业精神财富。以工匠精神为例，无论是在传统的农耕时代，还是在现代化大生产条件下，有关“精益求精、止于至善”的敬业追求，已成为工匠精神内化的工作态度与职业品格。比如，“庖丁解牛，技进乎道”“治之已精，而益求其精也”等文化古训，都是对工匠精神的凝练。从传统建筑、陶瓷、纺织、冶炼到现代的高铁技术、量子通信、超级计算机、航空航天，都反映了中华民族对精益求精的“上下求索”。“只有更好没有最好”的职业精神，也是我国优秀传统文化的重要内容和宝贵的精神财富。在这种优秀传统文化沁润下，一代又一代国人艰苦奋斗、自强不息，书写了“夸父追日”“精卫填海”“愚公移山”的美好故事。当代青年从这些文化古训中汲取职业精神养分，必能以强烈的责任感和使命感书写精彩。

（资料来源：人民网，2022 年 8 月 19 日，作者：谢军。有删改）

课堂讨论：

1. 塑造职业精神、工匠精神的文化古训有哪些？
2. 大学生应如何提升自身的职业素养？

工匠精神是一种职业精神，它是职业道德、职业能力、职业品质的体现，是从业者的一种职业价值取向和行为表现。工匠精神的重塑和培育离不开职业价值观的塑造和相应的伦理文化的支持，只有加强职业价值观培育，才能为工匠精神的重塑打下重要的文化和价值基础。

（一）倡导尊重劳动，逐步实现职业平等化

人民创造历史从根本上看是劳动创造历史。人类在改造自然的伟大斗争中不断认识自然规律，在劳动实践中不断积累实践经验与技能，从而推动历史进

步和创造社会财富。中国梦的实现、人民群众美好生活需要的满足，都需要广大劳动人民的劳动创造。人民在创造历史的同时，也在创造自我。通过劳动实现自我价值或人生价值是工匠精神的本质内涵。一个人只有通过诚实劳动，才可为社会创造物质财富与精神财富，才可得到社会的认可与褒奖。与此同时，实现人生价值而产生的幸福感和愉悦感，会进一步激发劳动者的创造激情，从而为社会和他人创造更为丰富的财富。只有尊重劳动并尊重所有的劳动者，人类才能够不断发展并获得更辉煌的成就。

当然，随着社会分工的不断细化，不同社会职业的劳动形式相差甚远，收入水平也存在差异，但是不能因此将职业划分为三六九等。不同职业的劳动者的劳动形式不同，但是在人格尊严方面是一律平等的。这种最基本的职业平等观念是工匠精神塑造和发扬光大的重要职业价值观背景。只有尊重劳动、尊重劳动者，才能消除社会对工匠劳动的偏见，并逐步消除对某些社会职业的歧视。要做到让所有的劳动者都拥有尊重，需要加大职业价值观教育，树立正确的职业价值理念，以此获得职业自豪感和成就感，并愿意为职业发展投入自己的青春和精力。要制定相应的激励制度，逐步提高技术工人的待遇，逐步提高技术工人的职业尊严和社会地位，让他们能够认可自己的职业和岗位，更加安心地工作。要加大职业价值观的社会宣传力度，在全社会营造尊重工匠的文化氛围。

（二）倡导优雅人生，不断提升职业境界

在当今社会，各种物质化的目标无时无刻不在诱惑着我们，但是当这些目标实现的时候，却未必获得真正的幸福感。社会经验表明，要拥有幸福感就要放弃急功近利的职业价值观，要学会舍弃世俗的眼前利益，志存高远，追求优雅的生存之道。优雅地生存是一种身心和谐的生存和发展模式，既追求物质创造的快乐，也追求灵魂的宁静和精神的自足。可见，高雅地生存既有现实主义的职业价值关照，也不失理想主义和浪漫主义的职业价值情怀。对工匠精神的塑造而言，只有当人们的生存变得优雅之后，才能从容不迫、独立自主、持之以恒地去专注于自己的技艺，工匠精神也得以慢慢成长起来。

（三）爱岗敬业，一生坚守职业精神

爱岗敬业不仅是现代职业道德的核心内容，也是社会主义核心价值观的重要体现。爱岗敬业的职业观念，是社会发展和个人职业成功的重要保障，也是工匠精神培育的重要基础。职业分工是社会生产发展的必然结果，在现代社会，每个人都有权利，也有必要根据自己的兴趣爱好选择适合自己的职业。“舍长以就短，智者难为谋”，每个人都有自己的优势和不足，只有选择适合自己的职业，才能在职业生涯中获得成功。当然，要正确选择职业，首先要正确理解职业的价值、性质、对象与要求，只有如此，人们才能努力工作。从社会分工的角度来看，爱岗敬业不仅是人们对职业价值的高度认同，同时也体现出职业责任与职业价值的统一。

爱岗敬业是做好本职工作的重要思想保障，因为其不仅包含了职业价值的认同，还包括职业感情、职业意志和职业实践。正由于有真挚专注的职业感情，工匠们才能具有强烈的职业责任感，将职业作为一种艺术化的追求，当作一种学问去研究；只有具有锲而不舍的职业意志，工匠们才会具有为职业献身的情怀，并为职业发展和成功贡献一生的力量，刻苦钻研产品，对技术精益求精，打造精品。

【知识拓展】

劳动没有高低贵贱之分，任何一份职业都很光荣。广大劳动群众要立足本职岗位诚实劳动。无论从事什么劳动，都要干一行、爱一行、钻一行。在工厂车间，就要弘扬“工匠精神”，精心打磨每一个零部件，生产优质的产品。在田间地头，就要精心耕作，努力赢得丰收。在商场店铺，就要笑迎天下客，童叟无欺，提供优质的服务。只要踏实劳动、勤勉劳动，在平凡岗位上也能干出不平凡的业绩。

——2016 年 4 月 26 日，习近平在知识分子、劳动模范、青年代表座谈会上的讲话

三、新时代的工匠精神

【案例导学】

北京冬奥会见证中国制造蝶变

首辆国产雪车、体型庞大的雪蜡车、新型奥运版复兴号智能动车……北京冬奥会上，一个个令人振奋的“中国创造”，既是中国制造自主创新的有力见证，也为北京冬奥会的顺利举办提供着强有力的保障。我们从中看到了中国制造的蜕变，也看到了中国科技的跨越式发展。

这背后是对高品质的不懈追求。

质量强则制造业强，制造业竞争归根结底是质量竞争。曾几何时，处在微笑曲线底端的中国制造被认为是“粗制滥造”的代名词。近年来，随着质量提升行动的实施，质量优先的追求日益深入人心，中国制造从低端跃向中高端有了坚实的基础，也在此次冬奥会上“大显身手”。

从“水立方”到“冰立方”，挑战无处不在。仅仅是在泳池上搭建冰场结构这一项，团队就耗时 116 天，编制了 35 个制作及施工方案，绘制了 485 张设计图并进行了 35 次试验，最终选定了综合指标最优的钢结构支撑加混凝土预制板组合方案。对高质量的追求成为中国制造新风尚，“冬奥蓝图”一步步变为现实，品质托举起“中国制造”闪耀冬奥的自信和底气。

这背后是大国工匠们的精益求精、推陈出新。

喷漆、冻水、控制冰温，为给赛会制作高质量冰面，制冰师精心雕琢每一寸、每一层冰面；18 道生产工艺、20 道质量检验，一枚枚熠熠生辉的奖牌，吸引着全世界的目光；为了还原冬奥会制服设计上独特的颜色，设计师以 1 平方厘米为单位，一个点一个点进行对色。“执着专注、精益求精、一丝不苟、追求卓越。”新时代，自觉弘扬工匠精神，大国工匠们实现了新的飞跃，北京冬奥会见证了中国制造到“中国质造”的美丽蝶变。

（资料来源：《经济日报》，2022 年 2 月 12 日，作者：金观平。有删改）

课堂讨论：工匠精神对于实施制造强国战略的意义是什么？

（一）工匠精神的时代价值

社会主义是干出来的，新时代是奋斗出来的。在新时代大力弘扬工匠精神，对于凝心聚力建设社会主义现代化强国，实现中华民族伟大复兴，具有十分重要的意义。

1. 新时代弘扬工匠精神，助力培养高素质的技能人才队伍

劳动者素质对于一个国家、一个民族的发展至关重要。高素质的产业、技术工人队伍是支撑中国制造、中国创造的基础，对推动经济、社会高质量发展具有重要作用。在全社会弘扬工匠精神，有助于增强我国工人阶级的主人翁意识，激励更多工人尤其是青年一代走技能成才、技能报国之路，培养出更多高技能人才、大国工匠、能工巧匠，建设成一支知识型、技能型、创新型的劳动者大军，为全面建设社会主义现代化国家提供有力的人才保障。

2. 新时代弘扬工匠精神，助力实现制造强国战略目标

制造业是立国之本、强国之基，发展高端制造业是国家的重大战略需求。

面向未来，中国坚定不移继续深入实施制造强国战略。大力弘扬工匠精神，有助于巩固我国制造业中的“长板”，补足“短板”，完善我国制造业体系。有助于深入推进质量提升行动，促进以精工细作提升中国品质、以制造实力打造中国品牌，实现中国速度向中国质量转变、中国产品向中国品牌转变、中国制造向中国创造转变，并最终达成制造强国的目标。

3. 新时代弘扬工匠精神，助力实施创新驱动发展战略

科技兴则民族兴，科技强则国家强。党的十八大以来，我国把科技创新摆在国家发展全局的核心位置，深入实施创新驱动发展战略，抢抓世界新科技革命和产业变革的机遇。大力弘扬工匠精神，有助于极大调动科技工作者的创新创造精神，集合人民群众的智慧和创造力，着力攻克核心关键技术，解决我国基础和关键领域的“卡脖子”难题；有助于坚定中国特色自主创新道路，推动我国掌握全球科技竞争先机，促进我国整体科技水平从跟跑向并行、领跑的战略性转变，并最终建成科技强国。

4. 新时代弘扬工匠精神，助力广泛凝聚起全社会奋斗力量

实现第二个百年奋斗目标和中华民族伟大复兴的中国梦，必须依靠全体人民不懈奋斗。在全社会大力弘扬工匠精神，让劳动最光荣、劳动最崇高、劳动最伟大、劳动最美丽蔚然成风，形成尊重劳动、崇尚劳动的时代风尚和精益求精的敬业风气，汇聚起向上向善的强大奋斗力量，有助于促进全体劳动者勤于创造、勇于奋斗，更好发挥主力军作用，满怀信心投身全面建设社会主义现代化国家、实现中华民族伟大复兴中国梦的伟大事业。

（二）大力弘扬工匠精神

实现两个一百年奋斗目标，在我国现阶段迫切需要弘扬工匠精神，培养更多高技能人才和大国工匠。工匠精神的重要性与必要性不言而喻，关键是如何弘扬和实践。新时代弘扬工匠精神必须久久为功，从文化制度入手让它落到实处，成为全社会的普遍追求。

1. 厚植工匠文化，凝聚工匠精神的社会共识

一个国家、一个民族的强盛是以文化兴盛为支撑的。显然，在工匠文化缺失的社会环境里，工匠精神的弘扬与实践是很难得到有力精神支撑的，因此，大力弘扬工匠精神，需要褒扬工匠情怀、厚植工匠文化，需要创设与之相适应的良好文化氛围，要让工匠精神在全社会的认可中获得强大的生命力，引领劳动者在本行业和本领域担大任、干大事、成大器、立大功。正确认识技能成才、技能报国的重要性，树立对于新时代“工匠”职业的正确认识，客观地看待脑

力劳动和体力劳动之间的区别，认识到二者并无高低贵贱之分，只是工作的属性不同。凝聚社会共识，重新审视工匠的作用和地位。很多人认为工匠只是技术工人，没有认识到工匠精神领域的广泛性，即各行各业的劳动者都应具有工匠精神。厚植工匠文化，褒扬工匠情怀，凝聚社会共识，首要的是尊重劳动者的劳动，让劳动者有社会存在感、社会获得感、社会荣誉感。还要充分利用我国的宝贵文化资源，以文化人，文以载道，将工匠事业的魅力和价值彰显出来，增强人民群众对于工匠精神的认同感，以工匠精神涵养社会风气，由此推动各领域事业的发展。

2. 健全体制机制，提升技能人才的待遇水平

工匠精神的传承与弘扬离不开制度保障，提高技能人才待遇水平，畅通技能人才职业发展通道，完善技能人才激励政策，提高技术技能人才社会地位，大力发展技能教育，大规模开展职业技能培训，才能培养更多高技能人才和大国工匠。弘扬工匠精神要提升技能人才的薪酬待遇，尽管近年来我国在人才发展的体制机制改革上取得了突破和进展，但仍存在进步的空间。当前，技能人才职业发展空间狭窄，待遇较低，这是年轻一代传承工匠精神动力不足的重要原因。要推动实现制造业强国，发展创新型国家，就必须夯实先进制造业人才基础，加大投入力度，提高高技能人才待遇水平，让人才得到相应的价值回报。要完善技术人才激励政策，拓宽职业发展通道，鼓励劳动者在各自的岗位上有所作为，充分体现按劳分配，满足多劳者多得、技高者多得的时代诉求。

3. 树立榜样风范，倡导尊重劳动的价值导向

弘扬工匠精神是对工作平等和劳动尊严的真正认同，体现了人文关怀和社会担当。在全社会树立榜样风范，形成崇尚大国工匠之风，目的就是让每一位劳动者都能感受到发展的机会，获得应对未来挑战的机会。榜样的力量对于工匠精神的弘扬有着不可忽视的推动作用，要挖掘大国工匠、名师巨匠的典型事迹进行宣传，同时也应将时代奉献者身上所具有的爱岗敬业、意志坚强、踏实专注、无私奉献的品质加以传播，向人们展示立体、生动、清晰的劳动者精神。倡导全社会树立尊重劳动、崇尚劳动的价值导向，使劳动光荣的理念深入人心，确保从事不同职业的劳动者拥有同等的社会尊重，摒弃好逸恶劳、幻想一夜暴富的投机心理。只有在全社会树立正确的劳动价值观，让千千万万的劳动者真切地感受到尊重与厚待，工匠精神才能得以真正地实践。

4. 融合企业发展，注重营造良好的市场环境

工匠精神的弘扬要融合企业发展，企业文化是工匠精神得以弘扬的重要依

托。要高扬以工匠精神为核心的制造业精神，弘扬优秀工业文化，提升我国工业文化软实力。制造业企业要把精益求精的工匠精神作为企业职工继续教育的重要内容，增强职工对职业理念、职业责任和职业使命的认识和理解，不断深化对尊重劳动、崇尚质量的价值观认同。弘扬工匠精神离不开市场土壤，如果市场秩序混乱，只顾逐利而放弃对品质的追求，最终结果就是“劣币驱逐良币”。因此，必须为具有工匠精神的企业创造生存的土壤，注重营造良好的市场环境，强化监管，营造公平公开、开放透明的法治和市场环境；健全知识产权保护体制机制，保护和鼓励敢于创新、敢于实践的企业及劳动者；珍视工匠创作，重视工匠作品，进而推动工匠精神的传承和弘扬，实现工匠精神落地生根。

【知识拓展】

各级党委和政府要高度重视技能人才工作，大力弘扬劳模精神、劳动精神、工匠精神，激励更多劳动者特别是青年一代走技能成才、技能报国之路，培养更多高技能人才和大国工匠，为全面建设社会主义现代化国家提供有力人才保障。

——2020 年 12 月 10 日，习近平致首届全国职业技能大赛的贺信

四、技能竞赛与工匠精神

【案例导学】

以工匠精神攀登世界技能高峰

世界技能大赛是当今世界地位最高、规模最大、影响力最大的职业技能赛事，被誉为“世界技能奥林匹克”。在 2022 年世界技能大赛特别赛上，中国代表团圆满完成参赛任务。此次我国派出的 36 名参赛选手全部来自技工院校等职业院校，平均年龄 22 岁。他们在赛场上追求卓越、奋勇拼搏，取得 21 枚金牌、3 枚银牌、4 枚铜牌和 5 个优胜奖，我国金牌榜和团体总分再次位居第一，金牌数、金牌获奖率、参赛项目奖牌率均实现了新的突破。

“只有千锤百炼、精益求精，才能应对各种挑战”“想做好一件事，必须付出百分百的努力”“最终站上领奖台的那一刻，感觉所付出的汗水一下子就值了”……闯过重重关卡，经历漫长备赛时光，在梦想面前“吃下苦”“沉住气”，

最终以非凡技艺登上世界技能高峰，这群年轻的中国“小匠”，用实际行动践行了技能成才、技能报国的青春誓言，让执着专注、精益求精、一丝不苟、追求卓越的工匠精神熠熠生辉。

在国际舞台崭露头角，不仅体现出参赛选手的实力，也反映了中国技能人才选拔培训、教育教学工作的成果。党的十八大以来，我国高度重视技能人才队伍的培育与发展。截至2021年底，全国技能人才总量超过2亿人，高技能人才超过6000万人。这些技能人才，是支撑中国制造、中国创造的重要力量，对实现产业转型升级、推动经济高质量发展具有重要作用。

（资料来源：《人民日报》，2022年12月14日，作者：周珊珊。有删改）

课堂讨论：

1. 参加技能竞赛有助于培养大学生哪些素质？

2. 大学生如何在各级技能竞赛中取得好成绩？

工匠精神不仅是对产品的精心打造、精工制作的理念和追求，更是对卓越的富有创造性的技术与技能的追求，它已经成为现代职业人最为重要的职业素质。技能竞赛为广大技能人才提供了展示精湛技能、相互切磋技艺的平台，是培养中国年轻一代能工巧匠的熔炉，工匠精神的内涵在技能大赛中得到了淋漓尽致的体现，对壮大技术技能人才队伍、推动经济社会发展具有积极作用。同时技能竞赛也是职业院校教育教学活动的一种重要形式和有效延伸，竞赛将提升学生技能水平、培育学生工匠精神。以赛促学、以赛促训，大赛不仅激发了选手们学习技能、投身技能、提升技能的积极性，也引导更多人关注技能、尊重劳动，让工匠精神在全社会蔚然成风。

（一）技能竞赛的价值内涵

1. 信念价值

信念价值是人们在一定的认识基础上，对某种思想、理论和理想所抱的坚定不移的价值观和真诚信服与坚决执行的态度。具体到技能竞赛，信念价值集中体现在参赛者对目标坚定不移的追求，专注于自身所从事的专业理论及技能的学习与研究。通往技能大赛的道路上，每一个参赛选手都需要克服多种困难；能够登上技能大赛的展示舞台的，都需要经历严格的筛选和多方历练，都是具备超强信念的优秀者。

2. 职业价值

职业价值既是对职业的一种认知态度，也是将其作为目标的一种追求，是从业者个人认识在选择职业上的体现。具体在技能竞赛上，对职业价值的追求，促使每一位参赛者对自己未来从事的职业、岗位、技能都投入巨大的热情，不仅仅是对比赛专注，更是对未来将要从事的职业的专注，专注职业的要求，专注职业的发展。在参赛者眼中，大赛不仅仅是一场技能之赛，更是一场“精神”的对决，以技能做基础，用“精神”作支撑，努力奋斗，力争为未来的职业岗位交上一份满意的答卷。

3. 社会价值

社会价值的核心在于能够通过自身的努力去为社会及他人做出贡献，并得到社会层次的认可。技能竞赛将高端技艺带上赛场，使人们尤其是年轻人认识到技术的价值，使参赛者能够意识到他们的未来掌握在自己手中，使企业意识到高端技能精英对企业人才发展战略的重要性。在一定程度上提升了职业教育的社会知名度，改变了社会上对职业教育就是低层次的偏见。

（二）通过技能竞赛培育工匠精神

1. 引发工匠精神中的敬业精神

很多学生在大量专业课程学习和毕业实践之后，才具有初步的专业技能认知能力，甚至工作之后才意识到自身所需的专业技能，以至刚走上工作岗位时，无法完成有效的学习与工作情景转换，对工作岗位产生恐惧、厌恶心理。而技能竞赛的举办环境、竞赛题目及评比要求都是零距离对接职业岗位环境、工作任务及工作要求，能够使参赛学生了解本职工作的特点、需求，尽早做好知识和技能储备，以便适应企业岗位环境，接受岗位工作，并产生专业兴趣，逐渐培养出对工作岗位的敬业精神。

当前各项技能竞赛举办模式、赛项考核方向及内容无疑体现了企业岗位需求，这就为职业院校制定各专业人才培养方案、改进教学方式提供了参考依据，大赛用到的专业设备、工具等也会在课堂中使用，这就满足了在校学生获取岗位工作知识的需求，增强了学生对工作岗位的适应能力，从上岗之初就能形成爱岗敬业的精神。

2. 激发工匠精神中的专注精神

随着社会经济发展，技能竞赛涉及的专业越来越全，竞赛项目划分越来越细，比赛内容越来越多，评分规则设定逐渐细化，参赛院校不断增多，竞争压力愈来愈大。如世界技能大赛是最高层级的世界性职业技能赛事，由世界技能组织举办，每两年举办一次，被誉为“世界技能奥林匹克”。选手按照标准要求在职业情境下完成综合性企业真实工作任务，尤其是其参与世赛经历的独特性和稀缺性而获得的能力素养提升，对于提高竞技水平有效性更高，也发挥了技能引领示范作用。这就要求参赛学生对每个赛项、每道环节都凝神聚力、精益求精，即使做一颗螺丝钉也要做到最好。做事情要内心笃定且着眼于细节，耐心而执着，坚持到底。只有这样，才能从容面对大赛，取得优异成绩。

3. 培养工匠精神中的创新精神

各行业及企业为了通过技能竞赛激励职业院校培养出符合国家和企业发展需要的紧缺人才，竞赛项目及竞赛内容都是既体现专业基础知识要求，又体现前沿进展，包括新技术、新材料、新专业软件、新思路及知识新组合。各个参赛院校必须紧随其步伐，对原有的专业设备、专业群建设和人才培养模式进行改革创新，以便满足参赛要求，取得优异成绩，扩大院校影响力。职业院校在教材编制、教学计划制订、教学思路设定、教学方式方法使用、课堂布置上也需与时俱进，适时创新。同时，技能竞赛不仅向学生展现了未来工作岗位环境、工作内容及要求，而且使学生进一步了解了自身专业现状，感受到了专业知识的新旧交替，开阔了视野，激发了学生创新的斗志。

【知识拓展】

技术工人队伍是支撑中国制造、中国创造的重要力量。职业技能竞赛为广大技能人才提供了展示精湛技能、相互切磋技艺的平台，对壮大技术工人队伍、推动经济社会发展具有积极作用。希望广大参赛选手奋勇拼搏、争创佳绩，展现新时代技能人才的风采。

——2020 年 12 月 10 日，习近平致首届全国职业技能大赛的贺信

思考与练习：

1. 劳动精神的内涵是什么？
2. 劳动精神的价值有哪些？
3. 劳模精神的内涵是什么？
4. 劳模精神的价值有哪些？
5. 工匠精神是什么？
6. 工匠精神的时代价值有哪些？

第四章　劳动安全教育

导言：劳动教育是我国基础教育的优秀传统，是素质教育中一个极其重要的方面，对培养学生劳动观念、磨炼意志品质、树立艰苦创业的精神以及促进学生多方面的发展具有重要作用。在劳动过程中加强安全教育是有效进行劳动教育的前提和基础。对于大学生来讲，劳动安全是指在生活劳动、勤工助学、专业实训、顶岗实习、社会实践、志愿服务等过程中防止发生财产损失和人身伤害。要确保劳动安全，既要遵守学校和单位的相关制度，又要自身加强防护意识，做自己力所能及的事，始终将“安全第一，生命至上”当成头等大事。

学习目标：

1. 加强各类劳动安全意识。
2. 培养学生对劳动安全操作技能的掌握。
3. 掌握在劳动过程中发生安全事故的预防和处理措施。

第一节　强化劳动安全意识

【案例导学】

没有盖子的水表井

案例描述：

某高校组织学生栽种树苗，在丈量树苗间距时，学生王某右脚踏空，不慎跌入约1.5米深没有覆盖的水表井中，被同学拉上来之后，右腿麻木没有知觉，腰部疼痛难忍。事故发生后，学校立即拨打120救护车将其送至附近医院，经CT拍片诊断为右腿髋骨骨折，医生建议进一步住院治疗。

案例分析：

事故发生后，学校相关负责部门和人员到现场查看，发现发生事故的水表井深约 1.5 米，没有盖子，水表井四周的覆土和井口平齐，外观上很难发现，水表井四周没有任何安全防护措施，也未设置安全警示标示。经查，此水表井属于施工单位某能源装备有限公司。施工单位在施工期间没有按照施工安全生产规程执行，水表井不及时安装井盖，也没有设置任何警示标志，责任心缺失，监管不力，应负主要责任。

案例启示：

结合该案例分析，我们可以采取以下措施进行整改。

1. 责令施工单位某能源装备有限公司限期整改，不及时整改的，按照双方签订的工程建设施工安全管理协议书的规定，承担逾期整改违约责任。

2. 施工单位承担伤者学生住院治疗的全部医疗费用。

3. 学院对校区内存在的类似安全隐患进行彻底排查，对整改情况进行复查，并将整改措施落实情况上报领导。

4. 组织学生学习安全生产知识，进一步加强安全意识。

课堂讨论：

请同学们讨论以下话题：

1. 常见的劳动安全隐患有哪些？

2. 身边存在的劳动安全隐患有哪些？

3. 劳动安全防范措施有哪些？

一、劳动安全的基本概念

劳动安全是指在生产劳动过程中，防止中毒、车祸、触电、塌陷、爆炸、火灾、坠落、机械外伤等危及劳动者人身安全的事故发生。

劳动安全又称职业安全，是劳动者享有的在职业劳动中人身安全获得保障、免受职业伤害的权利。为了保障劳动者在劳动过程中的安全与健康，防止伤亡事故，减少职业危害，促进经济发展，我国 2018 年 12 月第二次修正了《中华人民共和国劳动法》和有关法律、法规。

【知识拓展】

劳动法是调整劳动关系以及与劳动关系有密切联系的其他社会关系的法律规范的总称。

各国劳动法的表现形式不同，但大都包括以下基本内容：劳动就业法、劳动合同法、工作时间和休息时间制度、劳动报酬、劳动安全与卫生规程、女职工与未成年工的特殊保护制度、劳动纪律与奖惩制度、社会保险与劳动保险制度、职工培训制度、工会和职工参加民主管理制度、劳动争议处理程序以及对执行劳动法的监督和检查制度等。

二、常见的劳动安全隐患

1. 人的不安全行为隐患

(1) 忽视安全，忽视警告，操作错误。

(2) 人为造成安全装置失效。

(3) 使用不安全设备。

(4) 用手代替工具操作。

(5) 物体存放不当。

(6) 冒险进入危险场所。

(7) 攀、坐不安全位置。

(8) 有干扰和分散注意力的行为。

(9) 忽视个体劳动防护用品、用具的使用或未能正确使用。

(10) 不安全装束。

(11) 对易燃、易爆等危险物品的接触和处理错误等。

2. 物的不安全状态

(1) 防护、保险、信号等装置缺乏或有缺陷。

(2) 设备、设施、工具、附件有缺陷。

(3) 劳动防护用品用具缺乏或有缺陷。

(4) 生产（施工）场地作业环境不良。

3. 管理上的缺陷

(1) 技术和设计上缺陷。

(2) 安全生产教育培训不够。

(3) 劳动组织不合理。

(4) 对现场工作缺乏检查或指导错误。

(5) 没有安全生产管理规章制度和安全操作规程或者不健全。

(6) 没有事故防范和应急措施或者不健全。

（7）对事故隐患整改不力，经费不落实。

【知识拓展】

最常见的劳动安全事故隐患

事故隐患可归纳为21大类：

火灾、爆炸、中毒和窒息、水害、坍塌、滑坡、泄漏、腐蚀、触电、坠落、机械伤害、煤与瓦斯突出、公路设施伤害、公路车辆伤害、铁路设施伤害、铁路车辆伤害、水上运输伤害、港口码头伤害、空中运输伤害、航空港伤害、其他类隐患。

三、做好劳动安全防范措施

（一）防止车辆伤害措施

1. 劳动过程中横越线路必须做到“一站、二看、三通过”。

2. 严禁扒乘机车车辆。

3. 严禁在钢轨上、车底下、枕木头、道心内坐卧、站立和行走。

4. 工作人员必须依作业流程规定按步骤准确使用这些安全标志牌，严格执行安全防护信号的设置和撤除规定，严禁违章钻越车底；在既有线的一切施工，严格执行有关的防护规定，按规定设置防护标志和防护人员，并配备可靠的通讯联络工具，随时与车站或远方防护人员保持联系。

5. 工作人员在施工作业期间，必须身穿黄色反光防护服；防护人员应遵守作业指导书和各种安全规定。

6. 车列尚未停稳或已经启动时，不得抢道，不准作业。

（二）防止高处坠落措施

1. 在高处作业劳动时，必须戴好安全帽，按规定使用安全带（绳），防止高处坠落。

2. 高处作业随带的工具、材料等物，应放在稳妥处；较大的工具应拴在牢固的物体上，零星工具、材料应放在工具袋中，不得上下抛掷。

3. 脚手架必须按规定搭设，作业前必须确认机具、设施和用品完好。

4. 禁止随意攀登石棉瓦搭建的屋（棚）顶。

5. 禁止在六级及以上大风时进行露天登高作业。

6. 严禁患有禁忌证人员登高作业。

7. 登高扫、抹、擦、吊、架设、堆物时，作业面下必须设置防护。

8. 使用的安全带（绳），凡使用期限超过 3 年的实行强制报废，并实行以旧换新的发放制度，保证失效的安全带（绳）及时回收。

9. 使用梯子作业时必须有防滑装置，梯子与地面夹角应保持 55—60 度，使用人字梯、折叠梯应挂好安全链（绳），使用前必须检查梯子是否完好。

10. 搭设脚手架上各处跳板，使用前应仔细检查是否牢固，确认良好，方可使用。

11. 除车辆检修地沟外，其他为生产、生活需要所设的坑、沟、池和阴井，应有围栏或盖板。

12. 不准跳（跨）越未设防护的各种坑、沟。

13. 高架检修平台，应设有围栏，并应有防滑、防跌措施。

（三）防止触电伤害措施

1. 劳动施工场所必须配备以下安全警示用品：“正在工作中”“高压危险，禁止攀爬”“正在供电，禁止接近”“已断电”等标志牌。

2. 使用自备电源或与外电线路共用同一供电系统时，电气设备应根据当地要求做保护接零或做保护接地，不得一部分设备做保护接零，另一部分设备做保护接地。

3. 移动式发电机供电的用电设备，其金属外壳或底座，应与发电机电源的接地装置有可靠的电气连接。

4. 手持电动工具和单机回路的照明开关箱内必须装设漏电保护器，照明灯具的金属壳必须做零保护。

5. 各种型号的电动设备必须按使用说明书的规定接地或接零。传动部位按设计要求安装防护装置。

6. 维修、组装和拆卸电动设备时，应断电挂牌，防止其他人私按电动开关发生伤亡事故。

7. 必须实行“一机一箱一闸一漏一锁”制，严禁“一闸多用”。

8. 室内配电盘、配电柜要有绝缘垫，并要安装漏电保护装置。

9. 变压器必须设接地保护装置，其接地电阻不得大于 4 Ω，变压器、配电室设护栏，设门加锁，专人负责，近旁悬挂“高压危险，请勿靠近”的警示牌。

10. 电缆线沿地面敷设时，不得采用老化脱皮的电缆线，中间接头应牢固可靠、保持绝缘强度；过路处要穿管保护，电源端必须设漏电保护装置。

（四）防止起重坠落措施

1. 起重作业人员必须持证操作，严禁多人或无人指挥。

2. 严禁在吊物下方站立和行走。

3. 起重机司机应严格执行“八不吊”。

（1）超过规定负荷或起重量不明时不吊。

（2）吊具不完整，不符合安全规定不吊。

（3）吊物捆绑不牢不吊。

（4）吊具与起重物不垂直，斜拉时不吊。

（5）无人指挥或指挥信号不明时不吊。

（6）起重机上有人或有浮动物不吊。

（7）吊物从人体或乙炔、氧气瓶上方越过不吊。

（8）起重机带病运用不吊。

4. 起重机司机接受指挥信号后，须鸣铃警示后再起动。如遇紧急情况，不论是否有人发出停车信号，司机均应立即停车。

5. 使用千斤顶起重时，中心应找准，底座应放置平稳牢固，严禁刚性接触，以防倾滑。

6. 起重设备附属装置及起重工具应定期检查并做好记录，状态不良的必须更换、报废，严禁带病使用。

7. 严禁站在被吊物下方用手校正被吊起的物体。

8. 起吊作业人员应穿戴好劳动防护用品。

（五）防止物体打击措施

1. 进入作业区必须按规定使用安全帽等劳动保护用品。

2. 高处和双层作业时，不得向下抛掷料具、配件，无隔离设施时，严禁双层同时作业。

3. 列车通过时，必须面向列车避车，防止物体击伤。

4. 搬运重、大、长物件，必须有专人指挥，动作协调。

5. 手锤、凿子不得有卷边毛刺，敲打时思想要高度集中，瞄准目标防止敲偏，锤面不能做垫铁使用。使用台钳时必须夹紧工件，以防工件飞出。

6. 堆放车辆配件和设备，必须整齐、牢固，线路外侧1.5米内不准有障碍物。

7. 装卸货物时，应按规定作业，严禁装载超长、超重、超高的货物。

（六）防止机具伤害措施

1. 各种机具必须有切合实际的安全操作规程，相关操作人员必须严格执行机具操作规程。

2. 严禁机具设备带病超负荷运转，安全防护装置必须齐全良好。

3. 使用中机具设备应做到定人、定机，持证操作。

4. 开启机械动力设备前应先检查设备状态。

5. 运行中的机械动力设备，严禁进行修理、加油等工作。

6. 砂轮机、切割机以及金属切削人员，必须佩带防护眼镜（罩），使用前应检查防护装置是否完好。

7. 严禁戴手套操作各种旋转切削式的机械动力设备。操作时，应扎紧衣袖，女职工严禁披发操作。

8. 使用手提式风钻、电钻前，必须确认技术状态和绝缘状态良好，钻机未停转时，严禁接触钻头、钻夹头和钻套，严禁用手消除钻头上的碎屑，中断作业时，应立即切断电源、风源。

9. 二人以上共同作业时，必须进行呼唤应答。

10. 在对旋转件和其他可运动件，如电机、风机等进行检修工作时，须始终确保其不受他人控制或由于其他原因而运动。

（七）防止炸药、锅炉、压力容器爆炸伤害措施

1. 锅炉、压力容器等设备作业人员必须持证操作；无压设备、设施严禁有压运转。

2. 定期进行防爆、防火检查，确保锅炉房、压风机室等重点处所的安全防范措施落实到位。

3. 严格执行锅炉、压力容器的鉴定、检修验收等制度。

4. 严禁在尚有压力的容器上和未经洗净的盛油空容器上进行焊接作业。

5. 氧气瓶与乙炔瓶不得混放，间隔距离不得少于 5 米。

6. 氧气瓶、氟利昂瓶等有压容器不得靠近火焰或受阳光曝晒，距明火不得少于 10 米的安全距离。

7. 焊接人员必须持证上岗，作业时应穿戴好规定的防护服装及防护用品。严禁无证人员使用、操作气焊、气割工具和进行气焊、气割作业。

8. 更换压缩空气系统气源设备时，必须注意排空系统压缩空气，使其各个部件的压力与外部大气相同。

9. 压力容器的安全阀和压力表应定期鉴定，并标注红线，不得超红线运行。

10. 锅炉房消防设施应定期鉴定，确保作用良好。

（八）防止中毒、窒息措施

1. 有毒物品的运输、装卸、贮存必须严格按照《危险货物运输规则》执行。

2. 使用有毒物品场所，作业前必须采取通风、吸尘、净化、隔离等措施，并正确使用防护用品。

3. 对有毒、有害作业场所要定期监测，作业人员要定期进行体检。

4. 进行油漆作业时，作业人员必须佩戴口罩或者防毒口罩。

5. 在检修设备时，某些润滑剂、胶和密封剂，都可能具有腐蚀性或引起皮肤或肺部刺激，必须注意确保检修工作环境通风良好，并保护好各部位皮肤和眼睛。

6. 应避免进入长期封闭或不通风的场所，如深井等，以防止缺氧导致窒息。

【知识拓展】

劳动安全“八防”措施

1. 防止车辆伤害；
2. 防止高处坠落；
3. 防止触电伤害；
4. 防止起重伤害；
5. 防止物体打击；
6. 防止机具伤害；
7. 防止炸药、锅炉、压力容器爆炸伤害；
8. 防止中毒窒息。

【知识拓展】

发生意外时的自我保护

1. 遭遇意外时，一定要保持镇定，不要盲目逃生，必须保持冷静、理智应对，有序撤离危机现场。

2. 若在逃生的途中被推倒在地，失去平衡的话，要设法靠近墙壁，身体蜷成球状，面向墙壁，双手紧扣置于颈后。这样手指、背部和双腿可能受伤，但保护了最脆弱的部位。

3. 平时注意培养自我保护意识。

第二节 构建劳动实践安全机制

【案例导学】

学生实习受伤害

案例描述：

李某系A工商学校模具专业学生。2016年7月8日，李某、A工商学校、××公司三方签订学生实习协议书，约定：经李某与××公司双向选择，李某自愿到××公司实习，期限自2016年7月8日起至2017年6月25日止；实习期间，××公司支付李某的实习津贴按国家规定的每周不超过40小时计每月人民币（以下币种均为人民币）1800—2000元，超过规定时间的加班及因工作需要安排的中班、夜班和特殊岗位的待遇与××公司职工同等；××公司在安排实习生上岗前应对实习生进行企业文化、岗位要求、专业技能、操作规范、安全生产、劳动纪律等方面的培训教育，安排到相应的部门和岗位从事与国家劳动保护法规相符合的对人身无危害、对身心健康无影响的工作，并指派带教师傅对实习进行指导评价；对易发生意外工伤的实习岗位，××公司在实习生上岗前除了加强安全生产教育外，还应提供应有的劳动保护措施，学校为实习生购买学生实习责任保险。协议另约定了其他内容。

2016年11月2日上午11时许，李某在××公司加班操作数控折边机，在更换模具时不慎踩到开关，致使机器截断其右手4根手指。李某随即被送至人民医院急诊治疗，于次日住院行植指术，后来进行清创及环小指残修术。出院后，李某多次去门诊治疗。

最终，法院判令××公司对李某的人身损害后果承担80%的赔偿责任，剩余20%的赔偿责任由A工商学校承担。

（资料来源：上海市高级人民法院网，有删改）

案例分析：

在上述案例中，李某不但身体受到伤害，而且财产受到损失。虽然法院判令企业和学校分别承担相应的责任，但是对于李某来讲，身体上的伤害已经无法完全修复。针对上述案例，我们思考以下内容：

（1）在劳动活动或实习实训的过程中，你们会全程听从带队教师的安排吗？

（2）如果企业安排你单独加班，这时候可以拒绝吗？

（3）如果在学校参与勤工助学，对于不能胜任且有一定危险性的工作可以说“不”吗？

（4）对于实验室的安全规定，你能倒背如流吗？

（5）安全无小事，你身边是否发生过学生实习、实训、实验受伤害的案例？

案例启示：

居安思危，思则有备，有备无患。只有防患未然，才能遇事安然。在灾难和危险面前，人的生命脆弱，如何保护生命，避免安全隐患？首先，要树立安全生产意识，遵守劳动生产规范，增强劳动的规范性和预防性。其次，要提升劳动品质和提高安全生产服务能力，建立完善的安全生产机制。最后，要养成安全生产劳动的良好习惯，强化重视生命的观念，培育劳动精神。

一、加强劳动安全意识学习

新时代大学生增强劳动安全意识尤为重要。一方面，大学生在读期间要参加顶岗实习、专业实训、勤工助学、志愿服务、社会实践等各种形式的活动，这些活动虽然在劳动强度、劳动时长等方面与在岗劳动者存在差别，但是所面临的劳动安全风险往往相差无几，这就要求我们要具备相应的劳动安全意识，以免因为自己的疏忽而发生安全事故，造成不可挽回的损失。另一方面，新时代大学生作为社会未来劳动者的骨干力量，应该具有较高的劳动安全意识，确保在岗位工作中严格执行安全生产各项规程，杜绝因安全意识欠缺酿成安全事故。这既是对自己负责，也是对家庭和社会负责。

二、强化劳动实践安全机制

健全劳动安全保护机制，控制和减少劳动过程中的伤害事件和安全事故，切实保障劳动过程中的安全，既是加强劳动者权益保障、推进构建社会主义和谐劳动关系的内在要求，也是在劳动生产领域贯彻落实“以劳动者安全为中心”的发展理念。

（一）顶岗实习安全

加强安全管理工作是职业学校顶岗实习工作顺利进行、切实提高顶岗实习质量的重要保障。近年来，职业学校学生顶岗实习安全事故频频发生，一些职业学校学生顶岗实习期间缺乏必要的安全保障。职业学校必须有效防范和妥善化解学生实习的风险，保障实习学生的权益，消除学校、企业、家长的后顾之忧，促使顶岗实习安全有序地进行。在顶岗实习中一旦出现安全问题，不仅影响顶岗实习的正常秩序，更对学生本人及其家庭造成无法挽回的损失。

【案例分析】

顶岗实习中发生的意外

案例描述：

杨某是某职业院校汽车维修专业的学生，顶岗实习期间，被学校安排到一家汽车销售公司 4S 店实习，日常工作就是在师傅的带领下对客户的汽车进行保养和维修。2019 年 11 月的一天，杨某独自在维修一辆汽车时，要求该车司机配合进行挂挡、摘挡操作，在操作过程中，车突然向前滑行，杨某躲闪不及，被车撞伤，医院诊断为左股骨粉碎性骨折，软组织损伤。

案例分析：

汽车销售公司过错。杨某虽然实习，但依然是学生，实习是学生从学校走向社会中一个不可或缺的环节，是一种直接参与到企业运营过程中的生产实习。因此，实习时对杨某的监督管理和教育的主要职责应转移至汽车销售公司，汽车销售公司除了应该积极防范企业运营过程中可能出现的危险，还应对实习人员履行教育、管理责任。

学校过错。杨某具有学生身份，实习是学校专业课程的延伸，学校仍应尽到对实习生的管理教育义务。

肇事车司机过错。汽车虽然是在维修，但作为司机，操纵汽车应该精力高度集中。肇事车司机未尽到谨慎注意的义务。

案例启示：

（1）教育部、财政部等联合印发的《职业学校学生实习管理规定》要求：“职业学校应当会同实习单位制定学生实习工作具体管理办法和安全管理规定、实习学生安全及突发事件应急预案等制度性文件。”“职业学校和实习单位应当分别选派经验丰富、业务素质好、责任心强、安全防范意识高的实习指导教师和专门人员全程指导、共同管理学生实习。”因此，职业学校学生实习管理应该是多方责任。

（2）学校应加强实习生管理。与实习单位共同制订详细的实习计划，明确实习目标、实习任务、必要的实习准备、考核标准等；委派专人管理，职业学校应对实习工作和学生实习过程进行监管。对于实习生较多的单位，学校要派跟班教师或者巡查教师，及时进行引导教育及管理，发现隐患及时与实习单位沟通排除。

（3）实习单位应配合学校做好实习学生的管理工作，学校和实习单位应当为学生提供必要的顶岗实习和安全健康的顶岗实习劳动环境。让学生处于不安全的教学和实习环境，出现安全事故，实习单位应该承担相应的责任。本着对学校和学生负责的态度，实习单位应加强对学生上岗前安全防护知识、岗位操作规程、劳动纪律、职业道德的教育和培训，实习生操作期间应有专业师傅带领，以便从根源、制度和具体操作上减少此类事故的发生。

（4）学生一定要严格遵守实习实训车间的纪律，增强安全自律意识。企业实习实训是在一定范围、条件下进行的实地操作，实训场所环境各异，因此，学生要有强烈的安全预防意识，养成良好的车间操作习惯，远离伤害。

（资料来源：《河南教育》，2017 年第 11 期，作者：王立杰。有删改）

1. 顶岗实习安全

顶岗实习是职业学校教育教学的核心，是人才培养中的重要一环，而顶岗实习安全事关人才培养的顺利实施和学校安全稳定大局，是学校教学管理的重中之重。加强职业学校顶岗实习学生安全教育工作是职业学校实习教学任务得以顺利完成的重要保证，因为职业学校学生实习是实现职业教育培养目标，增强学生综合能力的基本环节，是教育教学核心部分。发生顶岗实习安全事故，学校、企业和学生都负有不同程度的责任。

2. 顶岗实习岗位操作安全事故表现

岗位操作安全主要是指学生在顶岗实习中所从事的工作面临的安全问题，基本方针是安全第一、预防为主。岗位操作安全关系着顶岗实习学生的实践操作能否在符合安全要求的物质条件和工作秩序下进行，关系着顶岗实习学生能否有效避免伤亡事故、设备事故及各种灾害，关系着顶岗实习学生的安全健康和岗位操作过程能否正常进行。

因缺乏工作经验和实践经验，顶岗实习学生在工作时间可能会出现岗位操作的安全问题，如实习单位本身的设备问题引发的事故，生产过程中实习学生的违规操作造成的人身伤害事故，学生自身的过激行为引发的安全问题，等等。因此，造成事故的最直接原因是顶岗实习学生的不安全行为和设备的不安全状态。

（1）不安全行为。

顶岗实习中的不安全行为是指实习人员违反安全生产制度和安全操作规程

的行为。其主要表现为：在正常或非正常精神状态下判断错误而进行的错误操作；因知识和经验缺乏而进行的不安全作业；不使用或不按规定正确使用劳动保护用品；忽视确保安全的操作与警告；岗位操作中使用不安全的工具；岗位操作中在不安全的位置进行作业；等等。

（2）不安全状态。

顶岗实习中的不安全状态是指导致事故发生的物质条件，主要包括物体、作业环境等潜在的危险。不安全状态具体表现为：防护、保险、信号灯装置缺乏或有缺陷；岗位设备设施、工具等有缺陷；实习学生个人防护用品或用具有缺陷；岗位或生产环境差等。

3. 岗位操作安全事故的预防与处理

数据统计显示，顶岗实习过程中发生的安全事故，大多源自违章操作及主观上的疏忽大意和侥幸心理。要预防发生安全事故，就要从思想上、技能上、操作规范上下功夫，稳扎稳打。

（1）开展岗位操作安全教育。

安全是一切工作的第一前提。在顶岗实习中，学生无论从事什么工作，都会面临一定的安全问题，只是不同的岗位和工作性质面临的安全环境有所区别罢了。学生对企业的生产经营活动不是非常了解，没有从事相关工作的经验，比企业正式员工更容易出现安全问题。因此，学校和企业都应该重视学生的安全问题。

①顶岗实习前：

第一，学校要根据学生将参与的顶岗实习企业及岗位做好安全教育工作，安排专题安全教育。学校应积极创新安全教育学习方式，在集中培训、专题讲座等常规模式的基础上，充分利用新媒体如微博、微信、QQ、手机新闻报、电子杂志等形式，或者组织一些安全法治宣传晚会等文娱活动，通过一些大家喜闻乐见且有教育意义的相声、小品等进行安全法治宣传，组织一些正、反面典型的宣讲活动进行示范、警示教育。

第二，学校应建立安全教育考核制度，对参加顶岗实习的学生进行培训考核，参加安全教育考核不及格的实习学生不得参加顶岗实习，直至安全教育考核成绩达标。安全教育考核制度是对学生、学校、企业三方负责，强化学生的安全意识，提高学生的劳动纪律观念，能够降低安全隐患。

第三，实习单位要对实习学生进行安全生产培训。针对学生的顶岗实习实际情况，重点培训安全实习的相关制度，如安全用电制度、安全生产制度、产品的安全包装制度等，要求学生提高劳动纪律观念，在操作过程中要步调一致，不得随便拆卸机械零件或按不熟悉的按键；遵守安全操作规程，防止发生刀伤、碰伤、撞伤、砸伤、烫伤、踩空跌倒及身体被卷入转动设备等人身事故和设备事故；要服从实习指导教师的工作安排，对重大问题应事先向实习指导教师反映，共同协商解决，学生不得擅自处理。学校和实习单位要保证顶岗实习学生具备必要的安全生产知识，掌握本岗位的安全操作技能。未经安全生产教育和培训的实习学生不得上岗作业。

②顶岗实习中：

在顶岗实习中不可避免地会遇到安全问题，但只要采取有效的预防措施，就能够做到将事故发生率控制到最低，将各方的损失降到最低，保证顶岗实习顺利进行。在顶岗实习中，工作环节是最容易发生安全事故的。因此，安全教育不仅是实习前的动员教育，更应该贯穿于顶岗实习的进行阶段和结束阶段，在任何时候都不能松懈。

第一，在顶岗实习进行阶段，实习指导教师要引导学生学会做安全分析，发现问题及时纠正，帮助学生养成每天进行安全小结、定期向实习指导教师汇报的习惯。实习指导教师要将安全教育贯穿于顶岗实习的整个过程中，促进学生形成良好的职业习惯，培养学生良好的职业道德。

第二，建立劳动安全应急预案。安全事故具有突发性和偶然性。学校必须与实习单位、保险公司建立应急预案，设定专门的应急负责人，保持相互间的密切联系，保证信息沟通的顺畅。在遇到突发情况的时候，应急负责人应能够在第一时间获取信息，赶赴现场进行处理。

第三，对学生进行常态化生产安全、公司规章制度（或厂规厂纪）教育，可以强化顶岗实习学生的安全意识，提高学生的自我保护意识和自我保护能力。此外，学校还应安排学生学习生产安全方面的法律法规，强化学生的法律意识。通过岗位操作安全教育，让学生学会应对简单的安全问题。同时，针对顶岗实习岗位特点让学生了解相应岗位可能存在的安全问题，以及如何规避风险、保障安全。

（2）遵守生产岗位安全操作规程。

在顶岗实习工作岗位上，实习学生应严格遵守以下生产岗位安全操作规程：

第一，明确生产实习任务，遵守安全操作规程，严格遵守劳动纪律。严格执行交接班制度、巡回检查制度，禁止脱岗，禁止做与生产无关的一切活动。

第二，实习学生应在短时间内与自己的实习指导教师建立起良好的师生关系，在工作中要积极主动，遵守纪律，认真执行生产岗位安全操作规程，防止发生人身伤害事故和设备事故。

第三，开机前，必须全面检查设备有无异常情况，对转动设备应确认无卡死现象、安全保护设施完好、无缺相漏电等，并确认无人在设备内作业，然后方能启动运转。启动后若发现异常情况，应立即停机检查原因并及时反映。

第四，严格遵守特种设备管理制度，禁止无证操作。正确使用特种设备，开机时必须注意检查，发现不安全因素应立即停止使用并挂上故障牌。

第五，按章作业，搞好岗位安全文明生产，发现隐患（特别是对泄漏易引起火灾的危险部位）应及时处理及上报。及时清理杂物、油污及物料，切实做到安全消防通道畅通无阻。

（3）处理岗位操作安全事故。

第一，岗位操作安全事故大多是机械性伤害：若是轻伤事故，则应立即关闭运行中的机械设备，保护现场，对伤者采取消毒、止血、包扎、止痛等急救措施，尽快将伤者送往医院进行处理；若是重伤事故，则应立即关闭运行中的机械设备，保护现场，及时向有关部门汇报，立即对受伤部位进行临时处理，并立即拨打120急救电话求救。

第二，在顶岗实习中一旦有学生发生安全事故，实习指导教师首先应马上赶赴现场，拨打急救中心电话，说明发生安全事故的准确地理位置，告知现场情况及人员的受伤程度，冷静回答救护人员的询问，随时向急救中心人员汇报情况。其次，通知学校应急预案领导小组，让他们派人过来处理相关事宜。再次，通知受伤学生的家属。最后，向保险公司报备，说明学生受伤的经过及伤势情况。实习指导教师按照顶岗实习保险的理赔处理流程与保险公司协调办理理赔等相关事宜。

（二）勤工助学安全

勤工助学活动是指学生在学校的组织下利用课余时间，通过劳动取得合法报酬，用于改善学习和生活条件的实践活动。勤工助学（或勤工俭学）是学校学生资助工作的重要组成部分，也是提高学生综合素质和资助家庭经济困难学生的有效途径。

1. 勤工助学岗位

勤工助学活动由学校统一组织和管理。倡导和组织学生在课余时间通过参加勤工助学活动获取合法报酬，是贯彻教育与生产劳动相结合、推进素质教育全面实施、加强和改进学生思想政治教育的重要举措。作为劳动教育实践活动的重要内容之一，勤工助学能帮助学生进一步了解国情，了解改革开放取得的伟大成就，增强社会责任感，加深对党的大政方针的理解，更加自觉地跟党走中国特色社会主义道路。同时，通过参与勤工助学，能够有效地帮助学生培养劳动观念和职业道德，锻炼品格毅力，提高综合素质，实现德智体美劳全面发展。

2. 勤工助学岗位分类

（1）根据岗位来源分类。

从岗位来源看，勤工助学的岗位分为校内岗和校外岗。

（2）根据勤工助学时间分类。

从勤工助学的时间来看，勤工助学的岗位分为固定岗位和临时岗位。固定岗位是指持续一个学期以上的长期性岗位和寒暑假期间的连续性岗位。临时岗位是指通过一次或几次勤工助学活动即完成任务的工作岗位。

（3）根据岗位内容分类。

从勤工助学的岗位工作内容来看，勤工助学的岗位主要有：

①教学辅助工作，如校教务信息员、学院教务助理等。

②科研辅助工作，如兼职实验员，参与教师科研工作，承接校内外研究项目等。

③院内管理工作，如党总支工作助理、学生工作助理、共青团工作助理、图书馆管理员、校园治安员等。

④校内生活服务、环境美化和卫生保洁工作，如帮厨、膳食助理，各类卫生保洁工作。

⑤临时搬运和卫生、绿化工作。

⑥校外科技实践活动岗。

⑦其他适宜学生从事的工作。

3. 勤工助学中的安全保护

《高等学校学生勤工助学管理办法》对学生在校期间勤工助学做了相关规定。同时，各大中专院校针对自己学校的情况也分别出台了相关的管理规定。学生在校期间如果要参加勤工助学，不仅要了解国家的政策，还要了解本学校的相关政策。

（1）勤工助学中的劳动保护。

学校要加强对用人单位招聘和使用学生的过程进行监督，对有损学生合法权益的行为应予以纠正，甚至取消用人单位招聘学生勤工助学的资格。要保证学生参加勤工助学时依法享受劳动保护。

（2）勤工助学中的报酬保障。

2018 年 8 月，教育部、财政部印发《高等学校学生勤工助学管理办法（2018 年修订）》。新规调整了大学生校内勤工助学临时岗位的薪酬，由原来的原则上不低于每小时 8 元调整为每小时 12 元；参加勤工助学的时间原则上每周不超过 8 小时，每月不超过 40 小时。

学生在勤工助学过程中要切实保障自己的合理报酬，防止被克扣和拖欠。

（3）勤工助学中的人身安全。

高校安排勤工助学岗位，应优先考虑家庭经济困难的学生。对少数民族学生从事勤工助学活动，应尊重其风俗习惯。不得组织学生参加有毒、有害和危险的生产作业以及超过学生身体承受能力、有碍学生身心健康的劳动。禁止学生参加高空作业、污染严重、放射性强等易对人体造成伤害和威胁的工作以及其他不适合学生承担的工作。

4. 勤工助学中的安全预防

在勤工助学过程中，如果出现权益受到侵害的情况，学生要第一时间通知校方，而不要私自解决。在校内开展勤工助学活动的，学生及用人单位须遵守国家及学校勤工助学相关管理规定。学生在校外开展勤工助学活动的，勤工助学管理服务组织必须经学校授权，代表学校与用人单位和学生三方签订具有法律效力的协议书。签订协议书并办理相关聘用手续后，学生方可开展勤工助学活动。协议书必须明确学校、用人单位和学生等各方的权利和义务，开展勤工助学活动的学生发生意外伤害事故的处理办法及争议解决方法。

在勤工助学活动中，若出现协议纠纷或学生意外伤害事故，协议各方应按照签订的协议协商解决。若不能达成一致意见，按照有关法律法规规定的程序办理。

（三）社会实践安全

社会实践是人才培养的重要环节，是提高学生实践能力、创造能力、就业能力和创业能力的重要途径与手段。近年来，在党和政府的高度重视与大力支持下，社会实践在育人环节中的作用更加突出。然而，学生在实践实训过程中往往需要离开学校，深入社会，走进企事业单位、社区、农村等，由于学生社会经验相对欠缺，安全防范意识和技能不强，导致安全问题时有发生且呈现上升趋势，有些安全事件对学生本人及其家庭和学校造成了无法弥补的损失。

【知识拓展】

支教路上的交通意外

某职业技术学院利用暑期组织了182支社会实践团队，其中19支启明星支教团队前往某中学开展支教实践活动。该校汽车与交通学院中35名支教学子在进行为期一周的支教活动后，回程途中遭遇交通事故，他们乘坐的大客车在高速某路段不慎撞上高速公路内侧的护栏后侧翻，18名大学生在事故中不同程度受伤。据悉，发生车祸时车速不快，下着小雨，受伤学生中大部分是坐在车厢左侧因车体着地擦伤或压伤，伤势有轻有重，所幸并无生命危险。

1. 社会实践中的交通安全

交通安全是实践实训出行中需要注意的第一安全事项。学生在前往实践地和返校途中都需要使用交通工具，为确保人身安全，避免发生交通安全事故，在外出过程中应做到以下几点：

（1）遵守交通法规。加强交通法规的学习，严格遵守交通规则。

（2）关注外出天气。避免在危险天气，如台风、大雪、冰雹等天气外出。

（3）注意车辆安全。不乘坐“三无”（无车牌、无行驶证、无营运资格）的“黑车”“黑船”，应当尽量到正规的车站或轮渡口购买正式车票、船票，不乘坐状况不好的车船，拒绝乘坐严重超载的车船。

（4）关注交通状况。在乘车过程中，不要把头、手伸出窗外；下车时，应等车辆停稳，同时注意公路上的交通状况。

（5）妥善处理交通事故。若不幸发生交通事故，应当由当地交通安全管理部门依照交通安全法律、法规进行妥善处理。

2. 社会实践中的饮食安全

俗话说：“民以食为天。”饮食安全也是大学生在参加实践实训活动中必须重视的一项内容。在实践过程中，大学生应当时刻注意饮食卫生安全，预防食物中毒，防止病从口入。在饮食方面应做到以下几点：

（1）保持良好的卫生习惯。不良的个人卫生习惯会把致病菌从人体带到食物上。例如，用沾有致病菌的手拿食物，受污染的食物进入消化道就会引发细菌性食物中毒，从而导致腹泻。

（2）选择新鲜安全的食品。在购买食品时，要注意查看其外观、性状，检查其是否有腐败变质现象。尤其是对小食品，不要只看其花花绿绿的诱人外表，要查看其生产日期、保质期、生产单位名称、生产单位地址、生产许可证号（SC 号）等标识。不买过期食品和没有生产单位名称、生产单位地址等标识的产品。

（3）生吃食物要清洗干净。生吃瓜果要洗净。瓜果、蔬菜在生长过程中不仅会沾染病菌、寄生虫卵，还会残留农药、杀虫剂等，如果不清洗干净，食用后不仅可能染上疾病，还可能造成食物中毒。需加热的食物要彻底加热，如菜豆、豆浆含有皂苷和胰蛋白酶抑制物等毒素，不彻底将其加热会引起食物中毒。

3. 社会实践中的人身安全

人身安全至关重要，在实践实训过程中要格外注意人身安全。具体而言，应当做到以下几点：

（1）避免单独行动。尽量避免单独行动，个人单独进行实践实训活动时，应当随时与亲人、学校、调查访谈单位保持联系。

（2）尽量低调行事。参加实践实训活动时，应尽量低调行事，防止因财物外露或个人激烈行为而遭到不法分子的侵害。

（3）遵守法律法规。外出时，自觉遵守各项法律法规，时刻注意安全，避免发生意外事故。

（4）注意防止性侵。大学生在实践实训中更应该注意人身安全，穿着要得体大方，不穿暴露的衣服，避免在夜间单独外出活动，以防遭到性侵害。

（5）携带常用药物。大学生参加实践实训活动时，可以自带一些常用的药物（晕船晕车药、感冒药、防中暑及腹泻的藿香正气水等），以便在出现一般常见病时对症下药；病情严重的，应及时就医。

【知识拓展】

社会实践中的人身伤害事件

暑期期间，一批批满怀爱心与责任心的支教者奔赴祖国各地，为贫苦地区的孩子送去知识与关爱。不过，支教者的人身安全、财产安全应当受到高度重视。

1. 某大学国际关系学院大二的一名女生沈某某赴山西支教，作为该大学陶行知研究会成员，她和队友一行十几人到达山西省永济市。当晚她们下榻在当地的一个旅馆，沈某某不小心坠楼摔成重伤，后因伤情恶化去世。

2. 武汉某大学学生赵某在贵州偏远山区支教时，被滚落的山石击中头部不幸当场遇难。

4. 社会实践中的财产安全

大学生在社会实践劳动教育过程中，经常会遇到与财产安全有关的问题。这些问题复杂多样，概括起来，可分为盗窃、抢劫、诈骗等。而且，这些问题不仅存在于顶岗实习、勤工助学和社会实践中，在大学生的日常生活和学习中也会涉及。

（1）遇盗窃采取措施。

①及时报案。发现被盗，要立刻报告学校保卫部门或公安机关，请他们第一时间来到现场进行调查了解。

②保护现场。要保护好不法分子作案现场，任何人不要进入，以便公安人员在现场提取不法分子留下的痕迹。

③随机应变。进入房间时，若恰逢盗贼作案，应该在保证自身安全的情况下，呼喊同学、保安前来支援，共同将不法分子擒获。在没有他人帮助的情况下要与不法分子保持一定距离，谨防不法分子行凶伤人。可随手拿起身边的棍子、板凳、砖头等进行自卫。

④配合公安、保卫部门工作。发生盗窃案件后，要配合公安、保卫部门查破案件；如果发现存折或汇款单丢失，要马上到银行挂失。

（2）遇诈骗采取措施。

学生群体因生活环境单一、社会阅历较浅而具有独立性差、好奇心强、识别力差的特点，也正因为如此，许多诈骗组织和个人将目标转向大学生，致使许多大学生的财产受到损失，严重影响了社会的稳定与和谐。

一旦发现自己被骗，要果断抽身，采取以下措施降低损失：

①细致观察，清晰判断。发现自己可能上当受骗，在与对方交往时，应细心观察其一言一行、一举一动，看对方神态表情是否自然镇定，举止动作是否慌张，言语是否前后一致，所持证件是否真实可靠，以此来消除自己的疑虑或为以后提供证据做准备。如果有必要，可以找同学、老师或相关人员商量，听取他人的意见，千万不能粗心大意、马马虎虎。

②巧施策略，寻找破绽。如果在交往过程中认为对方存在可疑之处但又不敢肯定，不妨与其巧妙周旋，采取一定的谈话、交往策略旁敲侧击，以便从中发现对方的破绽，来验证自己的揣测。在进一步排查之前，千万不能泄露与自己财物有关的信息给对方。

③理清思路，脱离虎口。如果在与对方周旋的过程中发现陷入骗局，千万不要惊慌失措，更不要与对方大吵大闹，以防对方狗急跳墙，采取暴力措施。不妨镇定下来，找借口使对方放松警惕，待脱离对方的控制后，用其他方式挽回损失。

④理智冷静，做好善后。如果不法分子已经得手而逃，应该尽快从被骗的噩梦中清醒过来，及时向公安机关报案。在报案的同时，要积极向学校保卫处和公安机关提供不法分子的相关线索，包括不法分子的体貌特征和遗留下来的电话信息、身份证件、文字资料等。

（3）防抢劫采取措施。

抢劫具有较大的危害性，往往转化为凶杀、伤害、强奸等恶性案件，严重侵犯学生的财产及人身权利，威胁大学生的生命安全，造成大学生生命健康及精神上的损害。广大大学生只有提高自我保护能力和自我保护意识，才能避免自己成为受害对象，并在危急时刻保护自己的生命安全和财产安全。

①不带大量现金。现金是不法分子抢劫的最主要目标，要将现金及时存入银行，学费最好通过银行转账，平时只带少量的零花钱。若必须携带大量现金，一定要贴身放置，不要向他人炫耀。

②外出结伴而行，不法分子实施抢劫的对象多为独行者，因此，外出时应结伴而行，避免独行晚归。深夜尽量不要单独出行，特别是女生。外出时最好有同学同行，或者携带防卫工具。

③不走偏僻小道。很多校园树林茂密，给不法分子提供了作案条件，大学生尽量不要到人群稀少、环境阴暗偏僻的地方，如后山、树林等地闲游、散步或者谈情说爱。

④牢记校规校纪。深夜外出、晚归或者通宵在外不归给不法分子提供了作案条件。大学都有相应的纪律规定，如按时就寝、不得擅自在外租房、不得晚归等，大学生要自觉遵守。

⑤穿戴朴素得体。大学生在穿着打扮上过分张扬，甚至炫富，极易给自己埋下祸根。大学生的穿着应以整洁、大方、朴素为主，外出穿戴应以方便为原则。

⑥遇事机灵大胆。在实践、实习、实训或助工助学的路上，发现有人尾随或窥视，不要紧张不安、露出胆怯神态。可回头多盯对方几眼或哼首歌曲，并镇定地改变原有路线，朝有人、有灯的地方走，或拨打手机通知他人接护。如果发现对方带有凶器，可暗自报警。

5. 社会实践中的人际交往安全

大学生应当学会正确的交往技巧，避免因交往不慎而引发安全问题。具体而言，应当做到以下几点：

（1）注意礼貌。与人交流时应注意礼貌，态度要诚恳，语调要轻柔，问事、问路要用礼貌称谓，问话应客气。

（2）态度谦逊。在访谈时，应当注意倾听被调查者的陈述并认真做好记录，态度要谦逊。

（3）换位思考。遇到不顺心的事情或者受到不公正的待遇时要学会换位思考，及时调整心态，不要闹情绪、互相谩骂，更不能打架斗殴，制造纠纷。

（四）专业实训室、实验室安全

实验室已成为学生学习、研究的重要场所之一，而实验室中的设备、仪器、药品在使用、保存时都有一定的危险性，稍不留神就会发生割伤、触电、中毒、烫伤、着火和爆炸等意外事故，或危及个人、他人人身安全，或损害国家、学校财产。

1. 导致实训室、实验室发生安全事故的因素

发生实验室安全事故的原因包括人为因素和环境因素两个方面。

（1）人为因素。

实验中出现安全事故的人为因素包括学生自身存在的问题、实验室管理存在诸多漏洞和安全教育的缺失。

第一，学生自身存在的问题。学生安全意识淡薄，准备不充分，在实验和实习时存在很强的好奇心、焦虑情绪、消极情绪，或者不知安全的操作方法及不熟悉实验室的安全规则，或者为图方便或心存侥幸而不顾安全规则，这些都是很大的安全隐患。

第二，实验室管理存在诸多漏洞。某些学校的实验室管理松懈，安全管理机构不完善，安全制度没有得到很好的贯彻和落实。指导教师安全意识不强，不了解学情，在实验过程中没有逐步讲解可能出现的安全隐患，或者在学生做实验时不在场，从而对学生的安全和实践效果造成不良影响。

第三，安全教育的缺失。一些学校的安全教育流于形式，只停留于课堂教育，要求学生了解通用性的安全规章制度和安全防范的注意事项，并未对具体问题一一落实。在实验过程中，教师没有基于安全的考虑进行跟踪指导，管理不到位。

（2）环境因素。

导致安全事故发生的因素除了人为因素以外，还有环境因素。

①实验环境恶劣，如照明、通风效果不佳，噪声污染严重。

②实验设备较差，如缺乏适当的安全防护装置，缺乏检修设备，工具老化、品质差，车床操作不灵，实验室不符合消防安全要求等。

2. 预防实训室、实验室安全事故的措施

预防实验室安全事故的发生，要从学校和学生两方面入手，要安全意识、操作规范、安全制度等多管齐下。

（1）树立实验室安全意识。

在进入实验室之前，必须认真学习实验室规则，提高安全意识，并把这种意识付诸实践。例如，动手做实验前检查自己的实验步骤是否合理，实验过程中所用药剂是否会产生有害化学反应（是否会释放有害气体，是否会产生有害残渣、废水）；若实验产生危险废物如何处理；该使用的防护工具是否到位，手套是否佩戴；等等。注意细节往往会避免事故的发生。

（2）做好实训、实验首尾工作。

在进行实验前，首先应详细了解实验室的逃生通道，掌握不同灭火器、灭火毯或淋浴器的位置及使用方法。其次，应详细了解实验内容，理解实验原理及具体操作步骤，减少危险的发生，降低风险系数。在实验结束后，要洗净双手，关闭电源、水源、气源，处理实验“三废”（废水、废气、废渣），清扫易燃纸屑等杂物，消除安全隐患。

（3）遵守安全制度。

为明确实验室的安全管理和纪律，确保实验室开展的各项检测工作能在安全、健康的环境条件下运行，确保人身财产安全，各实验室均有《实验室安全管理制度》等相关的规定。首次进入实验室的实验人员应接受实验室安全教育。

所有实验必须按操作规程进行。凡有危险性的实验必须在实验室主任（或教师）的监护下进行，不得随意操作。实验中，实验人员不得擅自离开岗位。

实验室应配备相应种类和数量的消防器材与设施，由专人管理，使其保持良好的备用状态，发现短缺或失效应立即报告保卫部门，予以补充或更换。实验室工作人员应掌握基本的灭火方法，会使用所配备的消防器材和消防设施，能根据不同原因引发的火情采取相应的灭火措施。

大学生应遵守实训或实验室的一切规章制度，听从教师的指导，保持实验室整洁、安静。实验前必须认真预习，明确实验目的、原理和方法，熟悉仪器设备的性能及操作规程，做好实验前的各项准备工作。在实验过程中，要严格遵守操作规程，仔细观察，详细记录，注意安全。实验结束后，应及时切断水源、电源、气源，检查仪器设备、工具及材料，做好实验室的整理、卫生工作。

3. 开展实训、实验操作的基本常识

实验操作的基本常识包括实验员穿戴常识，一般药剂使用常识，易燃易爆和具有腐蚀性、毒性药品使用常识。

（1）实验员穿戴常识。进入实验室必须穿白色工作服，以便及时发现身上是否溅有化学药品；做实验时要戴护目镜和防护手套；在进行危险实验时应戴防毒面具；做有辐射危险的实验时应穿防辐射服；长发者应将头发盘起，卷入帽内。

（2）一般药剂使用常识。试剂不能用手接触；试剂的量应按照实验资料中的规定使用；瓶塞应夹在手指中或倒置于桌上，用完试剂后，一定要把瓶塞盖严；不要把瓶塞和滴管乱放，以免在盖瓶塞和放回滴管时张冠李戴，污染试剂；倒取溶液时，标签应朝上，以免标签被药剂侵蚀。

（3）易燃易爆和具有腐蚀性、毒性药品使用常识。不允许把各种化学药品任意混合，以免发生意外事故。可燃性溶剂均不能用直火加热，在使用和处理这些化学药品时必须在没有火源且通风的实验室中进行。

在实验过程中，大学生应避免触电、着火、爆炸、中毒和辐射，在保护好自身安全的前提下探索科学知识。

4. 发生实训、实验事故时的应对方法

一旦不慎发生实训或实验事故，要保持头脑冷静，做好防护，将事故的损失降至最低。

（1）注意防护。

①呼吸防护。在确认发生毒气泄漏或危险化学品事故后，应马上用手帕、餐巾纸、衣物等随手可及的物品捂住口鼻。身旁若有水或饮料，把手帕、衣物等浸湿后使用，最好能及时戴上防毒面具、防毒口罩。

②皮肤防护。尽可能戴上手套，穿上雨衣、雨鞋等，或用床单、衣物遮住裸露的皮肤。如果已备有防化服等防护装备，要及时穿戴。

③眼睛防护。尽可能戴上各种防毒眼镜、防护镜或游泳用的护目镜等。

④食品检测。污染区及周边地区的食品和水源不可随便食用，经检测无害后方可食用。

（2）迅速撤离。

判断毒源与风向，沿上风或侧上风路线朝着远离毒源的方向撤离现场。到达安全地点后，要及时脱去被污染的衣服，用流动的水冲洗身体，特别是曾经裸露的部分。

（3）尽快救治。

发现有人员伤亡时，迅速拨打120急救电话，将受伤人员及早送医院救治。受伤人员在等待救援时应保持平静，避免剧烈运动，以免心肺负担加重而病情恶化。

思考与练习：

1. 常见的劳动安全隐患有哪些？
2. 如何做好劳动安全防范措施？
3. 你是否在实训中违反过劳动纪律？如有违反，你是如何纠正的？
4. 勤工助学岗位分类有哪些？
5. 在社会实践中如何保护人身安全？
6. 实训室、实验室操作的基本常识有哪些？

劳动教育

实践篇

中华民族历来以“以辛勤劳动为荣，以好逸恶劳为耻”。加强劳动实践教育，组织大学生参加丰富多彩的劳动实践活动，积极探索劳动教育在素质教育中的作用，增强学生的劳动观念，培养学生的生活、生存技能，在动手动脑中培养学生创新意识和实践能力，促使学生全面发展，是职业教育的重要教学任务。对学生加强劳动观点和劳动技能的教育，是实现学校培养目标的重要途径和内容。

大学生劳动实践主要包括日常生活劳动、生产劳动、服务性劳动等内容。日常生活劳动教育要让学生立足个人生活事务处理，培养良好生活习惯，强化自立自强意识。生产劳动教育要让学生体验工农业生产创造物质财富的过程，增强产品质量意识，体会平凡劳动中的伟大。服务性劳动教育要注重让学生利用所学知识技能，服务他人和社会，强化社会责任感。劳动实践对提高学生素质、培养合格公民有着不可替代的作用。

模块一　生活劳动教育

导言：生活劳动是指人们在每日生活中，为了照料自己的衣、食、住、行，保持个人卫生整洁和进行独立的社会活动所必需的一系列的基本活动，是人们为了维持生存及适应环境而每天必须反复进行的、最基本的、最具有共性的活动。生活劳动教育旨在培养锻炼学生日常生活能力，使学生在生活上能自己很好管理日常生活，比如洗衣、做饭、卫生、出行等。日常生活能力是人最基本的生存能力，是其他劳动能力的基础。

学习目标：在充分了解日常生活劳动工具的主要类型和用途的基础上，正确掌握各种类型日常生活工具的使用技巧，积极参加日常生活劳动，营造良好卫生环境，培育热爱劳动、尊重劳动的真挚情感。在劳动中锤炼良好道德品质，营造良好家风，拥抱美好幸福生活，实现个人价值。通过劳动实践来激发责任意识、他人意识、感恩意识、参与意识等。

任务一　内务整理

“整理内务”出自军训或者部队生活，是室内卫生的总称，主要就是每天对房间里的衣服、洗漱用品、被子等物品进行整理。在部队，整理内务是一项重要的工作，部队有句话就是“出门看队列，进门看内务”，可见内务的重要性。其实，部队重视内务，还有一个目的就是锻炼人的作风。如果想要拥有雷厉风行的作风，就需要从整理内务锻炼起来。作为学生，搞好寝室卫生也有重要意义。首先，影响学习。卫生状况为物质文化环境，是学生心理健康发展的重要物质载体。据研究，学生成绩与寝室卫生状况成正比，良好的寝室卫生能营造良好的学习环境，使学生保持良好的学习心情，提高学习成绩。其次，影响人际关系。寝室卫生人人有责。最后，反映精神风貌。卫生状况好不好，能一定程度上反映寝室成员的精神风貌。

由此可见，整理内务不仅仅是个人问题，也不仅仅是卫生问题，它是一个人的修养的需要，也是学习的需要。

一、任务目标

通过学习，深刻认识内务整理的重要性，掌握内务整理的方法以及各种劳动工具的使用方法，进一步增强学生自理、自立的意识，提高学生内务整理的能力，养成良好的生活习惯，美化寝室环境。同时，培养学生团队合作意识和集体荣誉感，让学生进一步理解“一屋不扫，何以扫天下”的道理。

二、任务准备

1. 确定劳动教育任务主题：内务整理。

2. 策划劳动教育活动计划：整理卧室。

3. 提出劳动教育实训申请：事前提交申请，标明班级、人数、方式、时间、地点、指导教师、需要帮助等。

4. 前期安排：

（1）实训物品：被子 1 床、褥子 1 床、床单 1 条、枕头 1 个、书 10 本、作业本 5 本，笔 3 支、鞋 3 双、洗漱用品 1 套、衣服 2 套。

（2）自备物品：各班自备衣物若干（参赛学生每人至少 2 套），笔记本电脑、手机、充电器、化妆盒、水杯等生活日用品若干。

（3）基本要求：①被子折叠整齐。②褥子平整。③床单平顺。④书桌及生活用品摆放合理。限时 6 分钟完成任务，规定时间内未完成的不进行评分。

（4）小组评比：各班推荐 4 名学生参赛。学生计时，教师评分。

（5）评分标准：

序号	评分标准	赋分	学生得分
1	寝室整体较为美观，寝室内外卫生、干净	30 分	
2	室内物品摆放整齐有序，床上床下物品整齐、美观，床单平整	50 分	
3	被子方正，棱角分明，整体美观	20 分	

5. 安全保护：上铺同学防范摔落，整理杂物注意磕碰。

三、任务过程

1. 任务实施：事前按日常生活中早起状态放乱物品。任务下达前对凌乱的宿舍让同学们参观并说出感想。任务下达后要求学生按要求分组完成内务整理。

2. 过程记录：由评委、计时员、记分员对过程进行记录、录像。

3. 任务总结：各小组对本次任务进行评价、总结，老师点评。通过学习，掌握内务整理的方法与要求，养成良好的生活习惯。

四、任务评价

序号	位置	扣分内容	扣分原因	整改措施
1	地面	脏乱；不洁净；地面物品、扫除用具摆放不协调		
2	床铺	被子不整、脏；床单不平整；床上东西凌乱、不合理		
3	桌椅	桌椅摆放位置不协调、不整齐；桌椅表面脏；桌椅上放物不整齐、不协调		
4	空间	室内空间布置不协调、有悬挂物；行李箱、简易家具等不整齐、脏		
5	墙壁	墙壁有明显脏痕；墙角有蜘蛛网、拉线等；墙面张贴物不雅、不协调等		
6	其他	养宠物；有违禁电器；用电不合理		

【案例故事】

新学期新生活，新面貌新期待。某校 2021 级新生寝室卫生劳动实践教育活动正在如火如荼地开展，以便帮助新生了解寝室内务标准与要求，带领新生走好大学第一步。

按照学校疫情防控工作要求，学院把新生寝室分成四组，在寝室楼内对全体新生寝室长开展了业务培训。由学生干部按学校内务标准对新生寝室中被子的叠法和摆放位置、床铺整理、生活用品、鞋的规范摆放、室内整体清洁程度等方面进行了详细的讲解并提出了明确的要求。受疫情影响，新学期军训未能如期进行，为了让新生们进一步提高认识，学院邀请我校国防教育服务中心退伍大学生来到新生寝室，对寝室内务整理进行现场教学。对于刚入学的大一新生来说，“豆腐块儿”的折叠是内务整理的难点。在教学过程中，学生教官进行现场教学与具体指导，同学们热情极高，不断地请教内务整理相关问题，对寝室内务整理有了更深的认知。学生教官还向新生们讲述了自己的大学生活，鼓励大家在日常生活中锻炼自身、增强体质，希望新生能够以“高标准，严要求”的态度来对待大学生活，无论有无军训都要严格要求自己，认真学习，积极进取，争做新时代的合格大学生。本次活动帮助新生逐步适应了寝室的规范化管理，同时也让新生明确了寝室内务标准、感受到了学院老师和学长学姐的关怀和期待，帮助新生在日常生活中养成良好的内务整理习惯，从而提升自己的综合素质。

一名同学表示：“一屋不扫，何以扫天下。看似简简单单的内务整理，实则是一门大学问。内务整理并非是简单的物品归放，它也是规范约束我们个人行为的开端。以前在家很少自己整理，到了大学我要从小事做起，从细节入手来成就更好的自己。内务整理不只是一个人的挑战，更是一群人的历练。在这个过程中，我和同学们收获的不仅是个人的成长，还有珍贵的集体荣誉感与友谊。”

（资料来源：东北林业大学新闻网，2021 年 12 月 28 日，有删改）

任务二　衣物清洗与整理收纳

衣物清洗与整理收纳是当代大学生必须具备的基本生活技能。常见衣物的清洗分为干洗和水洗两种，不同衣物洗涤标志不同，清洗方式也千差万别。整理收纳其实是最接地气、成本最低，而且可以短时间让人改变的一个技能。因为房间里的状况，就是你内心的一个投射。在生活中，因为东西散乱在不同的地方，没有归类收纳，所以经常找不到。打开第一个抽屉，“没有”；打开第二个抽屉，“没有”；当你准备打开第三个的时候，心里肯定在默默地想：“这里也没有。”总是找不到东西会对自己没有信心，对收纳空间没有信心。但是当整理后，所有东西都一目了然，打开第一个抽屉就可以找到想用的物品，人就会自信。因为“一切尽在我掌握中”。

一、任务目标

通过学习，掌握衣物清洗的方法，能够识别常见衣物洗涤标志；掌握整理收纳的方法，营造良好温馨的生活环境。

二、任务准备

1. 确定劳动教育任务主题：衣物洗涤（手洗）与收纳整理。

2. 策划劳动教育活动计划：不同衣物洗涤方法、收纳整理方法。

3. 提出劳动教育实训申请：事前提交申请，标明班级、人数、方式、时间、地点、指导教师、需要帮助等。

4. 前期安排：

（1）所需物品：洗衣盆、洗涤液、收纳盒。

（2）自带物品：不同材料换洗衣服、床单被罩等。

（3）评分标准：

序号	评分标准	赋分	学生得分
1	衣物洗涤方式正确	30 分	
2	洗涤干净整洁，无污渍	30 分	
3	物品整理井然有序	20 分	
4	分类明确	20 分	

三、任务过程

（一）任务实施

1. 老师指导不同衣物洗涤标志及要求

干洗：

（1）干洗标志：

不可干洗

普通干洗

专业干洗

低温干洗

干洗时间短

干洗时降低水分

（2）干洗的要求：

①干洗前认真检查衣物布料、质地、性能与颜色深浅、脏净限度。

②有较重污迹，不适合同步洗涤衣物先用手洗去渍去污，再投入干洗机。

③洗涤 3—5 分钟后，加四氯乙烯自动冲洗，烘干。

④洗涤后衣物清净，无任何污迹、汗渍、掉色、脱扣等现象发生。

湿洗：

（1）湿洗的标志：

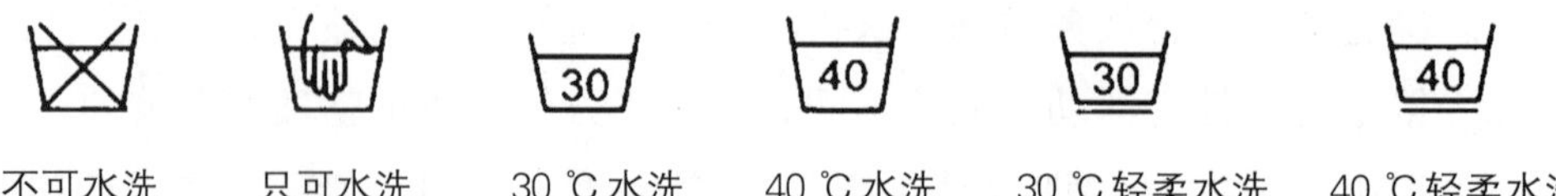

不可水洗　只可水洗　30 ℃水洗　40 ℃水洗　30 ℃轻柔水洗　40 ℃轻柔水洗

（2）湿洗的要求：

①湿洗前检查衣物袖口、领子等易脏处，喷去污药水去渍，待 10—15 分钟后，再投入水洗机。

②湿洗应分类洗涤，各类衣物对应选取洗涤剂。

③衣物重量与机器容量相适应。

④水温、气压、冲洗时间掌握精确。

⑤深色、杂色衣物，水温 35 ℃以下，洗涤 7—9 分钟。白色衣物和衬衫，水温 60 ℃以下，洗涤 12—13 分钟，然后烘干，烘干温度一般控制在 60 ℃以下。湿洗后衣物干净、完好、不褪色、不染色，无任何污迹。

手洗：

（1）手洗标志：

（2）手洗要求：

①丝绸、百褶裙、丝袜等有特别规定的衣物，坚持手洗。

②洗涤时依照衣物脏净限度和洗涤规定，合理选取洗涤剂，掌握水温。

③轻揉搓去渍，清水冲洗干净。容易掉色衣物装袋洗涤。洗后衣物干净，无任何破损。

熨烫：

（1）熨烫标志：

不可熨烫　110 ℃以下熨烫　150 ℃以下熨烫　200 ℃以下熨烫　蒸汽熨烫　低温垫布熨烫

（2）熨烫要求：

依照衣物种类和部位规定不同，分别选取面烫机、人像机、裤头机、夹衣机，熨烫衣物部位选放精确，蒸汽开放适量，喷气与熨烫时间精确无误。

2. 老师指导收纳整理的方法

(1) 确认要收纳的物品。

物品有大有小，有各样形状，这里主要为大家推荐体积不同的物体如何收纳。体积大的物品，我们最好是摆放整齐，将它们放进柜子或者置物架；体积不大，但同时数量又多的物品，建议大家用收纳箱或收纳盒，分类集中放置；而体积小且很零散的物品，建议大家放进抽屉或者小型收纳盒。

(2) 确认我们的收纳空间。

明确我们的收纳空间有哪些，才能更好地收纳物品。常见的收纳空间有柜子、置物架、抽屉等。在收纳的时候，要注意常用的物品放在我们的视线之内，以方便取放。

(3) 选择适合的收纳工具。

购买收纳盒或者收纳箱之前，第一步：我们需要测量柜子或者抽屉的内部尺寸，再选择相应的收纳盒或者收纳箱；第二步：根据物品的数量及柜子、抽屉的内部尺寸确定购买的数量。

在选择收纳工具的时候，我们一定要牢记四个关键词：方、摞、美、通。什么意思呢？方形更加节省空间，选择收纳工具的时候，尽量选择方形的。摞，即考虑到利用我们的纵向空间，有一些物品更适于叠放起来。选择一个物品当然不只是看它好不好用，美观与否也是需要考虑的，我们应选择与自己的房间或者物品相协调的一款收纳工具，这样自己的心情也会更加舒畅。通，是要明确收纳工具只是一种工具，是为了方便我们收纳物品，因此不要选择那些特别小众且不实用的工具，而要选择通用的。

其实收纳整理不一定非要购买塑料盒或者多么精美的收纳盒或收纳箱，我们日常购物或者生活中经常会保留下来许多的纸箱或纸袋，只要我们对这些物品稍加改动，就能够把它们变成收纳的工具。

(4) 贴上标签。

标签可以方便我们更好地收纳和整理。标签可以贴在柜子、箱子上，也可以直接贴在物品上。

做好整理收纳的三个关键：①及时清理不需要的物品；②为所有的物品设置固定摆放位置；③物品用完之后放回原位。

3. 由学生筛选不同衣物确定洗涤方法

挑选手洗衣物洗涤、晾晒；整理其他衣物。

（二）过程记录

由评委、计时员、记分员对过程进行记录、录像。

（三）任务总结

各小组对本次任务进行评价、总结，老师点评。通过学习，掌握不同衣物洗涤方法、收纳整理方法。

四、任务评价

序号	位置	扣分内容	扣分原因	整改措施
1	衣物分类	不准确；不熟练；错误		
2	洗衣	洗涤液使用不当；洗衣重点部位不突出；衣物清洗不干净；晾晒不舒展		
3	整理	衣物大小不协调；衣物叠放不整齐；衣物分类不规矩		
4	其他	易掉色衣物未筛选；贴身衣物和床上用品未分开；换季衣物未整理		

【案例故事】

日本杂物管理咨询师山下英子在她的著作《断舍离》中说：“断＝不买、不收取不需要的东西；舍＝处理掉堆放在家里没用的东西；离＝舍弃对物质的迷恋，让自己处于宽敞舒适、自由自在的空间。”随着该书的畅销，“断舍离”成为时尚新词，意思是“断绝不需要的东西，舍弃多余的废物，脱离对物品的迷恋”。如今，断舍离已成为一种现代生活的理念。

作为一名当代大学生，也要学会断舍离。只有对当下的自己合适且必需，也确实在用的东西，即生活必需品，才应留在你的空间里。

任务三　糕点烘焙

本任务以月饼制作为例。

月饼，又称月团、丰收饼、团圆饼、胡饼等，常用于表达亲情、爱情和乡情，象征团圆和睦、和谐美满，是中秋节必备的中华传统美食之一。月饼不只是一道美食，更承载着中华民族传统文化和人们对美好生活的向往、祝福。

经过历代发展，如今的月饼种类繁多。按产地分，有京式、苏式、广式、滇式等。按口味分，有甜味、咸味、酸甜味和甜咸味等。

京式月饼：说起旧时的京式月饼，老北京会不假思索地说，那不就是自来红、自来白嘛。这两种月饼个头都很小，为了显得饱满，里面一半是空的。不过现代的自来红、自来白已有革新，馅中加入桂花、青红丝、桃仁、瓜子仁等果脯果料，质地也酥松多了。

苏式月饼：发源于江浙一带，特点是油酥饼皮。苏式月饼的馅料花色较多，传统品种以清水玫瑰、猪油夹沙、白麻椒盐最为著名。

广式月饼：近代以来，广东一地得风气之先，广式月饼的馅心也最具创新精神，论甜有莲蓉、椰蓉、凤梨、榴梿、香蕉等，论咸则除了普通的火腿外，还有咸蛋、香肠、鸡丝、叉烧、烧鹅等多种，真是天下之物无不可入馅了。

滇式月饼：地处高原的云南，漫漫山路上，跋涉的是摇着红缨铃铛的马帮骡帮。这样的地理环境，使得各种能致远、能压饥、干燥易携的腌制食品成为云南饮食的一大特色，其中最著名的就是被称为“云腿”的宣威火腿。诞生于这块土地上的滇式月饼，就以火腿馅而闻名。

一、任务目标

1. 通过月饼的起源发展历史，品评中华传统历史文化，增进文化自信。
2. 通过月饼造型和原料设计，培养学生创新精神和多学科综合应用能力。
3. 通过月饼制作，锻炼学生实际操作能力，使之获得技能的提升。

二、任务准备

1. 确定劳动教育任务主题

了解中秋传统文化，设计并制作中秋月饼礼盒一份。

2. 策划劳动教育活动计划

（1）搜集阅读中华月饼文化历史和典故。

（2）熟悉月饼制作工艺流程。

（3）设计实训实施方案。

3. 提出劳动教育实训申请

列明时间、目的、地点、人员、指导教师、需要帮助等。

4. 前期安排：活动中用的各类工具、辅材、食材等

（1）设备准备：远红外线烤箱、电磁灶、搅拌机、雕刻机等。

（2）器材工具：电子秤、不锈钢盆、不粘锅、橡胶刮刀、模具、烤盘等。

（3）原料材料：中筋面粉、色拉油、糖浆、枧水、馅料、自制馅料原料。

（4）评分标准：

序号	项目	评分标准	赋分	学生得分
1	团结协作	分工合理，全员参与，共同完成	15 分	
2	实训准备文案	内容完整，格式合理，图文并茂	10 分	
3	产品设计创新	产品呈现、营养配方或包装设计合理创新	10 分	
4	操作过程卫生安全	按操作实训要求操作	25 分	
5	产品外观	产品完整，颜色正常，无开裂塌腰，烘烤程度适合	15 分	
6	产品口感	软硬适中，口味合理，无异常味	10 分	
7	配料营养安全	原材料符合卫生规范，配方营养	15 分	

5. 安全保护

（1）提前熟悉工具设备使用。

（2）熟悉实训安全应急处理流程。

（3）合理使用防护具。

三、任务过程

1. 任务实施

（1）布置搜集资料任务：搜集阅读中华月饼文化历史和典故，制作 PPT 展示。

（2）自学月饼制作工艺流程。

（3）设计实训实施方案。

（4）实训材料准备。

（5）实训设备工具准备。

（6）实训。

（7）作品展示（PPT＋产品）。

2. 过程记录

（1）按照配方准备好原料。

（2）糖浆、植物油、枧水混合乳化。

（3）加入面粉，混合揉成光滑、软硬适度的面团，静置醒面。

（4）馅料分割滚圆。

（5）面坯分割滚圆成饼皮。

（6）取饼皮，将馅料放在中间，包裹收口制成生坯。

（7）生坯放进月饼模具里，压模成形。

（8）摆入烤盘，表面用喷壶喷水。

（9）放入预热好的烤箱定形，放凉后刷蛋黄水。

（10）180 度烤 15 分钟至表面金黄色，端出晾凉。

（11）放进塑料袋，冰箱储存，回油 2—3 天。

（12）回油后的月饼包装出品。

3. 任务总结

各小组对本次任务进行评价、总结，老师点评。通过学习，知晓日常烘焙的方法与要求，掌握基础烘焙技能，培养日常食品制作兴趣。

四、任务评价

序号	位置	扣分内容	扣分原因	整改措施
1	配料	比例不准确；软硬不适度；面胚不规整；醒面不充分		
2	制胚	馅料包裹不严；生胚大小不一；压模成形不完整		
3	烤制	烤箱使用规范；烤箱预热不充分；烤制温度、时长不够；出箱颜色不好		
4	包装	冷却不充分；储存方法不当；回油效果不好；成品包装不规范		
5	其他	配料有无创新；营养搭配是否协调；包装有无设计		

【案例故事】

手工月饼迎中秋

蛋黄、莲蓉、五仁、豆沙……这些月饼，你最爱吃哪种？国庆、中秋双节临近，很多同学选择不回家过节。9 月 20 日，某高校组织大一新生和学长学姐一起手工制作月饼、手写红纸猜灯谜，作为中秋礼物送上节日祝福。

一位学生表示，月饼制作看起来简单，做起来需要很多技巧。“第一次尝试，就遇到了各种问题，但在学姐的帮助下，一枚枚定制月饼做好了。进入大学的第一年，也是第一次手工制作月饼，在不能回家的中秋，感受到了学校的温暖，和学姐学长们一起亲手做的冰皮月饼让我有种浓浓的归属感，让我幸福感爆棚！”

蒸冰皮，包馅，沾糕粉，活动现场热情满满。同学们有模有样地将皮馅包、揉、压模，皮薄馅满的月饼成形了。“看着大家做月饼很开心，感觉大家对中国传统文化十分感兴趣，已经融入学校这个大家庭。”该校一位教师表示。

活动当天，学生们在食堂忙得不亦乐乎，称重量、分馅料、压模型……虽然学生们都是“新手上路”，但在工作人员的指导下，每一步都做得格外用心。

“这是我在学校第一次参加制作月饼，和大家围坐在一起，场景特别温馨，这份感情很珍贵。”该校一名同学说。

学生们还将这份情谊送给了身边正在军训的同学，传递着节日的温暖。他们用亲手制作的月饼，为新生们送上满满的祝福。该活动组织者表示：“我们从开学开始准备这一份礼物，包括制订具体计划、采购原材料等。做月饼用的原材料也是精心挑选过的，就是想让远离家乡的学弟学妹们感受到学校的关心、关爱和温暖。”

“猜灯谜，庆中秋”主题活动现场吸引了不少学生参与。“青年同庆传统佳节，弘扬传统文化，节日有文化味加持，这样的节日我们都乐在其中。”该校学生说。

（资料来源：中国青年网，2020 年 9 月 23 日，有删改）

任务四　日常烹饪

烹饪是人类在烹调与饮食的实践活动中创造和积累的物质财富与精神财富的总和。它包含烹调技术、烹调生产活动、烹调生产出的各类食品、饮食消费活动以及由此衍生出的众多精神产品。中国烹饪文化具有独特的民族特色和浓郁的东方魅力，主要表现为以味的享受为核心、以饮食养生为目的的和谐与统一。

中国的烹饪艺术是在烹饪历史发展过程中逐渐形成、发展并丰富起来的，具有实用目的与审美价值紧密相连的特点。如陶制炊器的器形从实用需要出发，设计意图为放置平稳、受热均匀，但却给人以对称、均衡美的感受。陶器、铜器、铁器的不断演进，不仅是对工艺、性能方面的改进，还包含着追求形式美的意图。随着物质生产的发展和社会生活的进步，烹饪越来越具有审美性质，直至发展成实用与审美并重的各种花色造型菜点及丰盛华丽的筵席。中国烹饪艺术虽然受到烹饪原料、烹饪技术、食品实用功能等因素的制约，具有相对的局限性，但与其他艺术种类相比较，却有自己的艺术特点，即融绘画、雕塑、装饰、园林等艺术形式于一体。中国烹饪艺术的表现形式多种多样，这可通过肴馔本身的色、形、香、味、滋与筵席组合来窥见一斑。人们常把前者概称为味觉艺术，将后者称为筵席艺术。

一、任务目标

1. 在烹制的过程中，培养学生的基本劳动能力，引导学生理解生活劳动的意义，形成良好劳动习惯。

2. 通过动手做菜，让学生参与生活劳动过程，感受劳动的乐趣。

3. 通过讲解、示范和实际操作，学生能够在老师的指导下完成烹饪任务。

二、任务准备

1. 确定劳动教育任务主题：西红柿炒鸡蛋。

2. 策划劳动教育活动计划：以小组为单位在安全的实训场地实操基本烹饪。

3. 提出劳动教育实训申请：时间、目的、地点、人员、指导教师、需要帮助等。

4. 前期安排：

（1）工具与食材准备：西红柿、鸡蛋、葱花、碗、筷子、锅、锅铲、盘子，盐少许，白糖少许，油适量，鸡精、淀粉、围裙等。

（2）评分标准：

序号	评分标准	赋分	学生得分
1	准备充分程度	20 分	
2	操作规范熟练程度	40 分	
3	菜品色、香、味	20 分	
4	安全防护	20 分	

5．安全保护：

（1）油温较高，放鸡蛋时要小心烫手。

（2）因为初学，建议大家先把鸡蛋磕在碗里，以免用力不均将蛋壳也掉进锅里。

（3）盐、油一定要注意量，坚持少盐少油的健康生活理念。

（4）注意煎过久的鸡蛋容易糊锅。

三、任务过程

1．往碗里磕入鸡蛋，西红柿去皮切块。

2．打开煤气灶和抽油烟机，用大火把锅烧热，再倒入适量的植物油，油中加入一小撮盐。晃动锅，使锅周边吃透油。

3．加入鸡蛋，用中小火煎至蛋白凝固定形，定形后将鸡蛋小心翻面，将另一面煎至定形，直到煎至两面金黄，出锅装盘备用。

4．锅中加入少许的油，油热后下入葱花炒出香味，炒香后下入西红柿，翻炒均匀，炒出西红柿的汁水。

5．加一勺食盐，少许白糖提鲜，适量的鸡精调味。继续翻炒均匀。

6．把炒好的鸡蛋倒进来，继续翻炒均匀，让鸡蛋吸收西红柿的汤汁。加入适量的水和淀粉，让汤汁收紧。出锅装盘。

7．关火，关油烟机。

四、任务评价

序号	职能	扣分内容	扣分原因	整改措施
1	配料	比例不准确；搅拌不充分		
2	操作	流程顺序错误		
3	火候	烹饪温度、时长把握不好；出锅颜色不好		
4	装盘	形状、颜色不好看，汤汁外溢明显		
5	安全	用火规范、保护意识不强		

【案例故事】

这所大学的劳动教育课“秒抢光”

跟着名厨学习烹饪红烧肉、桂花糕、麻婆豆腐，跟着名师制作多肉拼盘、微景观生态瓶……新学期伊始，某高校劳动教育课成为“网红课”，一上线便被同学们“秒抢光”。

本学期，该学校设有“美食与生活”“园艺与生活”两门劳动教育课，两门课共选课成功4508人。劳动教育课程由线上视频课、线下实践操作和感恩家庭作业组成，选修学生必须完成所有视频课程后才可以预约实践操作。在预约第一周期实践操作时，“美食与生活”课的540个名额在30秒内被抢光，“园艺与生活”课的240个名额在20秒内被抢光。

在“美食与生活”实践操作课上，同学们系上围裙，在大厨的指导下切肉、点火、煎炒、放调料……一盘色香味俱全的红烧肉便出锅了。“做饭是一种乐趣，但它并不是一件容易的事。因此，我更加感恩平时每天为我做饭的妈妈。以后，我也会努力让家人吃上我为他们做的美食。”一名学生上完实践操作课后说。

为满足更多学生的实操需求，学校优化调整了实践操作的频次与时间——“美食与生活”的实践操作由每周7次增加至9次，“园艺与生活”的实践操作由每周7次增加至8次。不到一个月时间，两门劳动教育课已经开展了30余次实践操作，同学们在实践中感受劳动带来的收获与成长。

自2019年年底获批设立市首个高校后勤劳动教育实践基地（服务育人示范岗）以来，该学校按照“学一技之长、享劳动之乐、品生活之美”的总体目标，在两校区建成了3个劳动教育实践基地，已有4200余名学生完成学习，获得了劳动教育学分。

（资料来源：中国教育新闻网，2023年4月8日，有删改）

任务五　汽车维护

汽车是集机械和电子为一体的复杂的运输工具，在使用过程中，随着行驶里程和时间的增加，各零部件将产生磨损、变形、松动、老化、腐蚀等各种损伤，导致车辆技术状况变差，故障率增加，这不仅使汽车的动力性下降，经济性变差，安全可靠性降低，甚至有可能危及行车安全，出现交通事故。

如果在使用过程中根据车辆的使用情况及磨损规律，把磨损、松动和易于出现故障部位的项目集中起来，分级分期强制进行润滑、调整、检查、紧固等维护作业，则能改善各零部件的工作条件，减轻磨损，消除隐患，保证行车安全，并能延长汽车的使用寿命。现代的汽车维护主要是对发动机、变速箱、空调系统、冷却系统、燃油系统、制动系统、转向系统等的保养。

汽车维护是指当汽车行驶一定里程和时间后，为了保持车辆技术状况良好，确保行车安全，充分发挥汽车的使用效能并降低运行消耗，按照规定的工艺流程、作业范围、作业项目及技术要求所进行的预防性作业，俗称汽车保养。按作业特点和执行条件不同，汽车维护有不同的作业方法，如清洁、检查、补给、润滑、紧固、调整、更换等。

（1）清洁主要是清洗车辆外部污垢，打扫驾驶室和车身内部，保持发动机、底盘各部位外表无污垢，保持燃油、机油、空气滤清器和蓄电池清洁，清理外胎嵌入物。

（2）检查的主要内容是检视汽车各总成、机构的外表，检查各机件外部连接螺栓的紧度，检查电气、照明、信号、仪表设备的技术状况，检查轮胎气压及外胎损伤情况。

（3）补给主要是检视燃油、润滑油、冷却液、制动液和空调装置的工质，视需要进行添加，按规定给气压不足的轮胎充气。

（4）润滑是按照汽车润滑图表用规定牌号的润滑油（脂）定期进行润滑，保证各润滑部件良好。

（5）紧固是对汽车各总成、机构外露部分的紧固点，按规定予以紧固，并配换失落或损坏的紧固件。

（6）调整是按规定对汽车各总成、机构和电器设备等进行必要的调整，使其符合技术要求。

（7）更换是按照需要或规定更换燃油滤清器、机油滤清器、空气滤清器，更换润滑油，给轮胎换位以及更换轮胎，配换损坏的电气元件及电线等。

我国的汽车维护分为定期维护和不定期维护。定期维护又分为日常维护、一级维护和二级维护。日常维护有出车前、出车中和出车后维护。不定期维护包括走合（磨合）维护和季节维护。

一、任务目标

1．将教学与生活实践有机结合，培养学生汽车维护技能。在教学实施的过程中提高学生对汽车知识应用的能力和运用汽车保养设备的能力。

2. 致力于培养掌握汽车维护保养作业所需要的专门知识和技能。通过本任务的学习，使学生在理解汽车基本结构的基础上，能够按照汽车保养的工作任务，借助必要的汽保设备完成汽车维护作业任务，并从安全性、经济性和环保性的角度确定维护保养作业内容，独立地实施维护保养任务，从而保证车辆的行驶性能。

3. 根据汽车维修行业发展需要和汽车维护保养实际工作任务需要，通过现场教学和实操训练培养学生的团队协作能力、主动学习能力、查阅资料能力、自我学习能力等社会能力和职业素养。

二、任务准备

1. 确定劳动教育任务主题。近年来，我国的汽车保有量持续增加，汽车进入了千家万户，无论是汽车生产量还是销售量，我国已经成为世界第一。人们在享受汽车带给我们方便的同时，也应该懂得一些汽车维护和保养的知识，掌握汽车维护的基本技能，这对保障人身安全以及延长汽车的使用寿命有着重要的作用。

2. 策划劳动教育活动计划：完成轿车发动机更换机油、机油滤芯任务。

3. 提出劳动教育实训申请：时间、目的、地点、人员、指导教师、需要帮助等。

4. 前期安排：活动中用的场地、各类工具器材、备件等。

（1）对校内实训室场地、教具条件的要求。

汽车维护实施的校内实训室条件是要有完备的实习场地，应当在汽车维修实训中心进行，具备理实一体化的专业多媒体教室，满足维护实训项目的车辆及二柱举升机，一般要求按 4S 店维修车间布置实习场所，建议每个班分为 3—4 组，每组一个实训工位组织实施。要配备相关的教学课件、教师手册、实训工单以及电子版相关车型维修保养手册供学生查阅。

（2）汽车维护实训常用工量具和仪器仪表。

120 件套组合工具、可调扭力扳手、轮胎扳手、钳子、鲤鱼钳、尖嘴钳、锤子、卡簧钳、游标卡尺、外径千分尺、厚薄规、直尺、气缸压力表、轮胎压力表、真空表、燃油压力表、数字万用表、汽车解码器、尾气分析仪等，以及拆装正时皮带或链条、制动片等装置的专用工具。

（3）备件材料。

实训所需的备件有：机油滤清器、空气滤清器、空调滤清器、汽油滤清器、火花塞、制动片、发电机皮带、正时组件、雨刷片、各种灯泡及保险片等。

常用的材料及耗材有：机油、制动液、转向助力油、防冻液、玻璃水、自动变速器油、清洗剂、冷媒、汽油、棉纱、车外防护三件套（前脸套、两翼子板套）、车内防护四件套（方向盘套、座套、换挡手柄套和脚垫）、车轮挡块等。

（4）评分标准。

序号	评分标准	赋分	学生得分
1	基本知识掌握程度	25 分	
2	操作规范熟练程度	25 分	
3	实训过程表现	25 分	
4	安全防护	25 分	

5. 安全保护：

（1）认真接受实训前的汽车维护安全知识教育。严格遵守机修、电器等各岗位安全操作规程和举升机等机具安全操作规程。

（2）必须按规定穿着劳动保护用品。

（3）操作场地严禁明火，加强对汽油等易燃物品的管理，不得随意乱放。

（4）在操作场地、配件库等处所应配备充足的灭火器材，并加强维护，使之保持良好技术状态。所有人员应会正确使用灭火器材。

（5）汽车在举升和降落过程中，严禁走到车下。

（6）未经许可，不准扳动机件和乱动电器按钮开关。

（7）作业完成后必须切断所有电器设备的前一级电源开关。

（8）作业结束后要及时清除场地油污杂物，并将设备机具整齐安放在指定位置，以保持施工场地整齐清洁。

（9）定期进行安全生产检查。

三、任务过程

不同车系和品牌的汽车，维护周期也不相同，主要是由于车辆的具体技术情况存在差异造成的。不同品牌配有不同的发动机，有的发动机的材质较好、精密度较高，磨损就会相对小一些；而有的缸内直喷式发动机则对机油的要求更高一些，甚至会有特殊的要求。此外，保养周期还与车辆的用途和使用环境有关，比如公务或商务用车、私家用车、工程用车、出租车也不一样。下表为某品牌轿车保养周期表。

保养周期（按先达到的里程或月份计算）	里程（×1 000 km）	1	5	10	15	20	25	30	35	40	45	50	55	60	65	70	75	80
	月份		3	6	9	12	15	18	21	24	27	30	33	36	39	42	45	48
正时皮带		R：每 15 万 km																
气门间隙						A				A				A				A
空气滤清器	正常行驶					I				R				I				R
	恶劣工况	I：每 2 500 km（或 1.5 个月）R：每 40 000 km（或 24 个月）																
发动机润滑油	正常行驶			R		R		R		R		R		R		R		R
	恶劣工况		R	R	R	R	R	R	R	R	R	R	R	R	R	R	R	R
机油滤清器	正常行驶			R		R		R		R		R		R		R		R
	恶劣工况		R	R	R	R	R	R	R	R	R	R	R	R	R	R	R	R
排气管和连接件	正常行驶					I				I				I				I
	恶劣工况			I		I		I		I		I		I		I		I
怠速混合气	带 TWC	A				A				A				A				A
	无 TWC	不可调																
冷却液						R				R				R				R
燃油滤清器										R								R
燃油箱盖、燃油管和接头										I								I
火花塞		R：每 10 万 km																
蓄电池				I		I		I		I		I		I		I		I
PCV 阀、通风软管和接头						I				I				I				I
活性炭罐										I								I

说明：①恶劣工况指长期处于多尘、怠速、低速或大负荷的运转。

②A＝必要时检查和调整

R＝更换或替换

I＝检查、清洁、调整，必要时更换

T＝拧紧到规定力矩

以轿车发动机更换机油、机油滤芯任务为例，介绍维护操作流程。

1．工作前的准备工作

（1）检查自己的工服是否干净整洁，胸卡是否佩戴。

（2）检查工位是否干净、整洁、卫生。

（3）检查举升机等维修工具，保证它们在维修过程中的正常使用，如有问题及时向上级报修，确保自己的工作能按时按量完成。

（4）检查工具车中的维修工具是否摆放整齐、齐全，是否有损坏，如损坏或缺少及时补齐。

2. 汽车维修人员保养流程

（1）维修接待人员环车检查。

这一点是接车后的第一步，也是非常重要的一个步骤，对于客户描述进行实车验证，初步进行检查与诊断以便为制单的准确性、科学性提供保证。

（2）接待人员开出工单，维修人员接收工单。

当接待人员确定初步的维护项目后，将所要维修车辆及工单交给维修人员。

（3）将车辆开到工位进行初步检查。

当维修人员接到工单后，首先将车辆全部灯光检查一遍，如有故障及时记录下来，确保报项时不会有遗留。然后将车辆发动机舱盖打开，用高压气枪吹掉舱内的尘土等杂物。检查发动机舱内的零件是否完整，有无丢失零件现象，并做下记录。

（4）对车辆发动机舱内进行常规检查：

①各个油壶及补水壶的液位是否正常。

②发动机皮带是否有老化和裂纹。

③各个线束和插头是否有损坏及老化情况。

④要全面地看下舱内是否有漏水和漏油的现象。发动机舱内的漏水主要发生在补水壶、上水管、下水管、水泵、水箱。发动机舱内的漏油主要发生在助力油管漏油、气门室盖垫漏油等。

⑤最后打开机油盖，以便能把机油放净。

（5）检查胎压及车轮轴承：

①升车：将举升机的支架支在车的大梁上，稍稍使举升机上升，以便确认支架已经支好，当确认支架已经支好后将车升起，升到合适自己的高度将举升机锁住。

②检查胎压：用胎压表测量胎压值是否在标准值之内，否则要调整到标准范围内。还要检查一下胎面是否有划伤、扎钉、鼓包情况。因为现在很多高配置的轿车仪表盘上都配有胎压显示装置，胎压异常会有报警指示，所以必须保证胎压正常。

③当检查完胎压后，还要用手使劲左右、上下晃动轮胎，检查轴承是否有旷量。

（6）放油、更换机油滤清器：

①放油：用扳手拧松油底壳螺丝，将废油回收装置放在油底壳下侧。用手

慢慢拧松螺丝，待螺丝接近完全松动时，快速拧开螺丝，并迅速将手移开，避免机油洒到手上。

②更换机油滤清器：用机油滤清器扳手把机油滤清器松开，注意不要完全松掉以免机油弄到身上和工具上。当松到可以用手拧动的时候就可以用手彻底松掉机油滤清器了。松下之后用布把留在油底壳的机油擦干净，然后按照规定的扭力拧紧机滤即可。

③当机油完全放干净之后，把旧的油堵螺丝换掉，换上新的油堵螺丝，然后使用专用工具拧紧油堵螺丝，再确认下机油滤清器已经拧紧。最后擦干净留在油底壳上的油迹。

（7）检查底盘是否有油污。

底盘有油污一般发生在公里数偏高、车型较老的汽车上。检查漏油部位主要有油底壳漏油、变速器油底壳漏油、半轴油封漏油、内外球笼防尘套漏油。

（8）添加机油。

把车放下来，当车落至地面后，添加新的机油，然后盖上机油盖，启动运行 1 分钟左右后熄火。

（9）检查机油液位。

通过机油尺检查机油量是否符合标准，然后再用棉纱把发动机舱内擦干净，复查所有操作部位，收回车辆防护用品。

（10）交车完毕后把刚刚用过的工位打扫干净，把用过的工具归位，保持工位的整齐和干净。请指导老师验车。

3. 填写车辆维护工单。

4. 指导教师点评，总结经验，指出操作中需要改进和提高的技能点。

四、任务评价

任务评价要注重过程考核，每完成相应的维护项目要进行一次操作考核，考试方式为实际操作，实训成绩评定的依据应当包括基本知识掌握程度、操作规范熟练程度、实训过程表现、安全防护等。

序号	考核项目	考核内容	扣分原因	整改措施
1	检查判断	查询车辆信息，判断车辆技术状况的能力		
2	工具使用	正确熟练地使用汽车维护所用的工具和设备，并对车辆进行维护和调整		

续表

序号	考核项目	考核内容	扣分原因	整改措施
3	操作规范	运用规范的操作方法对汽车进行维护保养，延长其使用寿命，保证其正常行驶		
4	项目齐全	熟练独立地完成规定里程的保养项目，不丢项、漏项		
5	其他	与客户有效沟通，解释工作完成情况及车辆性能状态		

【案例故事】

容易忽视的“保胎”

1. 胎压：不要过高/不要过低

整车厂为每款车型都指定了一个轮胎的合理胎压范围，在这个范围内，偏高一点可以有利于整车节油和动力，偏低一点则有益于操控和安全。但是一些驾驶员为了追求节油效果而过度增加胎压，这样会造成胎面呈椭圆状凸起，车身重量集中在胎面中心，导致其过快磨耗；受外力冲击时，也容易产生外伤甚至爆胎，危险性很大。有些车主一直不注意轮胎胎压，行车或停车时间长后，轮胎的气压会逐渐降低至合理胎压下，当过低时，会导致轮胎容易过热，高速行驶也容易爆胎。另外胎面沟槽及胎肩龟裂，胎肩部位快速磨耗，会迅速缩短轮胎的使用寿命，为事故埋下隐患。

2. 行车选好路/停车选平地

在凹凸不平的道路上行车，一要选择路面，减轻轮胎与路面的碰击，避免机件及轮胎的损坏；二要减速缓行，避免轮胎颠簸和强烈震动。通过泥泞地段，应选择较坚实、不滑的地方通过，以免轮胎下陷、原地空转、剧烈生热造成轮胎及胎侧严重割伤、划伤。

停车时选择路面平整的停车场，最好不要将车倾斜停放在马路牙子上，这样会导致一边轮胎受压过大。另外车辆不能停放在有粗大、尖锐或锋利石子及接触有石油产品、酸类物质等影响橡胶变质的物料的地方。

3. 经常检查轮胎磨损和备胎状况

即使正常小心地行驶，由于轮胎的工作属性，其必定会被磨损，而当磨损得过于严重的时候，就会性能下降，并产生安全隐患。所以在维护轮胎时一定要注意磨损程度。一般到轮胎磨损的警戒线或警示标志的时候，就要注意更换轮胎。

一般情况下，后备轮胎放置在后备箱内，一些越野车将其放置在车底或者尾箱门后。有些车主多年不使用也没检查后备轮胎，而一旦需要使用的时候，才发现轮胎已经瘪气，或过了质保期而性能下降了。所以车主朋友需要在平常保养时多多查看后备轮胎的状况，保证其不受阳光直射，并保证有合适的气压。

模块二　校园劳动教育

导言：大学校园不仅是学生学习知识的殿堂，也是生活的家园。良好的校园环境可以带动良好的学风，而好的学风能够在学校形成一种催人向上、奋发有为的氛围，端正学生的求学目标和态度，助力人才培养目标的实现。良好的校园环境和学风相辅相成，共同促进学生和学校的发展。维护校园环境是每位学生义不容辞的责任。大学生积极参加校园劳动，通过动手实践出力流汗、磨炼意志，可以提高劳动能力，培养校园主人翁意识、热爱校园的美好情操，提升自身发现美、欣赏美、追求美、创造美的审美意识，孕育良好的劳动品质。

学习目标：

1. 掌握寝室美化的原则和方法，打造出自己的特色寝室。
2. 提高环保意识，自觉践行绿色低碳环保的生活方式。
3. 自觉维护校园环境，培养爱校之情。
4. 掌握种植、打扫卫生等劳动技能。
5. 深化对勤工俭学的理解，了解学校勤工俭学政策。

任务一　寝室美化

【知识拓展】

寝室美化

寝室既是学生生活、学习的地方，又是他们交流思想、培养健康生活习惯、提升综合素质的重要场所，很大程度上反映了学生个人素质、精神境界和校风校貌。根据调查，大学生有近三分之二的时间是在集体寝室里度过，寝室被称为大学生的“第一社会，第二家庭，第三课堂”。对于来自天南海北、性情爱好迥异、成长背景不同的学生而言，营造干净温馨的寝室环境、创造健康和谐的人际关系、创建文明积极的寝室氛围、塑造独具特色的寝室文化，对身心健康和自身成长大有裨益。

一、文明寝室建设要求

学生寝室是学生在校期间学习、生活、休息的集体活动场所，是引导学生培养生活能力、树立正确劳动观、对学生文明养成教育的重要课堂。一个文明、卫生、安全的寝室不仅可以预防疾病和安全隐患，使学生感到安全、舒适、幸福，而且可以稳定学生的思想情绪，促进人际和谐。

建设文明寝室，共同维护整洁卫生的寝室环境，要做到“六无”“六净”“六齐”“六不”“六要”。

“六无”指无杂物、无烟蒂、无乱挂、无异味、无乱线、无违规物品。

“六净”指地面干净、墙面干净、门窗干净、玻璃干净、桌椅干净、其他用具干净。

“六齐”指桌椅摆放整齐、被褥折叠整齐、书籍摆放整齐、鞋子摆放整齐、用具摆放整齐、毛巾挂放整齐。

“六不”指异性不进寝室、外人来访不留宿、不使用违规电器和危险物品、不破坏公共设施、不养宠物、不在寝室吸烟喝酒。

“六要”指寝室环境要维护、卫生制度要遵守、作息时间要规律、公共财物要爱护、用电用水要节约、垃圾分类要践行。

二、文明寝室美化原则

寝室展现的是一种文化，具有重要的育人功能。寝室美化与创意既可以丰富校园文化活动、创造美好生活空间，又能加强同学之间的交流，增强寝室凝聚力，影响学生审美情趣、价值观，充分诠释学生理想的生活和飞扬的梦想。文明寝室美化原则如下：

第一，简约大方。寝室通常面积不大，整理收纳物品要注重对空间的合理利用。首先，要学会利用二八原则，有藏有露，展示的物品和隐藏的物品比例宜为2∶8。其次，要分门别类对物品进行细致整理和合理安置，其效果在视觉上要兼顾整洁和美观，体现和谐统一。

第二，温馨舒适。寝室有生活、休息、学习、交流的功能，在美化的同时要充分考虑自然舒适、充满家庭温馨，满足学生安全、归属的心理需要。可以适当运用既体现生活情趣又展现学生个性的装饰物。但是要注意，寝室装饰品宜少而精，否则会显得杂乱。

第三，营造学习氛围。寝室是学生集体生活的场所，兼具学习功能。寝室学习氛围与学风在一定程度上呈正相关关系。因此，在寝室美化时要从色彩、风格、装饰上考虑学习因素，营造一个积极、安静、适宜学习的空间。例如，青草绿、天空蓝等偏向自然的色系会舒缓心情，使人提升专注力，易于进入学习状态；在书桌上摆放绿植、盆栽等装饰物，也能够让人沉心静气。

三、寝室美化创意要点

每个寝室都有不同的文化，在美化时要充分考虑自己的寝室文化，做出别出心裁的创意设计。

第一，构建特色鲜明的寝室文化。首先，全体寝室成员共同参与特色寝室建设，商议并确定特色寝室建设方向。要考虑寝室大部分同学的个性、爱好、审美、价值观等，营造别具一格的寝室文化，例如勤学进取型寝室、运动健康型寝室、时尚环保型寝室、奋进创业型寝室、爱心服务型寝室、党员先锋型寝室等。其次，寝室美化创意确定后，呈现的效果要符合特色、美观大方、新颖独特、别具匠心。再次，可以配套相应的“行为习惯养成计划”“寝室团建活动”“寝室成长档案”等。

第二，变废为宝、环保先行。在美化创意寝室时，可以充分发挥想象力将废旧物品再利用，自己动手来诠释心中的低碳环保理念，为环保事业奉献自己的一份力量。比如，充分利用易拉罐、饮料瓶、牛奶盒、雪糕棍、废纸箱、化妆品瓶、废旧衣物、废旧毛线等做成美观实用的生活物品，既创意十足、增添生活情趣，又践行绿色环保理念。

一、任务目标

1. 树立主人翁意识，倡导积极乐观的人生态度和健康的生活方式，共建文明、和谐、魅力寝室。

2. 了解与认识寝室美化的相关流程，端正劳动态度，形成良好的劳动习惯。

3. 遵守寝室行为规范，培养人际交往和沟通能力，树立团队协作意识和提高寝室凝聚力。

4. 提高动手实践能力，增强创新精神。

5. 培养审美情趣、积极践行低碳环保理念。

二、任务准备

1. 确定寝室美化风格

寝室成员共同商议并确定基本的美化风格和文化主题，如文艺复古风、简约实用风、现代时尚风、清新田园风等，能够展现当代大学生飞扬的青春梦想、积极进取的生活态度均可。

2. 设计寝室美化方案

寝室美化风格确定后，需要根据特色风格设计寝室美化方案，详细说明寝室美化的设计理念、具体要求、实施流程和相关注意事项。

（1）设计理念。主要是阐述寝室美化的具体风格、整体布局和准备打造的寝室文化氛围。

（2）寝室美化日程安排。主要是指开展寝室美化活动的具体时间。

（3）寝室美化人员与分工。包括寝室成员参加活动，各自负责的具体任务。

（4）美化材料准备。不同的寝室美化风格需要不同的物品，寝室成员可以商议决定寝室美化需要的材料清单，材料准备的具体要求、经费预算和来源。

（5）寝室美化的实施流程。主要指寝室美化的具体实施顺序、步骤和计划。

（6）其他事宜。包括寝室美化的相关注意事项，比如安全问题等。

3. 材料采购

根据寝室美化设计方案进行材料的选择和采购，既要符合寝室美化要求，也要兼顾性价比和安全性。

4. 安全保护

根据寝室美化的具体情况而定，如交通安全、人身安全等。

三、任务过程

1. 活动开展

活动过程中，寝室成员按照分工各司其职，按照寝室美化流程，完成各自负责的具体任务，在活动过程中要注意团结协作。

2. 过程记录与总结

每位寝室成员将自己在任务实施过程中所做的工作记录下来，对任务实施中存在的问题和心得进行总结以提升自己。

寝室成员任务过程记录单示例

<table>
<tr><td>任务名称</td><td></td><td>任务实施日期</td><td></td></tr>
<tr><td>寝室美化实施过程</td><td colspan="3"></td></tr>
<tr><td>反思与总结</td><td colspan="3"></td></tr>
</table>

四、任务评价

以宿舍为单位，策划一次寝室美化创意活动。要求撰写寝室美化计划书，明确美化风格、成员分工、材料采集、实施过程，并动手操作。宿舍每位成员领取任务后认真执行，并将工作过程、美化成果、成员心得以视频方式在课堂上分享。

寝室成员任务评价表示例

评价标准	分值（分）	得分（分）	教师评价
参与活动全过程	10		
较好完成任务	20		
环保意识	20		
创新思维	20		
合理调配资源	10		
团队协作	20		
合计	100		

寝室美化任务评价表示例

评价标准	分值（分）	得分（分）	教师评价
寝室整体设计	20		
能否体现良好精神风貌和生活品位	20		
别具匠心、新颖独特	20		
体现变废为宝理念和动手创作意识	20		
卫生、文明、和谐	20		
合计	100		

【案例故事】

最文艺中国风宿舍

复古大气的回字纹墙纸，古韵雅致的文房四宝，造型精妙的中式盆景，意境深邃的国画小作，寝室的每一处都古朴雅致而富有细节。这是极富中国浪漫情调的生活空间……2016 年 10 月，某大学学生公寓的四个男生前后只花 800 元打造了一间颇具中国风的寝室，迅速走红网络，被网友称为“最文艺中国风宿舍”。

“设计构思、采购材料、动手装饰，不到 1 个月时间。我们是学生，都是选择最容易得到、花费最低的材料，尽可能降低成本。壁纸和地板都是在网上买的，椅子是在大学跳蚤市场淘来的，藤椅 25 块，钢管椅 5 块……”在回答寝室改造后对生活有何改变这个问题时，宿舍改造发起人陈同学说：“这次宿舍改造对我的影响表现在多个方面。良好的学习氛围对我们的学习热情有着极大的推动作用。我的成绩属于年级中等偏下水平，宿舍改造成功也鞭策着我要更加努力学习，在发展兴趣爱好的同时成绩也不能落下。经过一番努力，我的成绩从中等偏下一路猛进到了专业第一，拿了国家奖学金，最后还以专业第一名被保送到了湖南大学设计学院继续攻读研究生。在宿舍关系方面，通过这一次共同改造，舍友之间有了更深的了解，宿舍凝聚力大大提升。”

（资料来源：中国时报网，2016 年 10 月 13 日，有删改）

任务二　践行环保

【知识拓展】

低碳环保，绿色生活

生态环境保护是功在当代、利在千秋的事业。党的十九大报告中指出，建设生态文明是中华民族永续发展的千年大计。必须树立和践行绿水青山就是金山银山的理念，坚持节约资源和保护环境的基本国策，像对待生命一样对待生态环境；统筹山水林田湖草系统治理，实行最严格的生态环境保护制度，形成绿色发展方式和生活方式，坚定走生产发展、生活富裕、生态良好的文明发展道路，建设美丽中国，为人民创造良好生产生活环境，为全球生态安全做出贡献。

一、了解含义

低碳是指人们生活作息时所耗用能量要减少，从而减少碳排放，特别是二氧化碳的排放，以减缓全球变暖的趋势。简单来说，低碳生活就是从节俭的角度出发，返璞归真地进行人与自然的活动。

绿色生活，指通过倡导居民使用绿色产品，倡导民众参与绿色志愿服务，引导民众树立绿色增长、共建共享的理念，使绿色消费、绿色出行、绿色居住成为人们的自觉行动，让人们在充分享受绿色发展所带来的便利和舒适的同时，实现可持续发展，实现广大人民按自然、环保、节俭、健康的方式生活。

二、形成理念

低碳环保，绿色生活，是一种理念、一种态度、一种责任。作为新时代大学生，我们应为节能减排做出自己的贡献。

首先，树立绿色低碳环保意识。牢固树立绿色低碳理念，争做绿色低碳环保标兵。

其次，养成绿色低碳环保习惯，从点滴做起，注意节电、节油、节气、节水，在衣食住行各方面，一切能源和资源都要节约，绿色出行，绿色消费。

最后，宣传绿色低碳环保生活，带动身边人形成绿色低碳生活态度，积极参与到低碳环保行动中来。

三、养成习惯

日常生活中，我们应该养成以下节能减排的好习惯：

1. 拒绝使用一次性木筷，尽量少用一次性物品。
2. 不过度追求时尚。
3. 拒绝使用珍贵动植物制品。
4. 使用节约型水具。
5. 拒绝过度包装。
6. 支持可循环使用的产品。
7. 尽量购买本地产品。
8. 一水多用。
9. 随手关闭水龙头。
10. 提倡健康饮食，避免大鱼大肉。
11. 节约粮食。
12. 双面使用纸张。
13. 垃圾尽量分类入箱。
14. 随手关灯，节约用电。
15. 提倡步行、骑单车，尽量乘坐公共汽车。
16. 提倡使用布袋与纸袋，建议循环使用。

除此之外，你还有什么节能减排的好习惯或经验，请与同学们分享。

一、任务目标

1. 掌握垃圾分类的基本常识，明确可回收物的范围。
2. 提高环境保护意识，自觉践行低碳环保绿色生活方式。
3. 提高动手能力，制作回收箱。
4. 树立热爱学校的主人翁意识。
5. 提高人际交往和沟通能力，树立团队协作意识。

二、任务准备

1. 确定活动内容

组织小组成员讨论确定，明确回收范围、回收地点，并与其他小组协商，进行区分。

2. 策划活动计划

活动内容确定后，根据需要拟定活动计划书/活动方案。这关系到活动的成功与失败。活动计划书/活动方案规定活动的具体内容、活动形式和注意事项：

（1）活动背景。主要是阐述在什么情况下组织开展该项活动。

（2）活动目的与意义。阐述该项活动的目的、意义。

（3）活动时间与场地。主要是在什么时间、什么地点开展活动。

（4）活动人员与分工。主要是哪些团队、人员参加活动，各自负责的具体任务。

（5）活动资源或物品准备。不同的活动应该需要不同的资源或物品，比如对于宣传类活动，有可能需要设计并制作展板和宣传页，或者制作 PPT；对于卫生清洁工作，一般需要准备清洁工具等。

（6）活动流程。主要是谋划活动步骤。

（7）活动经费。如果活动需要经费，则需要进行经费预算，确定经费来源。

（8）其他事宜。包括活动结束后的具体要求，如场地清理、活动总结、个人体会等。

3. 提出申请

按照规定要求，向所在学院、系部或学生处、团委等组织部门提交书面申请，并提交活动计划书。

4. 安全保护

根据活动的具体情况而定。比如，规范使用劳动工具、人身安全等。

三、任务过程

1. 前期准备

根据活动策划安排及实际情况，做好活动具体开展前的准备工作。

（1）宣传准备。组织开展活动前的宣传工作，让更多的学生了解此次活动的目的、内容和意义，让更多的人树立环保意识，自觉践行绿色生活方式。

（2）人员招募。在活动前成立小组，确定各小组组长。各小组根据活动目的，讨论制定具体活动方案，明确各成员的具体任务。如果任务量大，也可以从班级、院系或学校内部招募“志同道合之士”共同参与。

（3）内容准备。对于宣传教育类的活动，需要通过查阅图书、互联网等途径了解和掌握相关知识，形成宣传教育的内容，制作展板、标语、宣传页或PPT等。

（4）物品准备。活动现场所需要的各类工具、物品等，包括夹子、手套、废品回收箱等。

2. 任务实施

（1）现场再次明确任务。确保活动如期、顺利开展，提前到场，做好任务部署。

（2）活动开展。按照规定程序和准备内容，组织开展活动实施。活动过程中，团队成员按照分工各司其职，按照活动流程，完成所在现场分工负责的具体任务。活动中相互协作，主动帮助别人。

（3）过程记录。每位同学将自己在任务实施过程中所做的工作记录下来，对任务实施中存在的问题和收获进行总结。

团队成员任务过程记录单示例

<table>
<tr><td>任务名称</td><td></td><td>任务实施日期</td><td></td></tr>
<tr><td>任务实施过程</td><td colspan="3"></td></tr>
<tr><td>任务反思与收获</td><td colspan="3"></td></tr>
</table>

（4）活动总结。活动结束后，在各成员分享此次活动心得体会的基础上，形成本次活动的总结报告，找出此次活动的不足之处，确保今后类似的实践活

动有所改进。

团队任务总结报告示例

任务名称		任务实施日期	
任务的目的和意义			
任务内容			
任务过程			
任务收获			
总结提升			

四、任务评价

整理自己的活动照片及心得体会，对校园低碳环保工作提出建议，做成一份个人实践报告，小组内人员整合做一份小组实践报告并上交组织，经组织筛选后上交学校，由学校选出优秀个人及优秀团体，给予学分及证书奖励，以此鼓舞更多的学生参与到校园低碳环保实践活动中。

团队成员任务评价表示例

评价标准	分值（分）	得分（分）	教师评价
参与活动全过程	20		
出色地完成自己的任务	20		
为小组劳动提出合理化建议	10		
制作回收箱	10		
在活动中主动宣传低碳环保知识	10		
实践报告格式规范、内容清晰、体会深刻，建议具体合理、有可行性	30		
合计	100		

【案例故事】

“蓝马甲”青年现身大街小巷，大学生暑期垃圾分类志愿者对342户商户展开上门宣传

近日，上海市奉贤区正式启动2022年大学生暑期垃圾分类志愿者宣传活动。8月5日下午，垃圾分类高校志愿者们戴上小蓝帽，手拿宣传册，身披小马甲，在南桥镇的街道上，顶着烈日向商户宣传垃圾分类知识。高温丝毫不影响志愿者们的热情，当天，他们对342户商户上门宣传垃圾分类，发放宣传手册400份。

大学生志愿者们通过面对面图文讲解的方式向商铺店主详细介绍了分类桶的设置和分类的方法，现场指导商户正确投放不同类别的垃圾。同时，志愿者也进入各个餐馆后厨，检查商户对于垃圾分类是否真正做到位，对于没有完全按照垃圾分类执行的商户进行重点宣传。

在接下来一个月的时间内，共计20位大学生志愿者将以沿街商铺为主要宣传对象，跑遍全区85条道路、6000多户商铺，向商户们传达垃圾分类的理念。疫情过后，商铺相继都开始营业，志愿者们希望通过垃圾分类宣传活动，持续提高商户垃圾分类意识，让更多商户积极主动投身于这项全民事业中来。

（资料来源：《新民晚报》，2022年8月12日，有删改）

任务三　卫生清洁

【知识拓展】

校园公共区域卫生清洁

大学校园具有一定的开放性和公共性，校园环境的整洁优美是一所大学文化底蕴的体现，也是一所大学师生素养的风景线。校园环境影响着大学生人生观、价值观的树立以及校风、学风的形成，需要每一位在校师生的共同维护。

校园公共区域分为室内与室外。室内包括教室、实训室、办公室、会议室、接待室、档案室、图书馆、体育馆、机房、礼堂、报告厅、走廊、楼梯、卫生间等；室外主要包括人行道、机动车道、广场、操场、台阶、停车场、绿化带等。不同区域卫生清洁工作内容和质量标准有所不同。

一、室内公共区域清洁

1. 备用工具、材料

扫把、簸箕、垃圾桶、拖把、干抹布、湿抹布、清洁剂等。

2. 清洁项目

(1) 地面及入口处脚垫的清扫。

(2) 玻璃门和玻璃幕、间隔的擦拭。

(3) 各种家具摆设以及装饰物、标牌、消防器等擦拭。

(4) 墙壁和墙壁上装饰物、标牌、开关盒的扫尘、擦拭。

(5) 果皮箱、垃圾桶的清倒及擦拭。

(6) 金属柱子、扶手、饰物等金属的擦拭。

3. 标准

(1) 地面、壁面干净无污渍，石材有光泽。

(2) 电梯门、防火门、指示牌、消防栓柜门无污渍，无明显积尘。

(3) 天花板、灯罩、风口目视无灰尘、蜘蛛网。

4. 注意事项

(1) 为减少人们将室外尘土带入室内，门厅入口处应铺设防尘脚垫。遇雨天，应铺吸水性的脚垫。

(2) 门厅及大堂地面应根据不同材质，采取不同的清洗方法。

(3) 不锈钢、铜、铝合金等装饰，如柱子、扶手、标牌等，容易受腐蚀，擦拭时要选用专用保洁剂、保护剂，切记不要造成花痕。

(4) 注意不要碰倒、碰坏大堂内的各种摆设饰物。

(5) 使用的保洁用具要勤洗消毒，保持洁净。

二、室外公共区域清洁

1. 备用工具、材料

大小扫把、簸箕、垃圾桶、铲刀、耙子、垃圾夹、保洁剂、胶刷等。

2. 清洁项目

(1) 对于广场、台阶、绿地，及时扫除地面树叶垃圾、纸屑、烟头、积水。

(2) 地面、墙面、灯杆、宣传栏等有污渍用保洁剂和胶刷擦洗干净，香口胶用铲刀铲除。

(3) 清扫绿化草地时，及时清理枯枝落叶。不能扫除的杂物、垃圾用手捡起。

3. 标准

(1) 地面、路面无泥沙，无明显垃圾，无积水、污渍。

（2）草地和绿化带保洁，无枯枝落叶和垃圾。

（3）无各种废弃物堆放，无张贴张挂。

4. 注意事项

校园室外清洁要做到“六不”：不花扫、漏扫，不见积水，不见树叶、纸屑、烟头，不漏收，不乱倒垃圾，不焚烧垃圾。

一、任务目标

1. 掌握清洁打扫校园环境卫生的基本方法，如扫地、拖地、擦玻璃、擦拭器物等。

2. 提高环境保护意识，养成自觉维护校园环境，爱护校园公共设施等文明行为习惯。

3. 提高动手能力，培养清洁卫生的好习惯。

4. 树立热爱学校的主人翁意识。

5. 提高人际交往和沟通能力，树立团队协作意识。

二、任务准备

1. 确定活动内容

组织小组成员讨论确定要开展的具体劳动和清洁区域，并与其他小组协商，进行区分。

2. 策划活动计划

活动内容确定后，根据需要拟定活动计划书/活动方案，这关系到活动的成功与失败。活动计划书/活动方案规定活动的具体内容、活动形式和相关注意事项：

（1）活动背景。主要是阐述在什么情况下组织开展该项活动。

（2）活动目的与意义。阐述该项活动的目的、意义。

（3）活动时间与场地。主要是在什么时间、什么地点开展活动。

（4）活动人员与分工。主要是哪些团队、人员参加活动，各自负责的具体任务。

（5）活动资源或物品准备。不同的活动应该需要不同的资源或物品，比如对于宣传类活动，有可能需要设计并制作展板和宣传页，或者制作 PPT；对于卫生清洁工作，一般需要准备清洁工具等。

（6）活动流程。主要是谋划活动步骤。

（7）活动经费。如果活动需要经费，则需要进行经费预算，确定经费来源。

（8）其他事宜。包括活动结束后的具体要求，如场地清理、活动总结、个人体会等。

3. 提出申请

按照规定要求，向所在学院、系部或学生处、团委等组织部门提交书面申请，并提交活动计划书。

4. 安全保护

根据活动的具体情况而定。比如，规范使用劳动工具、人身安全等。

三、任务过程

1. 前期准备

根据活动策划安排及实际情况，做好活动具体开展前的准备工作。

（1）宣传准备。组织开展活动前的宣传工作，让更多的学生了解此次活动的目的、内容和意义，让更多的人树立环保意识，自觉维护校园环境。

（2）人员招募。在活动前成立小组，确定各小组组长。各小组根据活动目的，讨论制定具体活动方案，明确各成员的具体任务。如果任务量大，也可以从班级、院系或学校内部招募“志同道合之士”共同参与。

（3）内容准备。对于宣传教育类的活动，需要通过查阅图书、互联网等途径了解和掌握相关知识，形成宣传教育的内容，制作展板、宣传页或 PPT 等。

（4）物品准备。活动现场所需要的各类工具、物品等，打扫垃圾所需的扫帚、拖布、抹布、垃圾袋等，笔、本、麦克风等。

2. 任务实施

（1）现场再次明确任务。确保活动如期、顺利开展，提前到场，做好任务部署。

（2）活动开展。按照规定程序和准备内容组织开展活动。活动过程中，团队成员按照分工各司其职，按照活动流程，完成现场分工负责的具体任务。活动中相互协作，主动帮助别人。

（3）过程记录。每位同学将自己在任务实施过程中所做的工作记录下来，对任务实施中存在的问题和收获进行总结。

团队成员任务过程记录单示例

任务名称		任务实施日期	
任务实施过程			
任务反思与收获			

（4）活动总结。活动结束后，在各成员分享此次活动心得体会的基础上，形成本次活动的总结报告，找出此次活动的不足之处，确保今后类似的实践活动有所改进。

团队任务总结报告示例

任务名称		任务实施日期	
任务的目的和意义			
任务内容			
任务过程			
任务收获			
总结提升			

四、任务评价

整理自己的活动照片及心得体会，对美化校园提出建议，做成一份个人实践报告，小组内人员整合做一份小组实践报告并上交组织，经组织筛选后上交学校，由学校选出优秀个人及优秀团体，给予学分及证书奖励，以此鼓舞更多的学生参与到清洁校园实践活动中。

团队成员任务评价表示例

评价标准	分值（分）	得分（分）	教师评价
参与活动全过程	20		
出色地完成自己的任务	20		
劳动技能娴熟	10		
为小组劳动提出合理化建议	10		
在活动中主动帮助别人	10		
实践报告格式规范、内容清晰、体会深刻，建议具体合理、有可行性	30		
合计	100		

【案例故事】

河北软件职业技术学院数字传媒系团总支
开展“从‘馨’出发”劳动教育实践系列活动

为庆祝中国共产主义青年团建团100周年，唱响“喜迎二十大，永远跟党走，奋进新征程”的口号，河北软件职业技术学院数字传媒系团总支积极响应上级号召，开展了“从‘馨’出发”劳动教育实践系列活动。

该系领导、老师带领学生会骨干、入党积极分子、团员干部以及志愿汇社团成员深入到双馨楼教室，对每个教室的桌椅进行重新规划摆放，对卫生死角进行清理，对教室电器的安全隐患进行排查。同学们在劳动中体会到了快乐，培养了正确的劳动观点、劳动态度和良好的劳动习惯。

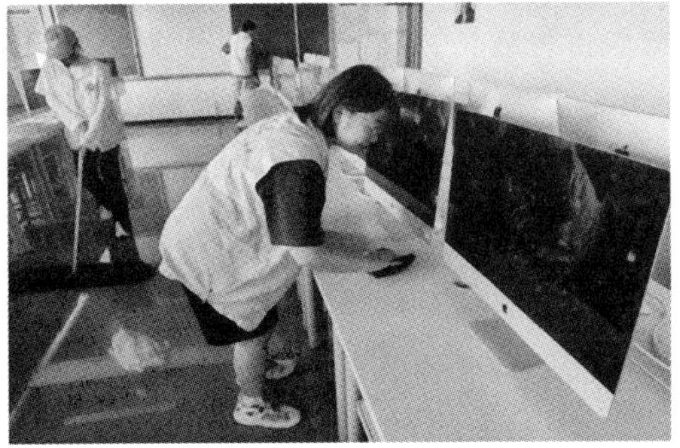

与此同时，该系领导、老师与志愿汇社团成员走进双馨楼操场，运用自己的专业技能在操场墙壁上设计作画，书写了“团结协作，顽强拼搏”大字以及涂饰了排球、跑步、羽毛球等体育运动的简笔画，让原本单调的墙壁变得丰富多彩。同学们一丝不苟、认真负责，活动结束之后，同学们脸上满是成功的喜悦。

（资料来源：河北软件职业技术学院网站，2022 年 5 月 20 日，有删改）

任务四　绿化校园

【知识拓展】

绿植修剪与花卉种植

一、绿植修剪

校园绿化讲究三季开花、四季常绿，绿植的修剪必不可少。绿植修剪是专业性较强的工作，不能随心所欲胡乱修剪，而是要掌握绿植修剪的方法和技巧，既不伤害植物，又对植物的生长发育有帮助。

（一）修剪工具

绿植的修剪工具有很多种，下面介绍一些常用工具。

1. 枝剪

又叫整枝剪、修枝剪，是一种园艺工具，主要用于修枝之用，修剪病虫害枝条，保持树体美观。

2. 大草剪

用于园林剪草坪、剪高枝等。

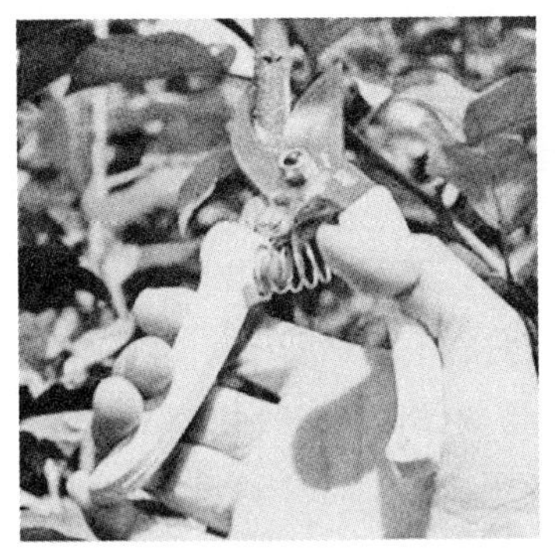
枝剪

大草剪

3. 大力剪

手柄比较长，一般用来修剪粗枝。

大力剪

4. 高枝剪

高枝剪有手捏高枝剪、枝剪型高枝剪、铡刀型高枝剪。杆多是玻璃钢纤维杆、铁杆，长度有 3 米、3.5 米、4 米、5 米。

手捏高枝剪

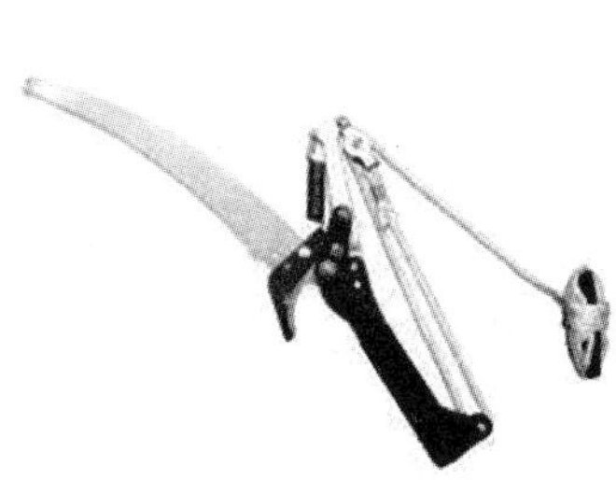
枝剪型高枝剪

5. 截锯

用于切锯枝条。

（二）修剪方法与步骤

1. 修剪方法

不同的植物种类在修剪的时间、修剪的内容、修剪的方法等方面均有不同的要求。因此在修剪开始之前要掌握足够的修剪知识，辨别植物的种类，进而确定修剪的目的、内容和操作顺序。

2. 修剪方式

修剪植物的方式包括一般修剪和特殊修剪。一般修剪如截短修剪和疏枝修剪；特殊修剪包括摘心、摘芽、摘蕾、摘花、剪根、拉枝等。

3. 修剪季节

植物的种类较多，种类不同，剪枝的时间也是不同的。一般分为休眠季修剪（冬剪）和生长季修剪（夏剪）两个时期。一般休眠期修剪的是落叶的植物，此时修剪不影响生长、观赏，且对它的伤害较小。而生长季修剪多是在春秋雨季，不能过迟，否则会影响新枝萌发。另外，若是开花的植物，花期过后一般都要修剪一次，减少不必要的养分流失。

4. 修剪内容

徒长枝、下垂枝、重叠枝、交叉枝和内膛枝、干扰枝、竞争枝、枯死枝和患病枝、根蘖。

5. 修剪步骤

看：看修剪对象固有的生长习性及具体立地条件、树木主侧枝分布结构是否合理、主侧枝间与树冠上下生长势是否均衡、营养生长与生殖生长的关系是否协调等，综合分析后确定相应的修剪技术措施。

抽：把一些影响树木生长发育、破坏树形结构、扰乱树形、遭受病虫危害的多年生大枝，甚至是骨干枝先行锯截，使树木基本达到整形修剪的目的与要求。

剪：在树体的结构形态基本符合要求的基础上，再对各个主侧枝进行具体修剪，遵循“留壮不留弱，留外不留内”的原则，运用短截、疏枝等技术，使树木的整形更加完善。

查：修剪基本完成后，对整个树体进行认真复查，对错剪、漏剪的地方给予修正或补剪，从群体角度出发，检查相邻树木间相互有何影响并进行调整。

修剪完毕之后要及时拿走剪下的枝条，并做好相应的清运处理。

二、花卉种植

绿植花卉不仅能美化居室、净化空气，还能让我们的身心更加健康，生活更加愉悦。在选择室内绿植时，除了考虑自己的喜好，还要考虑是否与居室环境搭配、植物的功效等。

（一）准备工作

1. 需要铲子，用于铲土。

2. 购买容量 250 ml 的水壶即可，用来浇水。

3. 根据绿植的植株造型、大小、习性、颜色等选购合适的花盆。

花盆购买时要注意花盆的大小，即尺寸和高度，应与植物冠径和植物根部的大小相匹配。花盆的大小与植物的大小相匹配，不仅看起来很好，而且还有利于植物的生长。

花盆购买时要买带排水孔的。但排水孔排出太多，营养土壤会流失；不易排出，严重影响植物生长。即使是喜爱水的植物，排水不畅也会对根系生长产生影响。可以用窗纱垫在花盆底部的排水孔，然后放土，以免浇水时土壤流失。

根据自己的爱好以及种植当日的天气，在花卉市场或者是网络购买种子或小苗。

（二）种植步骤

1. 首先，将准备好的花盆在水中清洗干净，然后在室外找寻新鲜的土壤。用于种植花卉的土壤一般要求无杂质、无草籽，同时还需要对土壤进行翻土，让其变得颗粒更小、更加细腻，这样可以确保疏松透气而更适合种植花卉，同时也更能促进植物的生长。搬到阳台处晒 5 个小时的太阳，之后用铲子在土壤中翻动，再晒太阳。

2. 将之前购买的花卉种子或小苗放到土壤里，再盖上一层厚度适宜的土壤，对于一般的种子而言，一般不要超过 3 厘米的厚度。有些花卉植物的种子在播种后，还需要覆盖地膜以保温保湿，确保种子能顺利萌发和出苗。

3. 在种子出苗之前，我们需要尽可能为种子提供一个舒适且适宜萌发的生长环境，尤其是光照、温度、水肥方面的管理。出芽之前一般需要遮蔽直射日光，同时确保温度比较适宜种子的萌发；而浇水需要控制好量和频率，一般 2—3 天可以少量给水以保湿。

4. 出芽后要适当提供光照，同时确保环境通风，在补水的同时也可以适当进行追肥。少量施肥即可。如果没有肥料，可以将不喝的茶叶水倒入花盆，量不用过多，能够吸收即可，因为茶叶水富含微量元素。

5. 在完成播种后，接下来要做的就是养护管理工作了。后期小苗长得好不好，在很大程度上受到养护管理工作是否做到位的影响。要了解花卉的习性，合理地浇灌、施肥、光照，预防病虫害的产生。

一、任务目标

1. 掌握修剪绿植和花卉种植的基本常识。
2. 提高环境保护意识，自觉践行低碳环保、绿色生活方式。
3. 提高动手能力，种植花卉。
4. 树立热爱学校的主人翁意识。
5. 提高人际交往和沟通能力，树立团队协作意识。

二、任务准备

1. 确定活动内容

组织小组成员讨论确定，种植花卉的种类、数量等。

2. 策划活动计划

活动内容确定后，根据需要拟定活动计划书/活动方案，这关系到活动的成功与失败。活动计划书/活动方案规定活动的具体内容、活动形式和注意事项：

（1）活动背景。主要是阐述在什么情况下组织开展该项活动。

（2）活动目的与意义。阐述该项活动的目的、意义。

（3）活动时间与场地。主要是在什么时间、什么地点开展活动。

（4）活动人员与分工。主要是哪些团队、人员参加活动，各自负责的具体任务。

（5）活动资源或物品准备。不同的活动应该需要不同的资源或物品，比如对于宣传类活动，有可能需要设计并制作展板和宣传页，或者制作 PPT；对于卫生清洁工作，一般需要准备清洁工具等。

（6）活动流程。主要是谋划活动步骤。

（7）活动经费。如果活动需要经费，则需要进行经费预算，确定经费来源。

（8）其他事宜。包括活动结束后的具体要求，如场地清理、活动总结、个人体会等。

3. 提出申请

按照规定要求，向所在学院、系部或学生处、团委等组织部门提交书面申请，并提交活动计划书。

4. 安全保护

根据活动的具体情况而定。比如，规范使用劳动工具、人身安全等。

三、任务过程

1. 前期准备

根据活动策划安排及实际情况，做好活动具体开展前的准备工作。

（1）宣传准备。组织开展活动前的宣传工作，让更多的学生了解此次活动的目的、内容和意义，让更多的人树立环保意识，自觉践行绿色生活方式。

（2）人员招募。在活动前成立小组，确定各小组组长。各小组根据活动目的，讨论制定具体活动方案，明确各成员的具体任务。

（3）内容准备。对于宣传教育类的活动，需要通过查阅图书、互联网等途径了解和掌握相关知识，形成宣传教育的内容，制作展板、标语、宣传页或 PPT 等。

（4）物品准备。活动现场所需要的各类工具、物品等，包括花盆、手套、铲子、土壤、种子或小苗、喷水壶等。

2. 任务实施

（1）现场再次明确任务。确保活动如期、顺利开展，提前到场，做好任务部署。

（2）活动开展。按照规定程序和准备内容，组织开展活动实施。活动过程中，团队成员按照分工各司其职，按照活动流程，完成现场分工负责的具体任务。活动中相互协作，主动帮助别人。

（3）过程记录。每位同学将自己在任务实施过程中所做的工作记录下来，对任务实施中存在的问题和收获进行总结。

团队成员任务过程记录单示例

<table>
<tr><td>任务名称</td><td></td><td>任务实施日期</td><td></td></tr>
<tr><td>任务实施过程</td><td colspan="3"></td></tr>
<tr><td>任务反思与收获</td><td colspan="3"></td></tr>
</table>

（4）活动总结。活动结束后，在各成员分享此次活动心得体会的基础上，形成本次活动的总结报告，找出此次活动的不足之处，确保今后类似的实践活动有所改进。

团队任务总结报告示例

任务名称		任务实施日期	
任务的目的和意义			
任务内容			
任务过程			
任务收获			
总结提升			

四、任务评价

整理自己的活动照片及心得体会、对校园低碳环保工作提出建议，做成一份个人实践报告，小组内人员整合做一份小组实践报告并上交组织，经组织筛选后上交学校，由学校选出优秀个人及优秀团体，给予学分及证书奖励，以此鼓舞更多的学生参与到美化校园实践活动中。

团队成员任务评价表示例

评价标准	分值（分）	得分（分）	教师评价
完成种植前的准备工作	20		
参与活动全过程	20		
花卉种植成功	20		
记录花卉生长过程	20		
实践报告格式规范、内容清晰、体会深刻，建议具体合理、有可行性	20		
合计	100		

【案例故事】

曾经，这里是“黄沙遮天日，飞鸟无栖树”的荒漠沙地；如今，这里是有着百万亩人工林海、守卫京津的重要生态屏障。

三代人，59 年，河北省塞罕坝林场建设者们，听从党的召唤，用青春与奋斗，创造了荒原变林海的人间奇迹，以实际行动诠释了“绿水青山就是金山银山”的理念，铸就了“牢记使命、艰苦创业、绿色发展”的塞罕坝精神。

59 年来，塞罕坝的创业路，是播种绿色之路、捍卫绿色之路，更是一条绿色发展之路。

塞罕坝百万亩林海筑起了一道牢固的绿色屏障，有效阻滞了浑善达克沙地南侵，每年为滦河、辽河下游地区涵养水源、净化淡水 2.84 亿立方米，防止土壤流失量为每年 513.55 万吨；每年可固定二氧化碳 86.03 万吨，释放氧气 59.84 万吨。

塞罕坝良好的生态环境和丰富的物种资源，使其成为珍贵、天然的动植物物种基因库，有陆生野生脊椎动物 261 种、鱼类 32 种、昆虫 660 种、大型真菌 179 种、植物 625 种。

塞罕坝不仅成了中国“生态文明建设范例”，林场建设者还被联合国环境规划署授予“地球卫士奖”。

2021 年 8 月 23 日，习近平总书记考察塞罕坝机械林场，同林场三代职工代表亲切交流。看着守林护林人的队伍越来越壮大，习近平总书记倍感欣慰：“塞罕坝精神，不仅你们需要继续发扬，全党全国人民也要学习弘扬，共同把我们的国家建设好，把绿色经济发展好，把生态文明建设好！”

（资料来源：新华社，2021 年 11 月 18 日《牢记使命，绿色发展——塞罕坝精神述评》，有删改）

任务五 勤工助学

【知识拓展】

勤工助学

随着时代发展，勤工助学已经成为学校学生资助工作的重要组成部分，是提高学生综合素质和资助家庭经济困难学生的有效途径，是实现全程育人、全方位育人的有效平台。学校以勤工助学活动为实践载体，加强对学生（特别是家庭经济困难学生）的思想教育，充分发挥勤工助学的育人功能。大学生通过参加勤工助学活动，不仅可以减轻家庭的经济压力，而且可以学习劳动技能，培养热爱劳动、自强不息、创新创业的奋斗精神。

一、勤工助学的含义

勤工助学，也称勤工俭学，一般是指学生在学校的组织下利用课余时间，通过劳动取得合法报酬，用于改善学习和生活条件的实践活动。

勤工助学在中国有着光荣的传统。在中国共产党诞生前夕，中国大地掀起了一股留法勤工俭学的热潮，一批批有志青年为探求救国救民道路远渡重洋。新中国成立后，大中专院校曾通过开展勤工俭学活动为国家创造了大量财富，培养了大批优秀的劳动者。

二、勤工助学的主要规定

2018 年，教育部、财政部在大量调研和广泛征求意见的基础上，修订了《高等学校勤工助学管理办法》。在此基础上，各校结合学校实际，制定完善了本校学生勤工助学活动的实施办法。大学生应该了解勤工助学的相关规定，以利于自己更好地参加勤工助学活动。

勤工助学活动应坚持“立足校园、服务社会”的宗旨，按照学有余力、自愿申请、信息公开、扶困优先、竞争上岗、遵纪守法的原则，由学校在不影响正常教学秩序和学生正常学习的前提下有组织地开展。

勤工助学岗位分固定岗位和临时岗位。固定岗位是指持续一个学期以上的长期性岗位和寒暑假期间的连续性岗位。临时岗位是指不具有长期性，通过一次或几次勤工助学活动即完成任务的工作岗位。

在学期内，大学生参加勤工助学的时间原则上每周不超过 8 小时，每月不超过 40 小时。在寒暑假，大学生参加勤工助学的时间可根据具体情况适当延长。

校内的勤工助学活动，学生及用人单位须遵守国家及学校勤工助学相关管理规定。校外的勤工助学活动，勤工助学管理服务组织必须经学校授权，代表学校与用人单位和学生三方签订具有法律效力的协议书。协议书必须明确学校、用人单位和学生等各方的权利和义务、参加勤工助学活动的学生如发生意外伤害事故的处理办法以及争议解决方法。大学生在签订协议书并办理相关聘用手续后，才能参加勤工助学活动。

三、大学生参加勤工助学应具备的劳动素养

大学生参加勤工助学，就实现了从学生到劳动者的角色转换，所以，大学生应正确对待这种身份的变化，用合格劳动者的标准严格要求自己。在参加勤工助学时，大学生应具备的基本劳动素养包括以下几点：

（一）尽职尽责

勤工助学岗位在工作时长、工作待遇等方面往往和社会上的职业和岗位有差异，但是，再平凡的工作岗位也承担着职责。对于自己的勤工助学岗位，大学生应该做到尽职尽责，干一岗，爱一岗；干一岗，钻一岗。在认真履行职责的过程中，大学生可以锻炼自己的工作态度，提升自己的工作能力，为以后就业或创业打下良好基础。

（二）善于学习

一个普通的勤工助学岗位，是对大学生综合素质的全面检验。大学生在参加勤工助学时，要尽快熟悉勤工助学岗位的工作内容，认真梳理每一项事务的基本工作流程，还要对工作中涉及的劳动技能，抓紧时间学习，争取尽快掌握。大学生只有善于学习，才能胜任自己努力争取到的勤工助学岗位。

（三）用心服务

勤工助学岗位的很多工作要为他人服务，大学生要努力锻炼自己的人际交往能力。在服务他人时，真诚的态度、得体的举止、恰当的礼仪都是用心服务的外在表现。大学生只有积极主动、用心服务，才能把本职工作做到位。

四、大学生参加勤工助学的注意事项

（一）统筹兼顾，树立正确的劳动观念

大学生应量力而行，在自己学有余力的前提下可以参加勤工助学活动，不能因参加勤工助学而影响学习。大学生应学会做出正确的选择，不能只关注增加收入和增长社会实践经验，却忽略了自己的学业。

（二）安全至上，增强劳动安全意识

大学生在参加勤工助学时，务必接受必要的勤工助学岗前培训和安全教育，不要参加有毒、有害和危险的生产作业以及超过学生身体承受能力、有碍学生身心健康的劳动。

（三）懂法用法，学会维护自身劳动权益

大学生应主动学习法律法规和勤工助学的相关规定，努力做到学法、懂法、用法。在参加勤工助学时，如果自身劳动权益受到侵害，大学生要学会有效地运用法律武器，维护自身的合法权益。

一、任务目标

学生进行调研活动，了解本校开展勤工助学活动的情况。一方面，学生可以深入了解本校制定的勤工助学政策、设置的勤工助学岗位等基本情况；另一方面，学生可以深入了解参加勤工助学活动的那些同学有哪些收获，遇到了哪些问题。学生根据在调研活动中收集到的资料，撰写调研报告，为本校的勤工助学活动提出合理化建议。

二、任务准备

1. 班级全体同学划分为若干调研小组。每个调研小组要确定一名组长，负责具体组织此次勤工助学调研活动。每个调研小组还要明确人员分工，每个组员都要承担一定的任务。大家通力协作，才能顺利完成勤工助学调研活动。

2. 每个调研小组的全体成员要共同策划如何开展此次勤工助学调研活动，包括确定哪些人为调研对象、设计调查问卷或者访谈题目等内容。调研小组成员还要利用学校图书馆或者互联网多搜集与勤工助学有关的资料。

三、任务过程

1. 调研小组成员与调研对象取得联系，告知对方开展此次勤工助学调研活动的目的，请求对方同意。若对方同意配合此次调研，调研小组成员要进一步和对方约定进行调研的时间和地点。

2. 调研小组成员按照约定的时间和地点与调研对象见面，开始进行调研，让调研对象填写调查问卷，或者采访调研对象。

3. 每位调研小组成员将自己在调研活动中所做的工作记录下来，对工作中遇到的问题和取得的收获进行反思，为以后参加实践活动积累经验。

调研小组成员任务过程记录单示例

<table>
<tr><td>任务名称</td><td></td><td>任务实施日期</td><td></td></tr>
<tr><td>任务实施过程</td><td colspan="3"></td></tr>
<tr><td>任务反思与收获</td><td colspan="3"></td></tr>
</table>

4. 调研小组成员根据收集的调研资料，撰写本校勤工助学活动调研报告，还要制作用于汇报的课件。

调研小组撰写调研活动报告示例

调研活动名称		调研实施日期	
调研的目的和意义			
调研内容			
调研过程			
调研结果			
总结和建议			

四、任务评价

每个调研小组在课堂上用课件向授课教师和全体同学汇报此次勤工助学调研活动的开展情况。授课教师和各小组代表对每个调研小组的汇报进行点评。授课教师根据每个调研小组的综合表现评定成绩。

调研小组任务评价表示例

评价标准	分值（分）	得分（分）	教师评价
任务策划情况	20		
任务执行情况	30		
汇报展示表现	20		
工作态度表现	10		
团队协作表现	10		
创新意识表现	10		
合计	100		

【案例故事】

19 岁男孩王伟旗坚持勤工俭学，要替亡父还债 20 万

2022 年暑假，浙江温岭 19 岁男孩王伟旗坚持勤工俭学，要替亡父还债 20 万的故事冲上热搜，感动了无数网友。

在王伟旗年幼时，他的父母离异；在他高一时，患有先天性心脏病的姐姐离世；高二时，如母亲般的姑姑离世；高考前一个月，父亲被诊断为尿毒症，最终也没有扛下来，在 2022 年 5 月离世；原本不富裕的家庭在承担完王伟旗父亲的医疗费后，欠下了 20 万元的债务。王伟旗告诉记者，在父亲离世后，借钱的亲戚朋友主动开口免去之前的债务，但他和奶奶都不答应，“现在没有能力一次性还掉，等我赚钱了，一定会还上的。”这个 19 岁少年没有向命运屈服，而是主动承担起父亲 20 万元的债务，只为坚强、有尊严地活下去。

为此，王伟旗开始勤工俭学，给自己挣学费和生活费。他当过客服、发过传单、送过外卖、做过搬运工，每个假期里他都在拼命赚钱。2022 年暑假，王伟旗在工作时不慎将左手摔骨折了，尽管缠着绷带，他依然没有选择休息，“家里还有个奶奶，我要坚持住这个家，让奶奶以后的生活过得好一点。”王伟旗说，奶奶就如同他的精神寄托，是他的动力来源。

目前，王伟旗在台州职业技术学院汽制专业修读，平时会在学校安排的勤工助学岗位工作。温岭市政府、大溪镇政府工作人员也多次上门慰问，送去慰问金并计划持续性开展帮扶。王伟旗家庭已享受低保等政策，王伟旗本人也获得了慈善助学补助，学习和日常生活都得到了保障。王伟旗说：“感谢社会各界爱心人士对我的帮助，我会认真学习，目前仍以学业为重，将来也许会从事自己所学的汽修专业。”

（资料来源：人民融媒体，2022 年 8 月 17 日，有删改）

模块三　生产性劳动教育

导言：《中共中央 国务院关于全面加强新时代大中小学劳动教育的意见》中明确指出，大中小学要根据教育目标，针对不同学段学生特点，以日常生活劳动、生产劳动和服务性劳动为主要内容开展劳动教育。何为生产性劳动？按劳动的自然形态区分，生产性劳动是指创造物质财富的劳动，即在从事服务生产和经营活动过程中，劳动者运用特定的设备和工具，直接满足消费者对服务产品的需要的劳动，如在工业、农业、交通运输业、建筑业等中的劳动。生产性劳动作为高校劳动教育的重要组成部分，其实施效果直接关系到大学生的劳动精神面貌、劳动价值取向和劳动技能水平。

学习目标：树立学生正确的劳动观点，使他们懂得劳动的伟大意义；培养学生热爱劳动和劳动人民的情感，养成劳动的习惯，形成以劳动为荣、以懒惰为耻的品质，抵制好逸恶劳、贪图享受、不劳而获等恶习的影响；教育学生正确对待升学、就业和分配。

任务一　农业企业生产性劳动实践

农业企业是指通过种植、养殖、采集、渔猎等生产经营而取得产品的营利性经济组织。有广义与狭义之分。前者包括从事农作物栽培业、林业、畜牧业、渔业和副业等生产经营活动的企业；后者仅指种植业，或指从事作物栽培的企业。我国现阶段农业企业，主要是国有农场和集体所有制企业。国有农场以全民所有制为主体，具有多种经济形式。在其内部，依据因地制宜、自愿互利的原则，实行国营、集体经营，或家庭、职工个人经营，或联合经营。

一、任务目标

组织学生到田间地头、果树园林、蔬菜大棚等处施肥、松土、修剪、拔草、采摘等；或在校内花池或试验田种花，种草种、白菜、韭菜，栽葱，种树等，在不同的时间，及时对植物的生长过程进行观察和记录。

1. 使学生知道我国是个农业大国，当农民也要当一个有头脑、懂科学、会种地、种好地的农民。

2. 通过农业实践活动，使学生养成参加劳动实践的习惯、掌握劳动技能和科学的种植方法，做个学科学、懂科学、用科学的大学生。

3. 使学生懂得通过自己的双手创造出来的东西更有意义和价值，懂得劳动最光荣。

4. 培养学生的团队合作意识，让学生体验种植科学知识与生活的紧密联系，并利用科学知识解决实践问题。

二、任务准备

1. 活动时间安排

每周利用劳动教育实践课时及课下时间。记录的时间要求可以采取不定时记录，因为植物生长的环境（地方）不同，生长的速度也不同，还受施肥、浇水时间等因素的影响。

2. 活动用具和场地安排

（1）教师准备照相机，学生准备铁锹、钉耙、锄头、铲子、剪刀以及各种植物的种子、草、记录本等。照相机用于拍照，电脑用于收集相关数据，长皮尺和钢卷尺用于实地测量，笔记本用于真实数据的记录和计算等。场地安排包括田间地头、瓜果蔬菜大棚、学校试验田、花池等。

（2）教师要对学生进行课前动员，使学生积极参加劳动实践，做好笔记，了解植物不同季节的生长、发育过程。

三、任务过程

1. 准备阶段

（1）教师对学生进行课前动员。校外实践提前联系好实践场所，校内可给学生提供实验田和花池，种上学生喜欢的花草蔬菜、粮食作物、树木等，既让学生在学习之余参加了劳动实践活动，在劳动中掌握科学种植的基本技能和方法，又能美化学校环境。

（2）通过课前动员，激发学生的种植兴趣。

2. 实施阶段

（1）教师带领学生参观校内外实践场所。根据学生的兴趣爱好，选择实践地点。

（2）教师指导学生进行分组，选负责的组长。

①按组分配任务。

②安排小组人员开始观察、记录，并在不同的阶段拔草、浇水、施肥，各负其责。校外实践则待指导老师与实践基地确定好时间，统一组织。

③教师对学生要进行不定期检查和指导。

④让学生在劳动实践过程中不断地总结与交流科学种植的小窍门。

⑤教师要为学生及时提供农用肥料，浇水、修剪、除草、采摘等用具。为学生的劳动实践活动提供及时的服务，请学生及时汇报自己种植的花草、蔬菜、谷物等植物的生长情况，对植物进行的护理工作，如除草、浇水、施肥等。

3. 总结与交流阶段

课程结束之时，请学生把自己的劳动成果和档案记录一起展示给大家，一起感受丰收的快乐，感受自己获得劳动成果和成功的喜悦。

四、任务评价

实践报告内容应当丰富、具体，有实践总结，同时体现理论与实践的密切结合。实习报告撰写应规范，报告字数不少于 2000 字。实践报告应包括以下内容：

1. 实践目的。
2. 实践方式。
3. 实践企业基本情况介绍。
4. 实践内容。
5. 实践感想和体会。

实践日记要求每天记录，并总结当天实习所认知的知识，字数不限。有下列现象之一者，实践报告按零分处理：

（1）实践结束后，不能按规定时间提交实践报告。（指导教师认可情况除外）

（2）弄虚作假或者抄袭他人者。

【案例故事】

河北科技师范学院动物新天地“助农先锋”队走进基层养殖场

为促进畜牧业发展，提高养殖户生活水平，助力乡村振兴，也为了让青年学生更好地了解乡村养殖业发展现状、研究乡村、热爱乡村，2021 年 7 月 10 日至 7 月 18 日，河北科技师范学院动物科技学院动物新天地“助农先锋”队的队员们在各自家乡的养殖场展开了“返家乡”社会实践，同学们走进基层，走向农村，深入调研，奉献青春。

团队成员分别去到家乡及附近的养殖场走访调研，了解关于畜禽养殖、饲料制作等情况，通过与养殖户交流，了解关于养殖业近期遇到的问题以及未来发展趋势。

活动中，团队成员将精心制作的养殖手册免费发放到养殖户手中，里面有关于猪牛羊鸡的养殖方法及常见疾病的治疗方法，并请部分养殖户填写调查问卷，让团队深入了解现在农村养殖业现状及存在问题，为后续研究提供第一手数据。

活动中，团队成员结合专业知识分别向河北省廊坊市三河市养羊场、河北省保定市唐县连乙村养牛场、河北省唐山市玉田县李家团城村养鸡场介绍了先进环保的粪污处理技术以及场内通风循环技术，将理论与实践相结合，并通过专业老师的指导，为养殖户设计较好的方案，大大减少了粪污产生的有害气体，保证了舍房内的干净卫生。

活动中，团队成员通过与河北省衡水市安平县东皇城养羊场、河北省唐山市玉田县李家团城村养鸡场的负责人研究饲料配比，学到了书本上学习不到的知识。新的饲料配方可以使畜禽在生产过程中生长更快、产仔更多、育肥更好，大大提高了肉、蛋的品质。

团队成员还帮助河北省保定市满城区西苟村、河北省张家口市张北县白庙滩村的农户进行家畜饲喂、卫生打扫、修理护栏等一系列工作。

实践活动使得团队成员对农村养殖业发展情况有了进一步的了解，同学们将自身专业知识与具体实践相结合，利用所学助力乡村振兴。大家一致认为，当代大学生应该积极响应党和国家的号召，自觉担当，为乡村振兴战略服务，为全面建成小康社会，实现中华民族伟大复兴贡献智慧和力量！

（资料来源：河北德育网，2021 年 8 月 11 日，有删改）

任务二 工业企业生产性劳动实践

工业企业生产性劳动实践是拓展学生的专业技能、适应所从事的职业岗位需要和学生职业能力形成的关键教学环节，也是深化“工学结合”人才培养模式改革、强化学生职业道德和职业素质教育的良好途径。工业企业生产性实践，可使学生尽快地将所学专业知识、所形成的能力与生产实际相结合，实现在校学习期间与企业、岗位的零距离接触，使学生快速树立起职业理想，养成良好的职业道德习惯，练就过硬的职业技能，从根本上提高人才培养质量。

一、任务目标

工业企业生产性劳动实践是为大学生在学习劳动教育课程理论篇后设计的实践教学环节。其目的如下：

1. 通过到设计绘图、工艺安装、加工制造、质量检验、典型零件测绘、典型零件加工工艺、组合件加工与装配、零件质量检测等工业企业参观学习，了解企业相关情况，开阔视野，体验企业工作内容。

2. 可以促使学生对已掌握的理论知识增加感性认识，扩大知识面。

3. 促使学生接触社会，了解国情，了解各专业情况，体会从学生到社会的转变。

4. 通过亲历生产过程，培养学生的吃苦耐劳精神及应具有的职业素养。

5. 经过企业劳动实践过程，培养学生对企业进行初步调查的能力，并将学过的调查方法应用于认知活动中。

6. 通过认知活动，学生对社会急需人才及企业对人才的要求有了初步了解，可以对自己的职业发展明确定位，或及时调整自己的职业目标，明确职业方向。

二、任务准备

1. 实践时间与地点

时间：寒假、暑假。

地点：校外企业生产性劳动实践地点为学校统一组织的校外定点实习基地。

2. 实践要求

（1）学生应按照统一的时间、地点完成实践内容。

（2）实践期间注意自身仪表，穿着整齐，养成良好的职业素养。

（3）实践期间听从企业指导教师的安排，不得擅自离岗，不能随意触动企业物品。

（4）实践期间不迟到早退和随意旷勤，如有特殊原因应向企业带队师傅或实习指导教师请假。

（5）实践期间要认真学习、认知观察、思考问题，遇到不明白的问题要及时提出并做好记录。

（6）实践结束要提交认知实习报告和实习日记，未按时提交的取消实习成绩。

三、任务过程

1. 准备阶段

（1）学校详细考察校企合作企业，与企业洽谈实践内容。

（2）根据企业要求，学校提出具体的实践要求，确定实践学生名单。

（3）学校对企业实践学生进行实践安全教育和实践前的岗位培训。

2. 实施阶段

（1）各个实践点安排驻厂老师对学生进行跟踪，并做到及时跟进。

（2）学校建立劳动实践期间紧急情况登记制度，突发事件要及时汇报。

（3）学校劳动实践指导教师要定期对学生实践情况进行检查。

3. 总结交流和表彰阶段

（1）学校给出学生企业实践成绩。

（2）召开企业实践经验交流会。

（3）学校对企业实践先进学生进行表彰。

四、任务评价

1. 实践报告要求

实践报告内容应当丰富、具体，有实践总结，同时体现理论与实践的密切结合。实践报告撰写应规范，报告字数不少于 2000 字。实践报告应包括以下内容：

（1）实践目的。

（2）实践方式：参观、报告、深入车间等。

（3）实践企业基本情况介绍：企业成立时间、地点，主要业务或主要产品，规模、注册资金及财务状况，在行业中的地位，对地方经济的影响等。

（4）实践内容：

①学生的生产实践岗位及工种与所学专业基本对口，实现理论联系实际，提高职业能力和综合素质。

②深入生产、建设、服务和管理第一线，熟悉实践单位的组织机构和生产组织管理情况。

③运用所学专业知识与实践相结合的能力，解决在实践单位工作中所遇到的各种实际问题。

（5）实践感想和体会。

实践日记要求每天记录，并总结当天实习所学习的知识，字数不限。有下列现象之一者，实践报告按零分处理：

①实践结束后，不能按规定时间提交实践报告。（指导教师认可情况除外）

②弄虚作假或者抄袭他人者。

【典型案例一】

体验劳动之美　弘扬劳动精神

为深入贯彻劳动育人理念，弘扬劳动精神，教育引导学生崇尚劳动、尊重劳动，中国政法大学学生就业创业指导服务中心带领40余名学生赴北京汽车集团有限公司、北京现代汽车有限公司参观学习。

在北京现代汽车有限公司二工厂，同学们参观了流水线生产作业，面对成熟的机械化流水作业，同学们表现出了强烈的兴趣。

在北京汽车集团总部工作人员的讲解下，同学们详细了解北京汽车集团的发展历史、涉及领域、企业理念等。在之后的交流中，在北京汽车集团总部法务部工作的校友向同学们系统地介绍了北京汽车集团法务部组织架构，与同学们分享自己的工作感悟，认真回答了同学们提出的问题，并告诉同学们不论在学校还是以后步入工作岗位，都要保持不断学习的能力。

通过参观活动，同学们对劳动有了新的认识，意识到无论什么职位，都需要兢兢业业、不畏艰难的精神，进一步懂得了劳动最光荣、劳动最崇高、劳动最伟大、劳动最美丽的道理。有同学感慨地说，在实地观摩汽车整车制造中的底盘制造环节时，看到生产线上的工作人员不畏艰难、不怕吃苦，在轰隆的噪音环境中仍然能够高质量地完成自己的工作，自己感到非常敬佩，向他们致敬。

深入企业一线参观学习，让学生亲身感受一线劳动者的工作情况，培养了同学们崇尚劳动、尊重劳动的精神，是学校劳动育人体系的重要组成部分。

（资料来源：中国政法大学网，2018 年 12 月 25 日，有删改）

【典型案例二】

鸡泽县风正乡中风正村××纺织品有限公司“老粗布”项目调研报告

一、调研目的

农村务农之外的就业岗位少之又少，70％男性劳动力外出务工，妇女在家留守，缺少本土就业机会，大多数 50 岁以上中老年人除去务农外没有收入来源，脱贫人口、残疾人等弱势群体就业能力弱，工作机会很少。上述现象成了乡村脱贫的阻力。为了解乡村产业发展，我们展开了对棉田纺织厂的实地调研。

二、政策背景

鸡泽县在 2022 年 8 月 7 日发布了“1＋19 政策体系明白卡”，其中有几条是对乡村产业发展提供的政策支持，包括免除服务业小微企业和个体工商户房屋租金，落实税收优惠政策以减轻市场主体负担，加大对受疫情影响的行业、企业支持力度，加大创业担保贷款贴息力度，强化企业帮扶等。2022 年 8 月，鸡泽县人力资源和社会保障局发布了促进高校毕业生等青年就业创业的支持政策，从 2023 年开始对青年创业项目给予两万元补助。

三、实地查看

××纺织品有限公司位于河北省邯郸市鸡泽县风正乡中风正村东，成立于 2015 年 6 月 1 日，其“老粗布”项目具有四大产品系列近 150 个品种。“老粗布”新在何处？它的乡村振兴新模式是“老粗布＋微工厂＋农户”，开创了“三送三帮”运行体系：送技术帮培训，免费举办老粗布加工技能培训班，上门手把手传授缝制技术，有效提升了农村妇女、老人和就业困难人员的就业能力；送设备帮跑办，免费将缝纫机等加工设备送到家中，实行取料、领款一条龙上门服务，让合作村民足不出户就能参与到生产中来；送岗位帮就业，直接将加工订单送到农户手里，采用按件计费的模式，统一备料、统一验收、合理排班，提供灵活稳定的就业岗位。

四、“老粗布”怎样为乡村振兴贡献自己力量

它送技术帮培训，免费面向脱贫人口、残疾人和农村劳动力开展缝纫技能培训班 32 期，培训 1150 人次，组成 12 人的技术服务队，主动到村民家中探访传授老粗布产品缝制技能，累计走访超过 300 户，项目直接带动就业 360 人，其

中脱贫劳动力37人、残疾人22人，农村劳动力占比100%，农村妇女劳动力占比超过80%，在家实现订单生产的农户已达到240余户，户平均年收入在5万元左右，间接带动上下游就业超过2700余人。

五、“老粗布”发展面临的问题与解决措施

1. 销售路径还未全面打开。可采用网上售货直播的形式把销售路径逐渐打开。

2. 老粗布是非遗文化项目，调研发现，老粗布制作场地上大都是老年人，希望能经过县里面的政策支持与宣传让更多年轻人参与。

六、为乡村产业发展提出几点建议

1. 农业数字化

鼓励农业与数字化结合，加强农业科技创新。鼓励社会资本建设科技创新平台，推广产学研用深度融合，提供科技成果转化服务，鼓励“互联网＋”农产品工程建设，提高农业工作效率，加快加强新品种、新技术、新产品的研发，推动科技带动创新，创新引领发展。

2. 生态循环农业

宣传资源保护理念，推动资源循环利用。支持社会资本加大对农村能源综合建设的投资力度，推广农村可再生能源利用技术；支持社会资本参与生态保护，寻找新的资源循环利用模式，鼓励优先发展生态循环农业。

3. 农村第一、第二、第三产业融合发展项目

以农民为主体，以乡村特色资源为依托，以地区优势为支持，打造一批农村第一、第二、第三产业融合展先导区。将农业与物流结合，促进产业前延后伸，构建高度依存的全产业链，打造乡村产业集群。

4. 乡村新型服务

鼓励发展乡村特色文化产业，如采摘钓一体化休闲体验农家乐、餐饮民宿等，同时推动农商文旅体融合发展。建设服务型农民合作社，打造物流点，在保留原有特色的基础上改造传统店铺，服务当地居民的同时为旅游业增色添彩。

5. 智慧农村建设项目

将新科技与农村结合，推动新时代信息技术与农业结合。将人工智能等技术化产品带入农村建设，打造完整产业链，提高农村生产效率。推进优质农产品网络销售，带动区域发展。

七、调研感悟

此次调研，我们有幸遇到这样一群非遗传承人，在乡村振兴、非遗扶贫、文化传承的田野里默默耕耘。我们参观了“老粗布”项目纺织厂，纺织厂工作

人员带我们了解了织布的过程。作为一名大学生，我们不仅需要进行理论学习，更需要通过社会实践对自身进行完善。

（资料来源：河北德育网，2022年8月17日，有删改）

任务三　服务类企业生产性劳动实践

服务业涵盖了交通运输、仓储和邮政业；信息传输、计算机服务和软件业；批发和零售业；住宿和餐饮业；金融和保险业；房地产业；租赁和商务服务业；科研服务和地质勘查业；水利、环境和公共设施管理业；居民服务和其他服务业；教育事业；文化体育和娱乐业；卫生、社会保险和社会福利业；公共管理和社会组织。

服务劳动有广义和狭义两种概念。广义的服务劳动，同农业劳动、工业劳动和商业劳动等专业劳动相并列，是社会分工的产物；狭义的服务劳动是在从事服务生产和经营活动过程中，劳动者运用特定设备和工具，直接满足消费者对服务产品的需要的劳动。

一、任务目标

在教师指导下，运用所学理论与技能独立开展工作，进一步掌握职业工作要领和基本方法；拓宽专业认知眼界，增强专业实践能力，丰富和锻炼适应社会能力，提高个人综合素质，为全面完成劳动教育教学计划和毕业就业工作奠定坚实基础；使用人单位全面了解学生的基本素质与能力，为实现学生就业、用人单位用工双向选择提供平台与机会。

二、任务准备

1. 任务时间与地点

时间：大学生劳动教育实践课时。

地点：校外服务类企业生产性劳动实践地点为学校统一组织的校外定点实习基地。

2. 任务要求

（1）劳动教育指导教师工作职责：

①会同实践单位制定学生实践具体方案和日程安排。

②负责做好学生的思想政治工作，对学生进行安全、保密、劳动纪律方面的教育，协助实践单位做好学生实践的组织管理工作。

③全面负责学生实践过程的指导，及时解答学生提出的问题，督促和检查学生实践情况，做好实践指导记录。

④指导学生写好实践报告，批阅实践报告，对学生实践期间的表现和实践报告做出评价，在实践日记实践单位评价栏签署实践评语。

⑤完成实践成绩的评定，并撰写实践指导工作总结。

（2）对实践学生的要求：

①明确实践目的，端正实践态度，在规定的时间内完成实践任务。

②严格遵守学校和实践单位的规章制度，按时上下班，不旷课，不旷工，不擅自离开实践单位（岗位），有事向指导教师请假。

③服从指导教师和实践单位领导，虚心向实践老师学习，尊敬师长，团结同学，维护学校与实践单位荣誉。

④根据实习情况，做好实践日志或周志，收集有关的资料，完成实践总结报告。

三、任务过程

1. 任务内容

了解实践单位基本情况及单位规章制度；熟悉实践岗位工作要求、工作流程；在劳动教育指导老师的指导下，主动运用所学专业知识认真、负责地完成工作任务；分析所学专业理论与实践操作存在的差距，边实践边学习，边学习边实践；积极锻炼适应社会的各种能力，提高个人职业工作能力。

2. 任务实施步骤

实践分为以下三个阶段：

第一，熟悉和适应阶段。了解实践单位基本情况、规章制度以及实践岗位的工作要求、内容及流程，尽快适应企业环境，进入实习工作角色。

第二，实践工作展开阶段。在劳动教育指导老师指导下，学生要从小事做起，循序渐进，认真完成指导老师交给的工作任务，认真撰写实习日志，边实践、边思考、边学习，以专业知识指导工作实践，以专业实践促专业知识完善，谦虚谨慎，不懂就问。指导教师可视具体情况，放手让学生独立承担部分工作任务，锻炼和考查学生独立处理和解决问题的能力。

第三，实践结束阶段。学生要在实践日志的基础上，认真完成实践总结，劳动教育指导老师要评定学生实习成绩。

四、任务评价

1. 实践成绩等级与要求

（1）实践成绩按优、良、中、及格、不及格五级记分制评定。

（2）学生因故在实践课缺勤，不得参加本次实习考核。

（3）学生实践不及格的，按一门必修课程不及格处理。

2. 实践成绩评定的内容和指标

（1）思想政治表现（占 25%）：

①是否积极参加实践单位的政治学习和业务学习。

②在实践工作中是否严格执行党的方针政策和国家法律法规。

③是否具有对国家、集体、公民认真负责的精神。

④在实践中是否做到严肃认真、组织纪律性强，是否有吃苦精神。

⑤在实习期间是否坚持认真写好实习日记和实习总结。

（2）实际动手能力表现（占 50%）：

①是否能较熟练地运用所学的基础理论和专业知识。

②在讨论具体工作时，是否敢于发表意见、提出个人见解以及被采纳的程度如何。

③是否能掌握工作以及处理其他问题的基本要领、技能和方法。

④制作的各种文书能否基本上达到规范化的要求，是否做到字迹端正、叙事清楚、文理通顺、用词恰当。

⑤是否服从领导，乐于做好其他实务工作。

⑥在实践中是否有其他突出表现。

（3）工作能力表现（占 25%）：

①发现问题、分析问题和解决问题的能力。

②调查、询问的能力。

③书写、记录、书面表达的能力。

④处理人际关系、社交活动的能力。

⑤自治、处理、自我约束和适应环境的能力。

（4）指标评分与成绩等级的核算为：

90 分以上为优，80—90 分为良，70—79 分为中，60—69 分为及格，59 分以下为不及格。

3. 评分的方法和程序

（1）学生实践结束后，按规定写好实习总结交指导教师审阅。

（2）实践老师根据学生书面总结和实习论文以及学生在实践期间的表现，在实践表上签署鉴定意见并给予评分，实践表格由实践单位加盖公章交实践带队老师。

（3）劳动教育指导教师平衡实践成绩并签署意见。

（4）实践结束，由系将学习成绩交相关负责部门。

【典型案例】

青年汇青春力量　义教助萌芽成长

为贯彻落实党的教育方针，推进数学文化素质教育，同时锻炼大学生自身能力，2021 年 7 月 5 日至 12 日，河北科技师范学院数学与信息科技学院“萌芽义教”团队的成员分别在各自的家乡河北石家庄、邯郸、沧州、保定等地开展了以“义务家教”为主题的社会实践活动。

奉献爱心、回馈社会是我们新时代青年的崇高责任，义务家教活动正是对这一责任很好的诠释。作为师范院校数学专业的学生，为了更好地承担这一责任，2021 年继续积极举行义务家教活动。在教学过程中，大家在教会学生知识点、解决问题的同时，更加注重开发学生的思维，引导学生掌握正确的学习方法。

国运兴衰，系于教育；三尺讲台，关系未来。授人玫瑰，手有余香；奉献爱心，收获希望。这次义教活动，让大家体会颇深，将自己学到的东西教授给他人，看见自己的劳动结出丰硕果实，体会到“青出于蓝而胜于蓝”“长江后浪推前浪”的道理，真的甜在心里。

义教活动将当代大学生乐于助人、乐于奉献的精神以一种崭新的姿态呈现给社会，更重要的是同学们理解了为人师表的深刻内涵，积累了教学经验，提高了实践能力，为将来走入社会、走上工作岗位打下了坚实基础。

（资料来源：河北德育网，2021 年 7 月 12 日，有删改）

模块四　专业性劳动教育

导言：高职教育培养面向生产、建设、服务和管理第一线需要的高素质技术技能型人才，高职院校的课程模式由知识导向向行为导向转变，实习实训教学是这一转变的非常重要的环节，而学生可以结合专业特点，依托实习实训，参与真实的生产劳动和服务性劳动，增强职业认同感和劳动自豪感，提升创意物化能力，培育积极向上的劳动精神和认真负责、爱岗敬业的劳动态度，提高职业劳动技能水平，坚定“三百六十行，行行出状元”的信念，体认劳动不分贵贱，任何职业都很光荣，都能出彩。

学习目标：

1. 根据本专业特点，在校内实训中培养认真、严谨、爱岗的劳动态度。
2. 熟悉校外实习的相关知识和实用技能。
3. 培养学生在创新创业中体会艰苦奋斗、开拓创新的劳动精神。

任务一　校内专业实训

校内专业实训是高职院校教学的重要环节，是依据实验室、模拟场景等教学环境，有目的、有计划地组织学生进行的实操性教学活动。实训本身就是一种劳动技能学习的过程，校内实训能锻炼学生的动手能力，巩固、深化已经学过的理论知识，提高综合运用所学知识的能力，学生通过校内实训，学习岗位工作流程、了解岗位工作标准，能够掌握劳动技能，培养精益求精的劳动精神和严谨认真的劳动态度。

本次实践课将以做中餐厅宴请助手为主要任务展开教学。

一、任务目标

1. 了解常见实用的校内相关专业实训的知识，如中餐厅宴请的基本操作步骤、技巧及注意事项。

2. 掌握中餐厅宴请实践操作要领，能独立地进行此项劳动，体会劳动的乐趣，树立劳动光荣的观念。

3. 通过校内专业实训，培养学生的工匠精神和严谨踏实的工作作风，提升学生的动手能力。

二、任务准备

1. 确定活动主题

活动主题是实施任务的指导思想。拟定活动主题对实践任务的实施非常重要，在本次课前，组织授课班级班委会成员组成活动策划小组并确定组长，策划本次任务的主题。

2. 策划活动计划

活动计划或方案是活动实施成功的有力保障，拟定好活动主题以后，就要根据活动主题拟定活动计划或方案，活动计划或方案要包括活动目的和意义、活动的时间和地点、活动的主要流程等活动内容以及各项要求和注意事项。

3. 提出申请

向学校或者所在院（系）提出申请，并提交活动计划或方案，填写并提交活动审批表，获得批准后实施。

4. 前期安排：活动中用的各类工具、物品等

活动前期选择场地，建议选择在酒店管理专业实训室，那里中餐厅工具、物品齐全，方便实施实践劳动活动。

实训前，学校负责对学生的中餐厅基本操作服务流程以及中餐厅宴请礼仪进行培训，使学生具备中餐厅劳动工作能力，能够熟练掌握中餐厅餐前准备工作以及中餐厅桌面摆放标准。

5. 安全保护

在实训过程中，要掌握服务安全操作规程，安全用电用火，遇到安全问题及时上报。

三、任务过程（任务实施、过程记录、任务总结）

学生根据活动计划或方案开展活动，并记录活动过程中出现的问题。

学生实训先从卫生工作开始，根据实训室日常卫生制度清扫、清理实训室卫生。

检查台面摆放：桌椅横竖对齐，餐具按零点摆台标准图摆放，并且清洁无

破损，花草要求新鲜、无枯萎。

布置工作台：餐具、物品摆放整齐划一。

准备用品：品种、数量齐全充足，清洁卫生，摆放整齐。

开餐前五分钟全体人员出岗站位，面向门口准备迎接客人。

实训工作记录表

实训日期	实训内容	实训感悟、反思和收获

四、任务评价

以小组为单位模拟进行中餐厅劳动实践，每组在进行实践结束时，由其他小组进行点评。

参与学生需要撰写实训活动总结报告并上交，实践报告主要内容包括对实践活动的整体描述、参与实践活动的心得、对自己表现的评价以及教师评价。

实训报告表

姓名		院系		班级		学号	
实训报告主要内容	实训活动描述						
	实训活动心得						
	自我评价						
	教师评价						

【案例故事】

食材惊艳指尖　雕琢共富生活

还记得双浦用实力圈粉的00后小哥吗？在他的手中，瓜果蔬菜都成了艺术品，糖果染上五彩的颜色，在他的巧手下变幻出各种形状。

如今，郑云海已从学校毕业，在第十届国际残疾人职业技能竞赛国内选拔赛上获得了食品雕工项目全国第一的他，正在家乡双浦备赛。他一头扎进了工作室中，在研究作品之余，还当起了老师。

村庄里的食品雕刻室

白鹭忽飞来，点破秧针绿。蓝天白云，晴空万里，在前往双浦镇白滆村的路上，道路两侧绿油油的稻田满是生机与活力，几只白鹭点缀其间，或是低头饮水，或是悠闲漫步，稻田与飞鸟构成了双浦独有的美丽画卷。

穿过稻田，路过间间整齐排列的房屋，来到了我们的目的地——郑云海食品造型工作室。从外观来看，这间房子与旁边的民居并无二致，但推开大门，里面却大有不同。

白色的桌子占据了一楼房间的大部分空间，右侧的置物架上堆满了菜刀、雕刻刀等各种食品雕刻的刀具。在房间里侧还放着一个白色的泡沫块，上面描绘着些许简单的线条，还有一侧的泡沫翅膀已然成型。

“这是我最近练手雕刻的作品，准备雕一只老鹰。”郑云海是个十足的“灵感选手”，灵感来时，他便一日雕刻 12 个小时，从脑中的构思，落到手中，以刀为笔，在泡沫块上创造出他的作品。

斩获国际大赛金牌后，郑云海并没有停歇，每日的练手更是必不可少，他正在为 2023 年代表中国赴法国参赛做准备。“这个是食用的色素，练习的次数多了就染在手上了。”郑云海双手的指尖上染着红色，最近他还在研究艺术冷拼。

“法国的比赛不一定比雕刻，还可能比捏塑、翻糖、冷拼等，各项都要做好准备。”谈起最近的备赛情况，郑云海说不打无准备之仗，不做无把握之事。比赛除了比雕刻的技艺，还需要比创作构思和选手合理规划的能力。“有些比赛会限制材料的种类和数量，就需要合理规划。”谈到食品雕刻，郑云海像是打开了话匣子，于他而言，2023 年的比赛既是为自己而战，更是为国家的荣誉而战。

“斜杠”青年的精雕细琢

00 后、雕刻冠军、励志小哥……郑云海的身上有很多标签，在食品雕刻这个领域他更是小有名气。但这个 2002 年出生的小伙的成功之路并非偶然，而是在一笔一笔的雕刻下，以实力获得的。

郑云海从小就患有重度听力障碍，只有靠助听器才能听见声音，但他在还没毕业时就已经凭着过人的手艺，连续两年获得国际烹饪艺术比赛果蔬雕刻金牌以及第八届全国饭店业职业技能竞赛艺术冷拼项目金奖、食品雕刻项目金奖等奖项，在食品雕刻领域打响了名气。

“我从来没有学习过画画，在初中时美术老师说我画画有天赋，就开始自己画画。”初中时，绘画打开了郑云海的另外一扇“窗”，正是与画画结缘，让他在高中时便与食品雕刻“一见钟情”。

在杭州第一技师学院，郑云海学习了食品雕刻课程，在课程中他被这项指尖技艺深深吸引。“和画画不一样，食品雕刻是立体的东西，不同的食品，雕刻手法的差异都会在作品上呈现出区别。”从十分钟雕一朵萝卜花，到洁白无瑕的荷花、姹紫嫣红的牡丹、腾空而起的飞龙，郑云海的指尖技艺不断成熟。

有趣的是，今年 6 月刚刚毕业的他，如今已是许多食品雕刻选手的老师。

“授业一丝不苟，解惑无微不至。”“技术精湛，倾情教学。”在郑云海的工作室里，学生送的锦旗悬挂在墙上。在学习食品雕刻第四年时，郑云海的心中冒出了一个念头：开工作室。

“我和我的学生更像朋友，我也想通过自己的力量让更多的人学习和了解食品雕刻。”不久前，郑云海的工作室里刚结束了一期暑期课程。“暑期的课程是按一个月的时间来制定的，我的学生主要以想要参赛的学生为主，平时也有学生在工作室和我学习。”在工作室的墙上，还张贴着一张课程表，从月季、荷花等花朵，到麻雀、啄木鸟等鸟类，再到高难度的凤凰和龙，可以看到课程的安排从易到难循序渐进。

生根发芽的共富路

“全国烹饪学校数量不少，学员参加比赛的积极性很高，每天都有人来找我。”说起开设工作室的初衷，郑云海直言，就是分享自己的经验，给更多对食品雕刻有兴趣的人创造登台竞技的机会，对村里想学这门技能的年轻人，也能帮助他们打开一扇门。

线上直播教学，线下实训开课，郑云海的工作室吸引了来自五湖四海的食品雕刻爱好者来到白溺村。“我们村庄的环境很好，特别适合静下心来搞创作。而且交通方便，学员来学习比较便利。”选择回到家乡开设工作室，既是因为这里是他成长的地方，更源于双浦独有的优势。

如今，郑云海的工作室已开设了两期网络培训课程，有 40 余人参与。其中，既有附近省份的雕刻选手，也有远在新疆的食品雕刻者。

“我最近正准备搞一个公众号，现在正在筹备教学视频的拍摄。”谈及接下来的发展计划，郑云海的心中早有一本“账”。正在筹备中的公众号，将成为郑云海的另一个教学平台，雕刻、翻糖等各类的教学内容将被制作成视频和图文，供食品雕刻爱好者观看和学习。

教课、出书、做品牌……这个20岁的青年对于未来的规划清清楚楚。把热爱做成事业，把雕刻融入生活。正如郑云海在采访中所说："我一直在学，就想一条路走到黑。"这份青年人的热血和倔强，也随着工作室一起，在双浦生根发芽。

在家乡成长，在家乡创业，双浦已吸引了一群青年，回到家乡，用汗水挥洒青春，在家乡走出共富路。

（资料来源：西湖网，2022年8月30日，有删改）

任务二　校外专业实习

校外专业实习是高职院校的专业实践环节，也是高职院校在教学中需要高标准执行的核心环节之一，校外专业实习本身就是高职学生在校企合作单位参与实际工作的劳动过程，充分利用校外专业的实习活动，让学生在崭新的实习劳动岗位上，动手实践、出力流汗，接受锻炼、磨炼意志，进一步树立正确的劳动观，对学生的成长有重要意义。

本次实践课将以做办公室助理为主要任务展开教学。

一、任务目标

1. 实习学生在企业指导教师的带领和指导下，为企业完成一定的工作任务，培养学生主动劳动和勤奋进取的精神。

2. 加强理论知识与工作实际的结合，使学生掌握实际工作中的生产知识和劳动技能，树立劳动意识，锻炼办公室工作能力。

3. 通过校外专业实习，培养学生职业素养和职业能力，提升人才培养的实际工作岗位的适应性。

二、任务准备

1. 确定活动主题

根据实际情况确定活动主题，让主题成为实习活动的思想指导。

2. 策划活动计划

制定实习的计划或者方案。活动计划或方案要包括实习的目的和意义、活动的时间和地点、活动的主要流程等活动内容以及各项要求和注意事项。

3．提出申请

向学校或者所在院（系）提出申请，提交实习计划或方案，填写并提交实习审批表，获得批准后实施。

4．前期安排：活动中用的各类工具、物品等

实习前，学校负责对学生基本办公室技能进行培训，使学生具备基本的办公室劳动工作能力，能够熟练使用日常办公软件，如 Word、PowerPoint、Excel 等，以及基本的写作能力和文件整理能力。

5．安全保护

开始实习前，根据企业岗位需要，学校向各专业学生转达相关通知。学校组织学生实习要进行三方协议的签署及相关保险的购买，还要召开实习动员大会，重点强调实习内容、实习纪律、实习安全注意事项等。

三、任务过程

学生实习的岗位设置根据岗位实际需要人数情况确定，学生根据前期实习安排前往实习单位报到。

学生根据学校要求，将资料录入岗位实习管理系统，接受校、企方面指导。

学生将实习过程中所做的工作及工作感悟、反思和收获记录下来，填入下表。

实习工作记录表

实习日期	实习内容	实习感悟、反思和收获

四、任务评价

本任务由企业指导教师根据学生的工作表现和实习工作记录表的填写情况进行考核评价。

实习评价表

任务标准	分值	得分	实习指导教师评价	备注
全程参与实习	30 分			
高质量完成实习工作	30 分			
主动解决问题能力	20 分			
较强的组织协调能力	10 分			
协作精神	10 分			

【案例故事】

大国工匠胡双钱

在 30 年的航空技术制造工作中，他经手的零件上千万，没有出过一次质量差错。

他叫胡双钱，中国商飞上海飞机制造有限公司数控机加车间钳工组组长，一位本领过人的飞机制造师。

“每个零件都关系着乘客的生命安全。确保质量，是我最大的职责。”

核准、画线，锯掉多余的部分，拿起气动钻头依线点导孔，握着锉刀将零件的锐边倒圆、去毛刺、打光，这样的动作，他整整重复了 30 年。

额头上的汗珠顺着脸颊滑落，和着空气中飘浮的铝屑凝结在头发、脸上、工服上，这样的“铝人”，他一当也是 30 年。

胡双钱读书时，技校老师是位修军机的老师傅，经验丰富，作风严谨。“学飞机制造技术是次位，学做人是首位。干活儿，要凭良心。”这句话对他影响颇深。

一次，胡双钱按流程给一架在修理的大型飞机拧螺丝、上保险、安装外部零部件。“我每天睡前都喜欢‘放电影’，想想今天做了什么，有没有做好。”那天回想工作，胡双钱对“上保险”这一环节感到怎么也不踏实。保险对螺丝起固定作用，确保飞机在空中飞行时，不会因震动过大导致螺丝松动。思前想后，胡双钱不踏实，凌晨 3 点，他骑着自行车赶到单位，拆去层层外部零部件，保险醒目出现，一颗悬着的心落了下来。

从此，每做完一步，他都会定睛看几秒再进入下道工序，“再忙也不缺这几秒，质量最重要!”

“一切为了让中国人自己的新支线飞机早日安全地飞行在蓝天。”

从 2003 年参与 ARJ21 新支线飞机项目后，胡双钱对质量有了更高的要求。

他深知ARJ21是民用飞机，承载着全国人民的期待和梦想，又是“首创”，风险和要求都高了很多。胡双钱让自己的“质量弦”绷得更紧了。不管是多么简单的加工，他都会在干活儿前认真核校图纸，操作时小心谨慎，加工完多次检查。“慢一点、稳一点，精一点、准一点。”凭借多年积累的丰富经验和对质量的执着追求，胡双钱在ARJ21新支线飞机零件制造中大胆进行工艺技术攻关创新。

型号生产中的突发情况时有发生，加班加点对胡双钱来说是家常便饭。“哪行哪业不加班!”他总说，“为了让中国人自己的新支线飞机早日安全飞行在蓝天，我义不容辞。”一次临近下班，车间接到生产调度的紧急任务，要求连夜完成两个ARJ21新支线飞机特制件任务，次日凌晨就要在装配车间现场使用。他下班没有回家，也没有让大家失望，次日凌晨3点钟，这批急件任务终于完成，并一次提交合格。

“如果可以，我真的好想再干30年!”

胡双钱从小就喜欢飞机。小时候，为了看飞机，他不惜从家步行两个多小时到机场附近，躲在跑道边的农田里看飞机起落。炎炎夏日，他常常被水沟边的蚊虫叮得满身是包。

胡双钱技校毕业后进入上飞公司。一进门，学钣铆工的他就被分配到专业不对口的机加车间钳工工段。一些人走掉了，可老实憨厚的胡双钱选择了留下，凭着“只要能造飞机，自己坚决服从组织分配”的一股劲，他开始了自己的钳工生涯。

30年里，无数艰难时刻他都挺过去了，唯独运-10飞机的命运成了他一辈子都无法释怀的心结。现在看到国家又重拾大飞机的梦想，他选择了一种特殊的方式延续再干30年的豪情——把技艺毫无保留地传授给更多胸怀大飞机梦的年轻人。在上飞公司技能大赛中，他带领的班组3位参赛选手，囊括了钳工技能比赛前三名。

胡双钱说：“参与研制中国的大飞机，是我最大的荣耀。看到我们自己的飞机早日安全地翱翔在蓝天，是我最大的愿望。”

能够研发大型客机是一个国家综合实力的体现。在这个处于现代工业体系顶端的产业里，手工工人虽已越来越少，却不可替代，即使是生产高度自动化的波音和空客，也都保留着独当一面的手工工匠。中国商飞总装制造中心高级钳工技师胡双钱就是这样一位手艺人，35年里他加工过数十万件飞机零件，没有出现过一个次品。

“梦想成真的感觉多少钱都买不来。”

2002年、2008年我国ARJ21新支线飞机项目和大型客机项目先后立项研制，中国人的大飞机梦再次被点燃。有了几十年的积累和沉淀，胡双钱觉得实现心中梦想的机会来了。大飞机制造让胡双钱又忙了起来。他加工的零部件中，最大的将近5米，最小的比曲别针还小。胡双钱不仅要做各种各样形状各异的零部件，有时还要临时“救急”。一次，生产急需一个特殊零件，从原厂调配需要几天时间，为了不耽误工期，只能用钛合金毛坯来现场临时加工。这个任务交给了胡双钱。这个本来要靠细致编程的数控车床来完成的零部件，在当时却只能依靠胡双钱的一双手和一台传统的铣钻床，连图纸都没有。打完需要的36个孔，胡双钱用了1个多小时。当这个“金属雕花”作品完成之后，零件一次性通过检验，送去安装。现在，胡双钱一周有6天要泡在车间里，但他却乐此不疲。他说：“每天加工飞机零件，我的心里踏实，这种梦想成真的感觉是多少钱都买不来的。”“飞机关系到生命，干活儿要凭良心。”

55岁的胡双钱是上海飞机制造厂里年龄最大的钳工。在这个3000平方米的现代化厂房里，胡双钱和他的钳工班组所在的角落并不起眼，而打磨、钻孔、抛光，对重要零件细微调整，这些大飞机需要的精细活儿都需要他们手工完成。画线是钳工作业最基础的步骤，稍有不慎就会“差之毫厘，谬以千里”。为此，老胡发明了自己的“对比检查法”：他从最简单的涂淡金水开始，把它当成是零件的初次画线，根据图纸零件形状涂在零件上，“好比在一张纸上先用毛笔写一个字，然后用钢笔再在这张纸上同一个地方写同样一个字，这样就可以增加一次复查的机会，减少事故的发生。”胡双钱说。

“反向验证法”则是令胡双钱最为珍视的“金科玉律”“独家秘诀”。这也与最基础的画线有关：钳工在画线零件角度时，通常采用万能角度尺画线，那么如何验证画线是否正确？如果采用同样方法复查，很难找出差错。这时，胡双钱就会再用三角函数算出画线长度进行验证。结果一致，OK；结果不相符，就说明有问题了。这样做，无异于在这一基础环节上做了双倍的工作量，但却为保证加工的准确和质量、减少报废等打下基础。他说：“质量问题不是罚不罚款能解决的，飞机关系到生命，干活儿要凭良心。”

因为长期接触漆色、铝屑，胡双钱的手已经有些发青，而经这双手制造出来的零件被安装在近千架飞机上，飞往世界各地。

“最好再干10年、20年，为中国大飞机多做一点。”

2008年，承担大型客机研制任务的中国商飞公司成立。职工收入有了相应增加，还增加了补充公积金，胡双钱一家也开始盘算买房的事。前两年终于贷款买了一套70平方米的二手房，搬离了蜗居20多年的30平方米老公房。为此，全家人开心不已。胡双钱闲下来时，也会清理清理房间，把玻璃刷得干干净净，油烟机擦得清清爽爽，做家务也和工作时一样，一丝不苟，表里如一。

这些年来，默默无闻的老胡获得了不少荣誉。2009 年，他荣获全国五一劳动奖章，2015 年又被评为全国劳动模范，平生第一次走进庄严的人民大会堂接受表彰。胡双钱感慨："我们赶上了好时代。"他说，"我们的民机事业经历过坎坷与挫折，但终于熬过来了，迎来了春天。我们应该更加珍惜今天的事业，想要更好，也还要靠自己。"

胡双钱现在最大的愿望是，"最好再干 10 年、20 年，为中国大飞机多做一点。"

（资料来源：整理自网络）

任务三　"劳动 + 专业"模式的创新创业

创新创业是指基于技术创新、产品创新、品牌创新、服务创新、商业模式创新、管理创新、组织创新、市场创新、渠道创新等方面的某一点或几点创新而进行的创业活动。2020 年 3 月印发的《中共中央 国务院关于全面加强新时代大中小学劳动教育的意见》（以下简称《意见》），以及 2020 年 7 月教育部出台的《大中小学劳动教育指导纲要（试行）》（以下简称《纲要》），对不同学段劳动教育的开展路径、关键环节和评价体系等提出针对性的指导要求和意见。《意见》和《纲要》都肯定了创新创业在其中的关键性作用，强调普通高校要强化马克思主义劳动观教育，注重围绕创新创业，结合学科专业开展生产劳动和服务性劳动，积累职业经验，培育创造性劳动能力和诚实守信的合法劳动意识。创新创业在高校劳动教育中起着基础性、核心性的地位，是劳动教育开展的组成部分，也是发挥决定作用的部分。

本次实践课将以做直播带货小能手为主要任务展开教学。

一、任务目标

1. 了解"劳动 + 专业"模式的创新创业的相关知识，从自己的专业角度出发，能分组熟练掌握直播带货的主要流程。

2. 引导学生在创新创业实践过程中培养劳动知识、鼓励学生掌握更多的劳动技能，发扬勤俭、奋斗、创新、奉献的劳动精神，培养严谨求实的劳动态度。

3. 通过“劳动 + 专业”创新创业教育，培育学生树立良好的劳动精神风貌、正确的劳动价值取向和充分的劳动技能意识，全面提高学生的劳动素养。

二、任务准备

1. 确定活动主题

根据实际情况确定活动主题，让主题成为直播带货活动的思想指导。

2. 策划活动计划

制定直播带货活动的计划或者方案。活动计划或方案要包括活动的目的和意义、活动的时间和地点、活动的主要流程等活动内容以及各项要求和注意事项。

3. 提出申请

向学校或者所在院（系）提出申请，并提交活动计划或方案，填写并提交活动审批表，获得批准后实施。

4. 前期安排：活动中用的各类工具、物品等

直播带货开始前，需要学校为学生培训直播带货的基本知识，让学生掌握基本的工作步骤和注意事项。

准备手机和云台，选择合适的直播平台，包括淘宝、快手、抖音、京东、拼多多等。

以 8 人为一组，组建直播运营团队，包括主播、导购、场控助理、内容策划、数据运营、摄影、化妆等。

5. 安全保护

直播带货要根据《中华人民共和国消费者权益保护法》《中华人民共和国电子商务法》等法律规定来进行，要保证所带商品质量合规，不能有欺骗欺诈行为。

三、任务过程

在直播过程中，主播不仅要保证精神状态饱满，还要注意情绪控制，手机在 Wi-Fi 模式下尽量开启飞行模式，保证直播过程中不被外界打扰。

直播话题预热：在直播过程中要多互动，跟每个进来的用户打招呼、加关注，这是直播间用户留存的最有效的方法。

讲解产品：根据直播前准备好的产品详情，对产品进行介绍，包括外观、寓意、卖点、材料、优惠等信息。

安排数据记录事项以及突发状况应对：策划直播带货方案时，需要安排数据记录人员，记录关键数据事项以及观众最关心的问题。

直播结束复盘：具体包含直播时间段、时长、最高在线时间和人数、粉丝平均停留时长是多少、累积互动怎么样、累积商品点击多少、粉丝点击占比多少、粉丝回访、新增粉丝有多少、转粉率多少、本场开播前累积粉丝多少、场间掉粉多少、订单笔数多少、转化率，等等。回放自己的直播，看哪里做得好、哪里没做好、哪里说得不对，对于不好的地方加以改进。

直播带货工作记录表

直播日期	直播内容	直播工作感悟、反思和收获

四、任务评价

直播带货活动评价表

阶段	类型	事项	分值	得分
前期准备	商品	选品定价	5 分	
		库存预留	5 分	
	店铺	店铺装修	10 分	
		商品上架	10 分	
		宝贝活动	5 分	
	设计	活动界面设计	10 分	
		预热海报设计	5 分	
	策划	活动策划	10 分	
直播中期	主播	话术	10 分	
		肢体活动	10 分	
	造势	气氛烘托	5 分	
		引出问题	5 分	
		问题解决	10 分	

【案例故事】

成功路上布满荆棘

我们总是在毕业的时候，才突然真正地爱上学校，总是在快要结束的时候才想好好开始，过去的时光一去不复返，而最让人措手不及的事情就是我们还未佩好剑，出门便是江湖了。2018 年 5 月我们正式离校了，时间过得真快，我们从最初的同窗好友，到现如今的各奔东西，为生活奔波，已过了两个月的光景。我也开始了我的工作生活，而且从事的是与自己专业相关的外贸行业。对于这一点，我觉得自己是非常幸运的，一方面自己和老公一起创业，另一方面，在刚刚开始做外贸工作的时候，一对产品没有了解，需要恶补产品知识；二没有任何实战经验，做起来是有些吃力的。面对这些烦琐复杂的事情，我甚至有过放弃的念头，但是我逼自己咬牙坚持，每天背产品知识，熟悉网站，收发邮件联系客户，每一天都很充实。直到现在，我也还是很感激自己当初的坚持，因为现在才能更深刻地体会到那些前期的准备是基础，只有夯实基础，才能在日后的工作中得心应手，就好像在学校的日子，开始大家都不理解为什么学校管理这么严格，我相信现在仍有很多在校生会有这样的感受，但是作为刚刚走出校门、步入社会的我，现在真的很理解学校的做法是为我们好，不仅保证了学生的安全，更重要的是让我们有更充裕的学习时间、更扎实的专业基础，使我们在今后的工作中不至于是一个百分百的菜鸟。我想这应该就是所谓的厚积薄发吧。

外贸，是一条漫长又艰险的道路，但不管多难，我都会坚持下去，因为我知道任何事情都不会一蹴而就，需要长时间坚持。在外贸的起步阶段，可能会感觉很难熬，但是请相信，有付出就会有回报。无论是学习还是工作，都不要急于求成，要踏踏实实、一步一个脚印，最后你会离你的梦想越来越近。我们总希望尽快进入工作状态，步入正轨，体会工作的乐趣。但是我们不能急于求成，必须学好如何“走路”。没有一个人是不经过学习成功的，我们刚刚走出学校，缺乏经验，缺乏阅历，最缺乏的就是磨砺，走好自己的每一步，才是当前最重要的——加油！未来很美好。

从参加工作到自己创业，一步步地见证了自己的成长；从最初的建站，准备资料，跟单，成交，一步步地夯实了自己。在摸索中前进，在努力中成长。从外贸小白到自己可以独立成单，真的是一种进步和成长。

（资料来源：河北德育网，2019 年 4 月 15 日，作者：于新丽。有删改）

模块五　志愿服务性劳动教育

导言：志愿服务是指在不求回报的情况下，为改善社会、促进社会进步而自愿付出个人的时间及精力所做的服务工作。志愿服务是社会文明进步的重要标志，是培育和践行社会主义核心价值观的有效载体，对于增进民生福祉、社会稳定和谐及精神文明建设有着不可估量的重要作用。习近平总书记高度重视志愿服务工作，强调“志愿服务是社会文明进步的重要标志，是广大志愿者奉献爱心的重要渠道。要为志愿服务搭建更多平台，更好发挥志愿服务在社会治理中的积极作用”，指出“希望广大志愿者、志愿服务组织、志愿服务工作者要立足新时代、展现新作为，弘扬奉献、友爱、互助、进步的志愿精神，继续以实际行动书写新时代的雷锋故事”，并指出学生支教、送知识下乡、志愿行动等实践活动，都展现了学生的风貌和服务社会、报效祖国的情怀。通过支持大学生深入城乡社区、福利院和公共场所等参加志愿服务开展劳动教育，有助于青年学子牢固树立劳动最光荣、劳动最崇高、劳动最伟大、劳动最美丽的价值观，发扬奉献、友爱、互助、进步的志愿服务精神，培养对人民的感情、对社会的责任、对国家的忠诚。

学习目标：

1. 培养学生奉献、友爱、互助、进步的志愿服务精神。
2. 了解志愿服务活动的类别和内容。
3. 在实践活动中能够较好地完成志愿服务任务。

任务一　社区志愿服务

社区是比家和学校更大的社会单位，是养成教育的基地，是学校德育教育的重要场所，是学生体验社会的主要阵地，是运用知识、施展才能、实践成才的好课堂，也是“服务他人、奉献社会”的一个起点。社区志愿服务是志愿服务的重要内容，也是社区服务的重要组成部分。

一、社区志愿服务的含义

社区志愿服务，是指志愿者以提高社区居民的公共福利和生活质量为目的，以自己的时间、知识、技能、体能等资源，自愿为社区居民提供的无偿的奉献性服务。大学生志愿者参与社区志愿服务不仅有利于社区的精神文明建设，而且有利于大学生提高劳动技能、适应社会、提高道德素养。

二、社区志愿服务的内容

1. 重大事项服务

为党和国家重大政策进行宣讲、为重要活动赛事协助秩序安全、在重要节日组织开展活动、在重大突发事件中参与服务等，这类服务活动一般均有明确的主题，如宪法知识宣传、人口普查政策宣传、文明城市创建、服务马拉松等体育赛事以及端午节、重阳节等节日活动。

2. 依托社区平台开展设点服务

依托社区志愿服务网点，如街道设施、楼院等设立的网点，为居民提供义务维修、家政服务、儿童学习辅导、组织文体活动、环境卫生治理以及进行垃圾分类宣传、低碳生活宣传等活动。

3. 一对一结对服务

由一名志愿者或一支志愿者服务队伍，为需要帮助的弱势群体提供经常性服务，如大学生与社区结对，定期服务养老院孤寡老人、残疾人士、空巢老人和留守儿童等。

4. 参与基层专项志愿服务计划

如大学生志愿服务西部计划、支教等奔赴祖国和人民最需要的地方以及扶贫助农、疫情防控等社区活动安排。

社区具有一定的地域性特点，每个社区的服务需要有一定的差异。开展社区服务，需要对社区居民服务需求进行调查，在此基础上制定志愿服务计划，有针对性地开展社区志愿服务。

三、任务目标

1. 走入社区，增进对社区的了解和认识，理解个体与社会的关系。

2. 关心社会现实，主动探究社会问题，积极参与力所能及的社区服务互动，服务社会，增强社会实践能力。

3. 了解与认识社区服务及其相关流程，端正劳动态度，形成良好的劳动习惯。

4. 遵守社会行为规范，养成社会交往能力，关心他人，关心社会，树立服务社会的意识和对社会负责的态度。

5. 开展问题调研，体验调研过程，对在劳动中发现的社会问题和自我问题进行深入探究，养成主动调研的习惯，形成问题意识，增强调研能力和创新精神。

四、任务准备

1. 确定活动主题

确定活动主题对社区志愿服务很重要，效果良好的社区服务必须紧密联系实际。可以联系社区，在与社区进行详细沟通的基础上，确定活动主题，作为整个活动的思想指导。

2. 策划活动计划

活动主题确定后，需要根据主题思想拟定活动计划书/活动方案。这关系到活动的成功与失败。活动计划书/活动方案规定活动的具体内容、活动形式和注意事项：

（1）活动背景。主要是阐述在什么情况下组织开展该项活动。

（2）活动目的与意义。可以从社会、社区、学校、志愿者、服务对象等不同角度，阐述该项活动的目的、意义。

（3）活动时间与场地。主要是在什么时间、什么地点开展活动。

（4）活动人员与分工。主要是哪些团队、人员参加活动，各自负责的具体任务。

（5）活动资源或物品准备。不同的活动应该需要不同的资源或物品，比如对于宣传类活动，有可能需要设计并制作展板和宣传页，或者制作 PPT；对于环境治理服务，一般需要准备捡拾垃圾的工具等。

（6）活动流程。主要是谋划活动步骤。

（7）活动经费。如果活动需要经费，则需要进行经费预算，确定经费来源。

（8）其他事宜。包括活动结束后的具体要求，如场地清理、活动总结、个人体会等。

3. 提出申请

按照规定要求，向所在学院、系部或学生处、团委等组织部门提交书面申请，并提交活动计划书。

4. 安全保护

根据活动的具体情况而定，比如交通安全、人身安全等。

五、任务过程

1. 前期准备

根据活动策划安排及实际情况，做好活动具体开展前的准备工作。

（1）宣传准备。组织开展活动前的宣传工作，让更多的学生了解此次活动的目的、内容和意义，更好地融入社区、了解社区、服务社区，进而增进对社会的了解。

（2）人员招募。可以从班级、院系或学校内部招募“志同道合之士”。如果服务项目有特殊要求，也可以通过线上招募校外团队成员。需要的话，在活动前成立小组，确定各小组组长。各小组根据活动目的，讨论制定具体活动方案，明确各成员的具体任务。

（3）内容准备。对于宣传教育类的活动，需要通过查阅图书、互联网等途径了解和掌握相关知识，形成宣传教育的内容，制作展板、宣传页或 PPT 等。

（4）物品准备。活动现场所需要的各类工具、物品等，打扫垃圾所需的扫帚、抹布、垃圾袋等，笔、本、麦克风等。

2. 任务实施

（1）现场布置。提前与社区沟通具体事宜，确保活动如期、顺利开展；提前到场，做好现场布置。

（2）活动开展。按照规定程序和准备内容组织开展活动。活动过程中，志愿者团队成员按照分工各司其职，按照活动流程，完成现场分工负责的具体任务。活动中相互协作，主动帮助别人。

（3）过程记录。每位同学将自己在任务实施过程中所做的工作记录下来，对任务实施中存在的问题和收获进行总结。

志愿团队成员任务过程记录单示例

任务名称		任务实施日期	
任务实施过程			
任务反思与收获			

3. 活动总结

活动结束后，各成员分享此次活动心得体会，在此基础上形成本次活动的总结报告，找出活动的不足之处，确保今后类似的实践活动不断改进。

志愿团队任务总结报告示例

任务名称		任务实施日期	
任务的目的和意义			
任务内容			
任务过程			
任务收获			
总结提升			

六、任务评价

将自己的活动照片及心得体会做成一份个人实践报告，小组内人员做一份小组实践报告并上交组织，经组织筛选后上交学校，由学校选出优秀个人及优秀团体，给予学分及证书奖励，以此鼓舞更多的学生参与到社区服务实践活动中。

志愿团队成员任务评价表示例

评价标准	分值（分）	得分（分）	教师评价
参与活动全过程	30		
出色地完成自己的任务	20		
耐心诚恳、用心服务	20		
有创新意识	10		
能合理调配资源	10		
在活动中主动帮助别人	10		
合计	100		

【案例故事】

百名大学生进社区增添志愿服务“青春力量”

2020年暑假期间，江苏泰州医药高新区凤凰街道发出“吹响青春奋斗集结号，助力社会治理现代化”大学生志愿服务活动倡议，100余名大学生积极响应，参加了10多项志愿服务，度过了既充实又有意义的暑期生活。

在海陵南路与永兴路的交叉路口，每天都能见到一抹红色的身影，她就是家住凤凰园社区的小李。她是山东大学的一名大一学生，2019年10月注册成为泰州医药高新区凤凰街道大学生志愿者。一放暑假，她就加入了社区举办的“大学生志愿服务进社区”活动。她是创建文明城市的践行者，每天早晚在交通路口对行人不规范出行问题进行劝导，积极宣传“一盔一带”政策，引导车辆顺位停放。她发扬不怕苦、不怕累的精神，主动参加街道组织的环境整治志愿服务活动，清扫散落在楼道的树叶，捡拾绿化带的垃圾，清理墙面上的小广告，挨家挨户讲解垃圾分类知识要点，把工作做到细致入微，为文明城市创建工作贡献自己的青春力量。

在该街道，活跃着100余名和小李一样的大学生志愿者，他们开展了多种多样的志愿服务活动——有的定期走进孤寡老人的家里，提供亲情陪护服务，帮助老人排解寂寞、解决生活困难；有的来到残疾群众家中，为他们洗头、剪指甲、洗衣晒被、打扫卫生，对残疾程度较低的人员给予就业创业指导，鼓励他们自强自立，早日脱贫致富；有的走进公益暑托班，为孩子们带去科普知识、安全教育、游戏互动等精彩课程；有的组成一支支“巡逻队”，每天携带小喇叭、手电筒，在辖区巡视、检查，提醒辖区居民提高防火、防盗意识，帮助排查各类安全隐患……

为期一个多月的暑期志愿者服务活动，大学生志愿者们深入社区，服务群众。他们共认领志愿项目10余个，发放宣传册、宣传单1000余本，张贴海报600余张，累计服务群众3000余人次，为群众办理实事300余件。百余名大学生志愿者走出校园，走向基层，用实际行动展现了当代大学生在基层实践服务中的青春力量与青春担当。

（资料来源：“学习强国”江苏学习平台，2020年9月11日，有删改）

任务二　敬老院志愿服务

一、敬老院志愿服务的意义

1. 对社会而言

（1）传递爱心，传播文明。志愿者在把关怀带给社会的同时，也传递了爱心，传播了文明，这种爱心和文明从一个人身上传到另一个人身上，最终会汇聚成一股强大的社会暖流。

（2）有助于建立和谐社会。志愿工作提供了社交和互相帮助的机会，加强了人与人之间的交往及关怀，减低了彼此间的疏远感，促进了社会和谐。

（3）促进社会进步。社会的进步需要全社会的共同参与和努力。志愿工作鼓励越来越多的人参与到服务社会的行列中来，对促进社会进步有一定的积极意义。

2. 对志愿者个人而言

（1）奉献社会。志愿者通过参与志愿工作，有机会为社会出力，尽一份公民责任和义务。

（2）丰富生活体验。志愿者利用闲余时间参与一些有意义的工作和活动，既可扩大自己的生活圈子，更可亲身体验社会的人和事，加深对社会的认识，这对志愿者自身的成长是十分有益的。

（3）提供学习的机会。志愿者在参与志愿工作过程中，除了可以帮助人以外，更可培养自己的组织及领导能力，学习新知识、增强自信心及学会与人相处等。

3. 对服务对象而言

（1）接受个人化服务。志愿者服务在提供大量的人力资源的同时，更能发挥服务的人性化、个人化及全面化的功能，从而令服务对象受益。

（2）帮助融入社会，增强归属感。志愿者服务能有效地帮助服务对象扩大社交圈子，增强他们对人、对社会的信心，同时，志愿者以亲切的关怀和鼓励，帮助服务对象减轻接受服务时的自卑感和疏远感，从而有助于其建立自尊心和自信心。

二、敬老院志愿服务的准备工作

1. 注意着装。志愿者是去做义工的，可能会有一些体力活儿要做，所以不宜穿得太华丽，可以穿适合干活儿的衣服。

2. 准备礼物。不需要太贵重的礼物，最好带些水果之类可以让更多老人都能享受到的礼物。

3. 带上工具。一般情况下，可以带一些防止自己过敏或者是出现意外的工具，例如手套、口罩一类的东西，或敬老院不能提供的工具。

4. 提振情绪。去敬老院是为了陪老人，所以，志愿者必须是带着快乐、饱满的情绪而去，避免在自己心情不好的时候去敬老院。

5. 准备交流内容。要事先想好如何和老人交流，避免出现交流困难而冷场的情况。

6. 提前联系。去敬老院做义工前要与敬老院的工作人员进行联系，咨询他们什么时间可以去，可以具体帮助做什么事情等。

7. 准备资料。如果志愿服务是去进行一项调查或者是义务体验的话，要事先把所有的资料准备好。

三、任务目标

1. 培养学生的社会责任感和团队精神，增强学生服务他人、服务社会的意识。

2. 锻炼学生参与劳动活动的能力，培养学生的合作探究能力和与人交往沟通的能力。

3. 在劳动活动中，学会互帮互助、团结合作、共同进步。

4. 切实践行劳动精神，宣传弘扬劳模精神。

四、任务准备

1. 策划活动方案

举行一次以“走进敬老院，践行劳动精神”为主题的动员课，让学生了解此次志愿活动的目的、内容及意义。在与敬老院进行沟通的基础上，策划活动方案。

（1）活动目的与意义。在同学们讨论的基础上，可以从社会、志愿者、服务对象等不同层面，阐述该志愿活动的目的和意义。

（2）活动时间与地点。主要是在什么时间、到哪个敬老院进行志愿服务活动。

（3）参与人员与分工。主要是哪些同学参加活动，各自应负责的具体任务。

（4）活动工具准备。不同的活动应该准备不同的物品，比如对于防范电信诈骗等宣传类活动，搜集相关知识，根据需要制作 PPT，准备笔记本电脑、投影仪等；对于环境清理服务，根据需要可以准备扫帚、拖把、抹布、垃圾袋等；对于文化娱乐活动，可以准备适宜老年人的文艺节目、适宜老年人的体育活动用品等。

（5）活动流程。根据活动内容，谋划活动步骤及注意事项等。

（6）活动经费。如果活动需要经费，则需要进行经费预算，确定经费来源。

（7）预设活动结果，激发成员参与活动的主动性与积极性。

2. 提出申请

按照规定要求，向所在学院、系部或学生处、团委等组织部门提交书面申请，并提交活动计划书。

3. 安全保护

根据活动的具体情况而定，比如交通安全、人身安全等。

五、任务过程

1. 前期准备

根据活动策划安排及实际情况，做好活动具体开展前的准备工作。

（1）活动沟通。提前与敬老院就志愿服务的事项进行沟通，确定服务内容和形式。

（2）宣传发动。组织多种形式的宣传活动，充分调动学生参与活动的积极性。

（3）组建团队。成立志愿活动小组，各小组讨论活动方案，确定成员分工。

（4）内容准备。对于宣传教育类的活动，需要通过查阅图书、互联网等途径了解和掌握相关知识，形成宣传教育的内容，需要的话可以制作 PPT；对于文艺演出类活动，应提前策划节目，形成适宜老年人的节目单，并做好准备。

（5）物品准备。活动现场所需要的各类工具、物品等。

2. 任务实施

（1）活动开展。有些活动需提前布置现场，比如文体娱乐活动。要按照规定程序和准备内容，组织开展活动实施。活动过程中，志愿者团队成员按照分工各司其职，按照活动流程，完成现场分工负责的具体任务。活动中相互协作，主动帮助别人。

（2）过程记录。每位同学将自己在任务实施过程中所做的工作记录下来，对问题和收获进行反思，总结经验，提升自己。

志愿团队成员任务过程记录单示例

任务名称		任务实施日期	
任务实施过程			
任务反思与收获			

3. 活动总结

活动结束后，在各成员分享心得体会的基础上，形成本次活动的总结报告，找出此次活动的不足之处，确保今后类似的实践活动不断改进。

志愿团队任务总结报告示例

任务名称		任务实施日期	
任务的目的和意义			
任务内容			
任务过程			
任务收获			
总结提升			

六、任务评价

组内评价。各小组在组内对此次活动进行自我评价、成员间互相评价，各组评选出实践活动中表现最优秀的同学。

敬老院评价。制定评价表并交给敬老院的工作人员，让他们对各小组的此次志愿活动进行评价。

对于各小组的评价设置等级，评价等级高的小组可参与优秀志愿团队评选。

志愿团队成员任务评价表示例

评价标准	分值（分）	得分（分）	教师评价
参与活动全过程	30		
出色地完成自己的任务	20		
耐心诚恳、用心服务	20		
积极献计献策	10		
能合理调配资源	10		
在活动中主动帮助别人	10		
合计	100		

【案例故事】

“七彩烛光”大学生志愿者慰问老人

在重阳节来临之际，为弘扬尊老、敬老、爱老的中华传统美德，2020 年 10 月 24 日上午，齐鲁工业大学艺术设计学院“七彩烛光”大学生志愿服务队来到济南长清区舒心港湾敬老院开展“爱在重阳节，情暖敬老院”志愿慰问活动，在重阳节为老人们送上诚挚的问候和关怀，营造孝老爱亲、和谐温馨的社会氛围。

在敬老院，大学生志愿者们纷纷拿起卫生工具，为老人们打扫庭院、收拾房间，帮助老人做一些力所能及的事情；有的同学主动和老人们拉家常，嘘寒问暖；有的同学帮助老人们修剪起指（趾）甲；有的同学为老人们送上节日的慰问品。最后，大学生志愿者们还为老人们表演了精彩的节目，带来了欢声笑语。整个敬老院始终洋溢着和谐温馨的氛围，老人们纷纷给大学生志愿者团队点赞。

该团队大学生志愿者小王说：“能跟这些老人们说说笑笑，做好服务，为他们带来欢声笑语，感觉非常有意义。今后自己一定要做一个懂生活、知感恩、敬老爱老的优秀大学生。”

该学院“七彩烛光”志愿服务队负责人说，大学生志愿者们通过此次活动进一步了解了重阳节的内涵，更加懂得了敬老爱老的重要意义。

（资料来源：齐鲁晚报网，2020 年 10 月 25 日，有删改）

任务三　公益志愿服务

一、公益活动

公益是个人或团队组织自愿通过做好事、行善举而提供给社会公众的公共产品。

公益活动，是现代社会条件下的产物，是指不以营利为目的，为全体人民提供无偿服务的行为。公益活动生产出有利于保障社会公共安全、有利于增加社会福利的公共产品。在组织公益活动时，要遵循公德、符合公意，能形成参与者多赢共益的良好氛围。

现代的公益，是人人都可以参与的公益，不管是个人还是集体，人们通过各种公益活动、公益基金、公益网站等途径，通过直接参与捐赠、公益广告、公益歌曲等方式参与到公益中来。

现代的公益，往往结合信息化技术，人们通过网络参与公益活动，真正具有高速、面广的效果，通过各个地方各种人的协作，让世界更美好。

二、公益精神

公益精神是一种社会责任感，个体的自由意志是实现其社会责任的前提；是一种团结互助意识，是人们在相互帮助中实现自我价值的提升；是一种参与意识，这种参与体现的不是一种地位，而是一种生活方式，是一种公民的自觉自知的参与精神；是一种文化精神，具有深厚的文化内涵，它能整合人类的总体力量，并引导人类的实践活动。

三、公益的范围

根据《中华人民共和国公益事业捐赠法》，公益范围主要包括以下几个方面：（1）救助灾害、救助贫困、扶助残疾人等困难的社会群体和个人的活动；（2）教育、科学、文化卫生、体育事业；（3）环境保护、社会公共设施建设；（4）促进社会发展和进步的其他社会公共和福利事业。

四、大学生参加公益活动的意义

第一，公益活动有利于提升大学生综合能力。公益活动是大学阶段的重要实践类活动。公益活动策划包括前期的活动筹划、活动内容、活动流程、活动注意事项、活动紧急情况预案等内容。公益活动形式多种多样，包括义务劳动、义务公演、义务宣讲、无偿献血、无偿捐赠等。大学生参与公益活动的过程就是理论结合实际进行实践活动的过程，组织策划、参与实施公益活动，将有助于提升自己的组织规划能力。

第二，公益活动有利于提升当代大学生的综合素质。公益活动是全面提升当代大学生综合素质的重要途径。当代大学生的综合素质主要包括基本专业素养、身体健康、心理健康以及理想信念等方面。公益活动策划实施过程能够提升基本的专业技能；公益活动的工作劳动过程能够锻炼身体；在无私奉献的过程中，既能帮助服务别人，又能升华自己的精神境界，促进身心健康发展。

第三，公益活动有利于大学生树立正确的价值观。社会主义核心价值观教育是当下大学生思想政治教育的重要内容，党的十九大明确指出，培养和践行社会主义核心价值观，要以培养担当民族复兴大任的新时代接班人为着眼点。公益活动以无私奉献精神为基础，是一种热切投身于公共服务的实践活动，是一系列的思想教育过程，能让大学生通过公益活动进行自我的社会定位，在活动的过程中反观、反思和反省自己的社会责任，并树立正确的、积极向上的社会价值观。

五、任务目标

1. 培育学生大爱之心和大义之举，培养学生的正气和善心，培养他们的社会责任心和担当精神。

2. 鼓励学生参加公益劳动活动，让学生在活动中体会帮助人的快乐，体味劳动精神，宣传弘扬劳模精神。

3. 锻炼学生参与劳动活动的能力，培养学生的综合能力和综合素质，学会互帮互助、团结合作、共同进步。

六、任务准备

1. 策划活动方案

与当地社区或慈善组织机构联系，组织开展一次公益活动。根据实际情况，策划活动方案并组织实施。

（1）活动目的与意义。在同学们讨论的基础上，可以从公益活动内容和涉及的不同层面，阐述该公益活动的意义。

（2）活动时间与地点。主要是在什么时间、在哪个地方组织开展公益志愿服务活动。

（3）参与人员与分工。主要是哪些同学参加活动，各自应负责的具体任务。

（4）活动工具准备。不同的活动应该准备不同的物品，比如为贫困地区的孩子募捐书籍类活动，可以设计并制作宣传材料等；对于义演活动，可根据面向的人群，准备适宜的文艺节目等。

（5）活动流程。根据活动内容，谋划活动步骤及注意事项等。

（6）活动经费。如果活动需要经费，则需要进行经费预算，确定经费来源。

2. 提出申请

按照规定要求，向所在学院、系部或学生处、团委等组织部门提交书面申请，并提交活动计划书。

3. 安全保护

根据活动的具体情况而定，比如交通安全、人身安全等。

七、任务过程

1. 前期准备

根据活动策划安排及实际情况，做好公益活动具体开展前的准备工作。

（1）活动沟通。提前与社区或慈善机构就公益志愿服务活动的事项进行沟通，确定服务内容和形式。

（2）宣传发动。组织多种形式的宣传活动，充分调动学生参与活动的积极性。

（3）组建团队。成立志愿活动小组，各小组讨论活动方案，确定成员分工。

（4）内容准备。对于募捐类活动，需要设计并制作宣传材料，准备装载募捐服务的设备和车辆等；对于义演活动，应提前策划节目单并做好准备；对于扶贫开展的直播卖货公益活动，需要了解产品特点，为直播带货做好准备。

（5）物品准备。活动现场所需要的各类工具、物品等。

2. 任务实施

（1）活动开展。有些活动需提前布置现场，比如募捐、义演活动。要按照规定程序和准备内容，组织开展活动实施。活动过程中，志愿者团队成员按照分工各司其职，按照活动流程，完成现场分工负责的具体任务。活动中相互协作，主动帮助别人。

（2）过程记录。每位同学将自己在任务实施过程中所做的工作记录下来，对问题和收获进行反思，总结经验，提升自己。

志愿团队成员任务过程记录单示例

任务名称		任务实施日期	
任务实施过程			
任务反思与收获			

3. 活动总结

活动结束后，在各成员分享心得体会的基础上，形成本次活动的总结报告，找出此次活动的不足之处，确保今后类似的实践活动不断改进。

志愿团队任务总结报告示例

任务名称		任务实施日期	
任务的目的和意义			
任务内容			
任务过程			
任务收获			
总结提升			

八、任务评价

将自己的活动照片及心得体会做成一份个人实践报告，小组内人员做一份小组实践报告并上交组织，给予学分及证书奖励，以此鼓舞更多的学生参与公益志愿服务活动。

志愿团队成员任务评价表示例

评价标准	分值（分）	得分（分）	教师评价
参与活动全过程	30		
出色地完成自己的任务	20		

续表

评价标准	分值（分）	得分（分）	教师评价
耐心诚恳、用心服务	20		
能合理调配资源	10		
在活动中主动帮助别人	10		
反思深刻	10		
合计	100		

【案例故事】

大学生志愿者走进社区　多彩公益托起缤纷暑假

“小朋友们，把制泡材料放进容器，这样泡泡就可以悬浮起来了……”日前，在贵阳市观山湖区永丰社区儿童暑期兴趣班上，大学生志愿者带着一群小朋友做“悬浮泡泡”“叶脉书签”等科学小实验，让孩子们在快乐氛围中提高对科学的兴趣。

据了解，今年暑假期间，由共青团贵阳市委员会主办，黔安公益承办，共青团观山湖区委员会支持，长岭街道栖景湾社区居民委员会、永丰社区居民委员会协办的青春建功“强省会”——2022 年“青年益起行”贵阳市大学生公益实践成长项目正式启动。18 所高校，24 名大学生志愿者来到观山湖区永丰社区和栖景湾社区，通过走访调研，基于居民需求，设计开展公益活动和服务。他们参与音乐、英语、手工 DIY 等课程讲授，丰富社区儿童的暑期生活；举办八一建军节联欢会，通过文艺表演及分享的方式，向社区老党员、退伍军人表达崇敬之情；开设智能手机应用课程，为社区老人讲解微信、抖音等智能手机应用的使用方法；开展“活力栖景湾”活动，向社区人员讲解垃圾分类、水资源保护、交通安全和红色文化等方面知识……在为期一个月的暑期，大学生志愿者开展各类社区公益实践活动 40 余场，受到社区居民一致赞许。

公益实践是青年大学生了解世情、拓宽视野、提升能力、奉献社会的重要途径，也是共青团和高校培育新时代新人的重要方式。他们表示将持续开展形式丰富的实践活动，鼓励和引导更多学生参与进来，进一步提高大学生的社会实践能力和社会服务能力，为社会建设贡献青春力量。

（资料来源：“学习强国”贵阳学习平台，2022 年 8 月 24 日，有删改）

模块六　创新性劳动教育

导言：2014 年夏季达沃斯论坛开幕式上，李克强总理首次提出要形成“人人创新”“万众创新”的新局面。2015 年两会的政府工作报告进一步指出要让“大众创业、万众创新”成为推动中国经济持续发展的重要引擎，并强调我国有十分丰富的人力资源，只要用“创新创业”激发了人民群众的创造力，经济发展的前景将不可限量。自此，“大众创业，万众创新”成为新的时代浪潮，各种新产业、新模式、新业态如雨后春笋般成长起来，创新创业逐步成为我国社会经济发展中的一道亮色和整个社会关注的热点。

习近平总书记指出，人类是劳动创造的，社会是劳动创造的；创新是引领发展的第一动力，是建设现代化经济体系的战略支撑。而创新离不开人才，人才离不开现代大学的培养。大学生参与创新创业能够为市场经济的发展注入更多的活力；驱动创新战略的实现，需要激发大学生的创新活力和创业热情，使之成为推动社会经济发展的关键动力。大学既是创新的源泉，也是创新的引擎，在高校开展创新创业教育关系到学生创新精神的树立、创业能力的培养以及自主创新理念的养成，关系到国家的发展和民族的活力。加强创新创业教育，培养具有人文精神、科学思维、实践能力和创新创业素质的人才是新时代赋予现代大学的历史使命。

学习目标：

1. 认识创新精神，培养创新意识。
2. 践行创新精神，提高创新能力。
3. 结合专业特长，开展创新劳动。

任务一　认识创新精神

【案例导学】

案例描述：

某高职院校信息工程系数字媒体应用技术专业的同学在 2019 年全国“互联网＋”大学生创新创业大赛中提交了一份矿衍文创产品开发的设计方案，该方案以始建于 1878 年首开中国近代路矿之源的民族企业开滦煤矿为背景，以开滦国家矿山公园为依托，以亲民、优质的儿童玩具、办公用品、日常生活用品为载体，发挥所学专业优势，进行文创产品设计，把近代工业文化渗透到人们的日常生活之中。

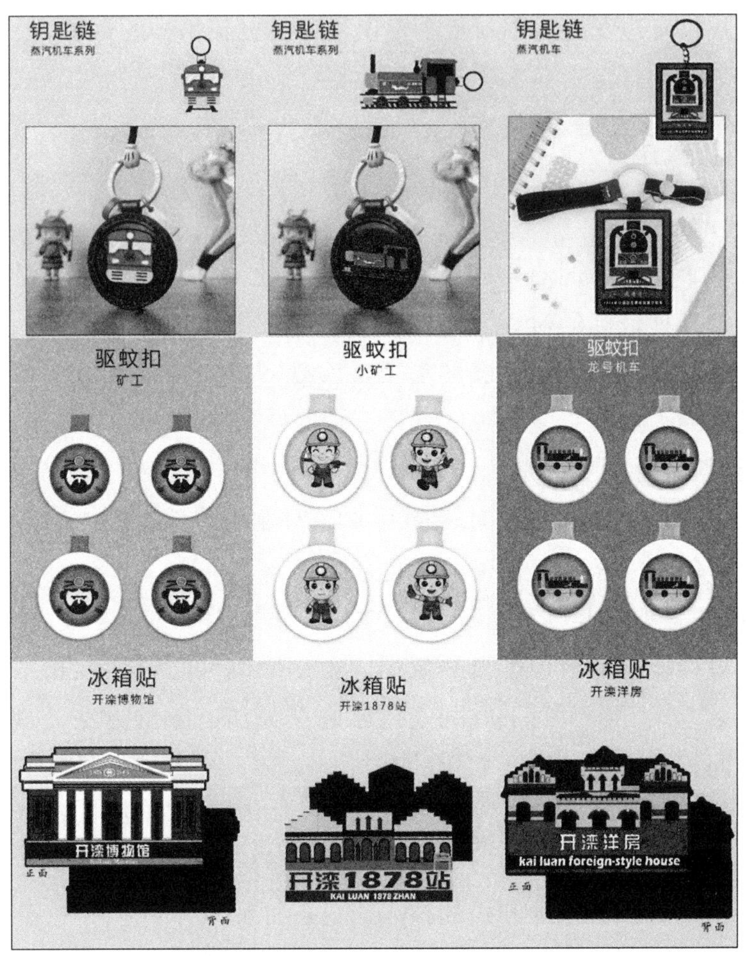

案例分析：

河北开滦国家矿山公园记录了中国早期工业发展史、民族屈辱与抗争史、工运与建党史、新中国建设发展史、工人阶级艰苦创业史、改革与转型发展历程等多方面内容，称得上是一座浓缩了中国近现代工业文明的记忆殿堂。同学们依托校企一体的办学优势，通过深入的学习和调研，追寻着中华民族从农耕文明走向工业文明的第一个可称道的足迹，以创新的理念，对百年开滦积淀形成的内容丰富的历史文化进行继承和发扬，既发挥了专业所长，又助力了开滦经济转型。

课堂讨论：

（1）你所学专业对应行业都有哪些有影响力的企业，他们的历史文化有哪些？

（2）你所学专业对应行业都有哪些有影响力的人，他们在哪些方面做出了创新性的贡献？

（3）查找你身边发生的创新行动，谈谈你对创新精神的认识。

一、创新概述

（一）何谓创新

创新是一个古老的词语。创新就是创造新的事物，满足社会的需要，实现自身的价值和某种目标的过程。经济学家约瑟夫·熊彼特认为，创新就是创造出新的、有用的东西来满足社会的需要，实现其经济价值和社会价值。创新是推动社会发展的力量。

（二）创新能力

创新能力不是一种单一能力，它由一些思维能力综合而来，主要包括系统性思维能力、创造性思维能力和实践能力。

1. 系统性思维能力

系统性思维能力是一种逻辑抽象能力，是原则性与灵活性相结合的思维方式。这种思维方式下，人们采取既坚持原则又灵活有效的方法处理事务。客观事物是多方面相互联系、发展变化的有机整体。系统思维就是人们运用系统观点，对对象的互相联系的各个方面及其结构和功能进行系统认识的一种思维方法，是迄今为止人类所掌握的最高级思维模式，也是我们最值得花时间去掌握的。整体性原则是系统思维方式的核心。这一原则要求人们无论干什么事都要立足整体，从整体与部分、整体与环境的相互作用的关系来认识和把握整体。

也就是思考和处理问题的时候，从整体出发，把着眼点放在全局上，注重整体效益和整体结果，在此基础上用灵活的方法来处理事务。

2. 创造性思维能力

创造性思维是一种具有开创意义的思维活动，即开拓人类认知新领域、开创人类认知新成果的思维活动。创造性思维是以感知、记忆、思考、联想、理解等能力为基础，以综合性、探索性和求新性为特征的高级心理活动，需要人们付出艰苦的脑力劳动。创造性思维本质是发散性思维，这种思维方式，遇到问题时，能从多角度、多侧面、多层次、多结构去思考，既不受现有知识的限制，也不受传统方法的束缚。其思维方式是开放性、扩散性的。它解决问题的方法更不是单一的，而是在多种方案、多种途径中去探索、选择。创造性思维具有广阔性，深刻性、独特性、批判性、敏捷性和灵活性等特点。

3. 实践能力

实践能力是将理论转化为实践、将抽象思想转化为实际成果的能力，是保证个体顺利运用已有知识、技能去解决实际问题所必须具备的能力。它是个体解决问题的过程中起稳定的调节控制作用的个体生理和心理特征的总和，是一个复杂而统一的身心能量系统。实践能力的形成涉及生理成熟、获得经验等多种因素，其标志是获得并运用以行动为导向的知识。它的获得不需要他人帮助，而需要在个体的实践过程中形成和发展。

（三）创新教育

创新教育是以培养人们创新精神和创新能力为基本价值取向的教育，是指培养具有创新思维、创新能力、创新人格等创新素质的人才教育活动，它是相对于守成教育、传统教育的一种新型的教育思想和教育理念。创新教育是在新的教育理念引导下，以新的教学关系、教学视野、教学方式和教学内容，构建具有创造性的教育活动，通过学生的积极参与、主动实践、思考和探索，培养其创新意识、锻炼创造性思维和实践能力，最终达到整个社会的创新共识，构成整体的创新机制和创新合力。

二、大学生创新创业精神培育

（一）大学生创新创业精神

大学生创新创业精神是知识经济时代的一种精神，是创新精神与创业精神二者的有机结合，是当代大学生在社会主义核心价值观引领下，参与推动人类发展、促进社会进步的精神，是大学生从事创新创业实践活动的动力源。

大学生创新创业精神在创新创业活动中表现为责任担当、冒险探索、主动学习、坚持不懈、团结协作精神。责任担当精神是指大学生能够将自身的发展与国家的前途命运联系起来，在面对失败和挫折时勇于担责。冒险探索精神是敢做别人没有做过的事情，敢于走前人没有走过的道路，表现出敢想敢做、锐意进取的精神面貌。主动学习精神是指善于学习、坚持学习，在变化的社会环境中，以前瞻性的眼光和思维与时俱进，主动适应环境，不断更新观念。坚持不懈精神是指在困难、挫折中仍能坚定理想和信念，对所选择的道路一往无前。团结协作精神是指为了共同目标，能够自觉以组织的利益和目标为重，在自己的工作中尽职尽责，主动与其他成员协作、共同努力奋斗的状态和作风；懂得借用外物实现自身的目标，学习他人的经验，整合社会资源为己所用。大学生在未来人生的道路上，难免遇到挫折和失败，只有具备坚定的信念，拥有执着的精神才能实现自身的价值。

（二）大学生创新创业精神培育的意义

第一，提升大学生的综合素质。培养具有创新创业精神的人才，是中国教育体制改革的必然选择。近年来，随着高等教育的普及，各大高校迅速扩大招生力度，生源素质也有所下降。另一方面，随着我国全面深化改革的逐步深入，竞争的日益激烈，对大学生综合素质的要求逐渐提高。

大学生创新创业精神的培育是要让大学生学会学习、学会做事，这些与素质教育的培养目标是一致的。除此之外，大学生创新创业精神培育所独具的特性，使得大学生素质教育更具灵活性、开拓性、前瞻性等。因此，大学生创新创业精神的培育进一步提升了高校的素质教育。

第二，丰富高校思想政治教育内涵。高校思想政治教育与大学生创新创业精神的培育具有内在一致性和同一性。大学生创新创业精神的培育，不仅仅是素质教育的一部分，而且是高校思想政治教育的重要任务和重要组成部分。高校思想政治教育是思想引导、精神培育、道德弘扬、风尚倡导的主阵地，是培养具有创新创业精神人才的重要途径，大学生创新创业精神的培育与高校思想政治教育二者相辅相成。

创新创业精神的培育与思想政治教育中的许多内容紧密联系，其中还包括理想信念教育、法律基础教育等，这些都要求教育者有针对性地结合思想政治教育中的相关内容开展。总之，大学生创新创业精神的培育与思想政治教育的目标是一致的，二者相辅相成，大学生创新创业精神的培育不断丰富着思想政治教育的内涵。

第三，促进高等教育的深化改革。培养大学生创新创业精神是高等教育改革的重要内容。当前高等教育面临着严峻的挑战，社会转型、知识经济、建设创新型国家等对高等教育提出了新的要求。在大力号召“大众创业、万众创新”的时代，对人才的观念也发生了显著变化，创新创业型人才成为国家大量需要的人才。

在大学生群体中开展创新创业教育，培育具有创新创业精神的人才，就要不断引导学生积极参与创新创业实践活动，这是实现高等教育改革目标的重要环节，是高等教育改革和发展的必然需求。高等院校作为人才培养的前沿阵地，应顺应经济社会发展的需要，深化教育改革，注重大学生创新创业精神的培育。

三、大学生创新创业精神培育的特点

大学生创新创业精神培育是指学生在教师的科学指导下，通过理论学习与实践活动，将创新创业精神内化为个人行为习惯，强调培育过程和最终结果。大学生创新创业精神培育是一种思想理念的培育，培育理念的核心决定了培育的发展方向。大学生创新创业精神培育也是一种学生能力的提升，其重点并不在于解决当前的就业问题，而在于不断提升学生的综合素质。

（一）培育对象的阶段性和层次性

创新创业精神的培育是一种崭新的教学理念和科学的实践活动，教师的观念、素质、知识水平、创新创业精神以及能力，对大学生创新创业精神的培育具有决定性的影响。因此，教师需要接受新的教育理念，以更好地投身于大学生创新创业精神培育的实践活动之中；在培育中必须了解不同阶段学生的不同特点，针对不同年级、不同专业、不同性格的学生进行创新创业精神的培育。要针对不同群体的个性化需求，区别对待、重点强化，提供有侧重、更为精准的帮助和支持，以便更好地满足不同层次对象的特定需求，从而切实增强高校创新创业精神培育的针对性和有效性，切实着眼于每一位大学生的每一个发展阶段，将创新创业精神的培育贯穿人才培养的全过程。

（二）培育内容的预见性与前瞻性

大学生创新创业精神的培育不仅仅是一门教学理论，更是一种教育实践。培育内容要求具有预见性和前瞻性，根据国家的发展需要，提前培育和储备人才，为国家的发展提供人才保障。首先要求培育内容的准确性。中国正处于实现加入创新型国家行列的发展阶段，亟须培养我国未来发展道路上所需要的具有创新创业精神，与中华民族同呼吸、共命运，满足社会发展需要，能够推动社会生产力发展的人才。其次要求培育内容与目标的统一性。大学生创新创业精神培育的目标必须与时代的发展需要相适应，培养具备中国特色、具备责任担当精神、冒险探索精神、主动学习精神、坚持不懈精神、团结协作精神的人才，为创新型国家战略提供源源不断的人才资源。最后要求培育内容不断完善。今天的中国所面临的机遇与挑战是前所未有的，而大学生创新创业精神的培育内容正是结合新时代的要求而提出的，需要不断完善，与时俱进。

（三）培育方式的实践性和体验性

大学生创新创业精神的培育方式不能仅仅停留在教师单方面传授知识的传统形式上，而应通过与学生的互动，不仅使学生掌握理论知识，而且引导学生参加相关的实践活动，通过实践环节使学生不断地积累经验。大学生创新创业精神培育是社会实践的需要，其培育方式必然离不开实践。创新创业精神培育的最终目的是要让学生在未来的发展中更好地实现自身的价值，有一个更美好的未来。因此，培育大学生创新创业精神，要通过社会实践，培养学生不畏艰苦、勇于奉献、敢于拼搏的精神，引导学生在实践中运用、感悟、内化，在实践中不断提升能力。大学生创新创业精神培育的践行过程与大学生自身的认知水平和心理发展密切相连，大量的实践活动能使学生体验真实的就业创业情境，提高自身发现问题和解决问题的能力，提升自我调控的能力。

（四）培育生态的立体性和扩展性

大学生创新创业精神的培育不能在封闭的环境中进行，仅限于课堂、教材等校园条件并不利于大学生创新创业精神的培育，还需要扩展到家庭环境和社会环境。良好的政策导向有利于优化大学生创新创业的社会环境，激发大学生创新创业意识，从而有效地促进大学生创新创业活动的开展；社会舆论环境的支持有利于营造创新创业精神氛围。因此，大学生的创新创业精神的培育需要形成家庭—学校—社会、政策—环境—资源立体化的大环境。

四、大学生创新创业精神培育的方法

（一）建设良好的培育生态环境

大学生创新创业精神的培育与推进需要良好的生态环境。所谓培育生态环境，是指影响大学生创新创业精神培育的各相关要素、条件、环节等相互联系的环境状态。我国高校创新创业教育起步晚，培育意识、政府职责、舆论氛围等尚不能满足大学生创新创业精神培育的需要。大学生创新创业精神的培育，需要从强化精神培育意识、明确政府工作职责、创设良好舆论氛围三方面着手。

（二）构建高校全方位的培育体系

全面提升大学生创新创业精神，实现高校大学生创新创业精神培育的目标，应构建包括内容建设、师资建设和载体建设三方面的高校全方位培育体系。

强化内容建设，就是要在思想政治教育视野下，丰富大学生创新创业精神的培育内容。要加强大学生责任担当意识的培育。大学生只有树立了责任担当意识，才能在未来的人生道路上把握正确的方向，才能在面对困难的时候勇往直前。要加强大学生冒险探索意识的培育。冒险探索意识是大学生创新创业能力培养的基础，在推动大学生创新创业的过程中发挥着重要作用。应注重引导学生敢于探索、迎接挑战，树立强烈的创新意识，敢于做别人没有做过的事，敢于走前人没有走过的路。要加强大学生主动学习意识的培育。社会每时每刻都在发展，知识总在不断更新，主动学习的能力已经成为 21 世纪人类生存的重要能力。要确保学生主体地位，注重启发式的教学，引导学生从被动学习到主动学习的转变。要加强大学生坚持不懈精神的培育。事物发展的基本方向是前进，但实现的过程往往有困难、阻碍。大学生无论现在还是未来的人生道路上，难免会遇到一些挫折，这就需要大学生具有承受失败和挫折的能力，并且在自己的目标道路上坚持不懈。要加强大学生团结协作精神的培育。随着生产力的不断发展，人类社会的分工越来越细，但分工不是目的，最终要实现整个团队的协作。一个缺乏团队协作精神的人往往难以取得成绩。

加强师资建设，是要建设一支不仅具有专门从事思想政治理论课和创新创业精神理论研究的专业学者，还具有从事创新创业精神培育的教师、专业辅导员、兼职人员等组成的教师队伍。教师不仅要具有深厚的理论知识，能够胜任对学生创新创业基础理论知识的传授，成为创新创业精神培育的理论专家，而且还应该是能够引导学生解决问题，在学生实践过程中可以切实提供解决方法的实践专家，为大学生创新创业精神培育提供示范作用。建设这样的一支教师队伍，一方面要通过理论知识培训，组织进行研讨交流，提供到企业挂职锻炼的机会，参与创新创业相关实践活动等方法，使学校教师掌握创新创业理论知识，真正了解创新创业精神的内涵。另一方面，要发挥兼职教师作用，聘请政府人员、法律人士、投资人等与创新创业有关的人员及有丰富实践经验的企业家，解决学生创新创业过程中的难题并提供社会实践平台，让学生在创新创业活动中培育创新创业精神。

丰富载体建设，就是要搭建各种平台载体，如思想政治教育课堂、高校科技园区、“互联网＋”大学生创新创业大赛等。充分利用思想政治教育课堂的主渠道作用，为大学生创新创业精神的培育打下良好的基础。发挥学生组织的作用，依托班级、支部、社团、院系等组织形式，针对高校科技园区对其进行目标定位与分类，为有创新创业意愿的学生提供指导与培训，使学生更快地取得实践成果；对于已有初步规划的学生，提供资金、实验室、专业人员为其创新创业活动保驾护航。

将“互联网＋”大学生创新创业大赛作为大学生创新创业精神培育的重要抓手，以大赛为切入点，加强创新创业的组织宣传，并推进高校形成自己的应赛模式，培养一批响应“大众创业、万众创新”号召的生力军。

（三）探索多维度的培育方法

对于大学生创新创业精神的培育，应该从其不同阶段、不同层次、不同需求出发，有针对性地开展，注重理论与实践相结合。

以年级为维度开展分层化教育。让大一的学生认识什么是创新创业、创新创业精神以及创新创业精神培育的重要性与概念，树立科学的观念，真正理解培育大学生创新创业精神不只是为了创业、解决就业压力，也是为了学生长远的发展。高校要进行创新创业大赛、项目申请等讲解培训，开阔学生眼界，激发学生创新创业的热情，引导学生树立创新创业的理念。对大二的学生着力培养创新创业思维和素质能力，注重培育学生的创新创业精神。通过组织对创新创业大赛感兴趣的学生开展项目，将大一的创意、想法付诸实际行动，在实践活动中加深对创新创业精神的理解。针对大三及以上年级学生，在实践活动中开展创新创业精神的培育，有针对性地开展创新创业课程，为学生以后的就业、创业奠定良好的基础。

以学生为维度进行差异性教育。注重学生差异性的教学环境有助于更好地实现师生之间的相互交流；尊重学生之间的差异性，给予不同的教育内容、方法，以此为基础促进每个学生自身能力的发展；对创新创业的兴趣不是特别浓厚的学生，着重基础理论知识的传授，激发他们的兴趣；对创新创业有强烈的兴趣但参加创新创业实践活动较少的学生，作为重点培养对象，除创新创业理论知识的传授之外，注重带领他们参加相关实践活动，积累经验；对于已经在创新创业领域取得一定成绩的学生，学校、社会与家庭要提供支持与帮助，有资源的学校可以为其提供专门的实验室并提供充足的资金。总之，应关注学生的个体差异性，尊重每个学生的想法，让学生在开放的环境中交流学习，感受学习的乐趣，最大限度地发挥主体性与积极性。

以学科为维度拓宽基础性教育。将学科专业嵌入创新创业精神的培育，打造能力导向模式，不仅能提升学生本学科的专业知识水准，同时能够为学生提供创新创业的实践机会，从而有利于实现学科专业知识与实践的联系，也有利于帮助学生认识到自身所学的不足，为进一步提升学生的学科专业知识水平以及增强学科创新创业能力奠定基础。为此，应注重社会经济对学科专业的影响，带领和引导学生深入市场调研，了解市场对学生知识与能力的要求，重视社会经济发展所表现出的新趋势，在学科专业的学习过程中引入社会经济发展动态的学习内容和实践锻炼；注重创新，在不同的学科中嵌入创新创业精神培育，激发学生在本专业的创新以及创业热情，真正培养他们解决问题的能力，探索解决实际问题的新方法、新途径。

（四）完善多元的联动培育机制

培育机制是指社会、家庭、高校为推进创新创业精神培育而创立的机构、系统和制度以及各因素、各环节之间的关系，它影响大学生创新创业精神培育的有效性。

建立高校与高校之间的互补共享机制。各高校资源的配置与分布并不均衡，不同级别的高校之间的教育资源存在明显的差别，单纯依靠教育投入调节几乎是不可能的。解决问题的方法之一是走高校互补共享的发展道路，在物力资源、人力资源、信息资源等方面共建共享，促进高校之间互通有无、优势互补、相互促进、共同提升，提高教育资源的利用率。大学生创新创业精神培育需要物力资源、人力资源、信息资源、课程资源、管理制度资源等，高校之间互补共享机制的构建离不开这些高校资源。为此国家通过建设大学城，共享创新创业课程；还可以在科研人员、实验设备、师资队伍方面实现流动。方法之二是在具有资源互补性的高校之间实现资源的共享。创新创业教育资源不足的高校可以向外寻求那些具有这方面教育资源的高校，从对方那里获得自身发展所需的资源，同时向对方高校提供自身在创新创业教育方面的优势资源。方法之三是高校之间结成帮扶关系。在创新创业精神培育实力悬殊的高校之间实现资源的流动，拥有较多资源的高校将资源输送给资源匮乏的高校，利用共享机制使高校之间创新创业精神培育的资源共享迈上更高的台阶。

建立高校与社会之间的资源整合机制。大学生创新创业精神培育的落实及其发展，仅依靠高校的力量远远不够，还需要社会各界的资源支持。企业是促进社会发展的经济细胞，媒体是社会之中的主要媒介。因此，建立高校与社会之间的资源整合机制，就是要密切高校与企业之间的关系，并运用好媒体这一媒介。方法之一是高校与企业结成了产学研合作的关系，通过建立科学高效并且具有持续性的产学研合作模式，使得教学、研究、产业化等环节环环相扣；通过互相提供创新创业激励，使双方为追求利益最大化而共同努力。方法之二是注重新媒体对大学生创新创业精神培育的导向作用。在信息技术的时代，海量信息的真伪需要判断，虚拟与现实环境存在巨大差别，高校必须抢占新媒体创新创业精神培育的阵地，运用新媒体搭建大学生创新创业精神培育的信息资源共享平台。

建立高校与家庭之间的联合培育机制。家庭的环境状况对大学生创新创业精神的养成具有至关重要的影响，家庭是大学生接触最早、影响最深的环境，父母是孩子的第一任老师。应加强高校与大学生家庭之间的联系，构建高校与家庭之间的联合培育机制。学校与家庭应就大学生创新创业问题达成教育共识，无论是高校还是家庭都应树立创新创业的意识，纠正认识上的偏差。应加强沟通联系，探索高校与家庭畅通互动联系的渠道，让家长与高校教师共同设计家校通讯录，增进学校与家庭的相互了解与沟通，充分发挥家长会与家长委员会的作用，形成高校与家庭对大学生创新创业精神进行联合培育的保障机制。

【知识链接】

当前创新创业教育的做法

我国在十多年发展的创新创业教育实践中不断探索，逐渐形成自身独有优势。随着国家“大众创业、万众创新”政策的出台，各高校紧紧依托地方支持，培养和吸纳创新创业型人才，并得到地方政府和企业提供的政策、资金和实践平台的支持。

（1）依托地方政府的教育形式。

高校在发展创新创业教育时根据地方政府的相关政策、企业行业的经营状况、资本市场的实际需求来调整课程结构、合作运行模式。一些学校由当地政府出资建立基金项目，或由企业出资、面向社会募集资金建立创新创业教育资金，形成了以“创业基地＋创业教育＋天使投资”为特点的基金管理模式，为学校创新创业教育的开展提供资金保障。

（2）服务地方经济的教育形式。

一些高校开展创新创业教育的目的是为了服务地方经济发展，因此会充分利用当地区域优势和资源，共建创新创业实践平台，成功孵化创新创业项目，并继续经营。一些学校与企业共同成立校外实践基地，培养创新型人才直接服务于企业或项目。这种模式将有实际效用的创新创业成果，直接、高效地服务地方区域的发展。学校的创新创业成功，既服务了地方生产的需要，又在实践中转化为科研成果，提高了学生的实践动手能力，显著提升了社会服务的效果。

任务二　践行创新精神

【案例导学】

案例描述：

某职业院校2018级机电一体化技术专业学生张某，学习刻苦，成绩优异，尤其对液压与气动装置进行了较为深入的钻研，经申请被学校国家级技能大师牵头的技能大师工作室选中，在指导教师的指导下，参与了国家专利项目“用于较薄煤层工作面的液压支架起吊装置”的开发，作为课题组成员参与了“液压回转式工作面支架安装运输车的研发与设计”科研课题的研究。

案例分析：

职业院校十分注重学生实践技能的培养，引导学生走出校园、走进生产一线，为学生插上了技能成才的翅膀。张某及时抓住学校提供的学习机会，跟专业老师学，跟技能大师学，同时，勇于开拓、积极探索、不断创新，经常能够在技能大师、教授组成的科研团队中提出自己的见解，得到了课题组老师、同学等成员的充分认可，为自己的技能成才之路奠定了坚实基础。

课堂讨论：

（1）请列举哪些创新之举推动了人类社会重大进步。

（2）请列举你了解的践行创新精神的案例。

（3）谈谈未来你将从哪些方面践行创新精神。

创新创业是指基于技术创新、产品创新、品牌创新、服务创新、商业模式创新、管理创新、组织创新、市场创新、渠道创新等方面的某一点或几点创新而进行的创业活动。创新强调的是开拓性与原创性，而创业强调的是通过实际行动获取利益的行为。创新是创新创业的特质，创业是创新创业的目标。

一、大学生创新创业的优势和弊端

大学生创业是一种以在校大学生和毕业大学生的特殊群体为创业主体的创

业过程。随着我国经济转型及社会就业压力的不断加剧，创业逐渐成为在校大学生和毕业大学生的一种职业选择方式。

（一）优势

1. 大学生往往对未来充满希望，他们有着年轻的血液、充沛的激情以及初生牛犊不怕虎的精神。

2. 大学生在学校里学到了很多理论性的知识，有着较高层次的技术优势。“用智力换资本”是大学生创业的特色和必然之路。风险投资者往往就是因为看中了大学生所掌握的先进技术，而愿意对其创业计划进行投资。

3. 现代大学生有创新精神，有对传统观念和传统行业挑战的信心及欲望，而这种创新精神也往往成为大学生创业的动力源泉，成为成功创业的精神基础。

4. 大学生创业能提高自己的能力，增长社会实践经验。通过成功创业，可以实现自己的理想，证明自己的价值。

（二）劣势

1. 大学生社会经验不足，常常盲目乐观，没有充足的心理准备。对于创业中的挫折和失败，许多创业者感到十分痛苦和茫然，甚至沮丧消沉。

2. 急于求成，缺乏市场意识及商业管理经验。大学生虽然掌握了一定的书本知识，但终究缺乏必要的实践能力和经营管理经验，对市场营销等过程缺乏足够的认识，很难一下子胜任企业经理人的角色。

3. 大学生对创业的理解还停留在美妙想法与概念上。

4. 大学生的市场观念较为淡薄，很少涉及技术或产品的市场空间。

二、大学生创新创业所需的基本能力

（一）自我认知及科学规划

刚进入大学校门的学生，对社会和自己的认识还非常有限。要想清楚地知道自己以后的发展方向在哪里，仅靠苦思冥想是找不到答案的。最好的办法就是通过自己去观察别人，征求“过来人”的意见，再结合自己的实际情况制定一些小目标，通过确定和实现这些小目标，再开始规划自己的人生。

在创业过程中，要经常性地提前计划或规划一些事情。在制订计划时一定要综合各种因素，形成切实可行的行动分解，要将任何可能的细节都考虑在内。而在实施的过程中要针对当下的具体情况进行，适时做调整。运营需要强有力的计划管理能力，只有具备这一能力才能让自己更靠近成功创业之门。

（二）胆识和魄力

团队筹备之初及运营后，需做各种各样的决策，作为团队的灵魂，创业者的一举一动都左右着创业的发展走向和兴衰。前期创业者可能会广泛地征求亲朋好友的建议，一旦自己能够独立自主后，就必须自己去决定各种大小事务。自主决策，谨慎是必不可少的，优柔寡断可能会失去绝佳的商业机会。同时，决策的胆识和魄力一定要建立在深思熟虑的基础之上，既要选择低风险，又要兼顾利益最大化。

（三）团队管理、信息管理和目标管理

创业需要制定各种制度。制度不在于多，而在于让所有人都能够明白其内容，并且严格执行。创业者需要针对自己团队的实际情况建立各种有效的管理制度，如店员管理、培训，绩效考核等。同时，针对市场的不断发展变化而改进相应制度，只有这样才能让创业者及其团队立于不败之地，拥有发展的主动权。制度的制定和改进要基于客观事实，而不要想当然，以保证制度的可实施性。

对于大学生创业者而言，由于缺乏社会实践经验，难免会有失偏颇地做一些决定。创业者对信息无所适从的情况下，可以向过来人请教，加以甄别。要在观察和请教别人的过程中，不断提高自身管理信息的能力。

（四）谈判

谈判对创业者的要求是综合多面的，包括一定的语言组织能力、心理分析能力、人文素养等。要想在谈判中占据主动地位，必须要有很强的谈判能力。杰出的谈判能力能够让创业者在谈判过程中直接获得更多的利益。

（五）处理突发事件

创业过程中，不可避免地会发生一些突发事件。当事情发生时，需要积极应对。这些事情如果处理得当，还能起到宣传效果。

（六）学习

在现代社会中，个体要想取得不断的成功，必须具备持续的学习能力。市场和行业的竞争日益激烈，大到一个企业，小到一个人，要想力争上游，就必须比竞争对手更快地掌握更多的知识，通过不断的学习使自己处于不败之地。对于大学生创业者面言，除了书本的理论知识，更要重视学习掌握多方面的综合能力。

（七）社会交往能力

良好的人际关系，能给人带来快乐，还能助人走向成功。大学生创业者会

接触到各种类型、身份的人，而接触的人大多都是与自己利益相关的。所以从创业开始就要学会与各种人打交道，要尽可能地去建立人脉，认识朋友，在与他人的交流和学习当中不断认识到自己的不足，有针对性地加以完善。

（八）保持身心健康

创业者经常要与孤独和挫折为伴，绝大多数的创业过程不是一帆风顺的。保持乐观而稳定的心态，需要在长时间的历练中找到方法。大学生要放低姿态，平静地去面对挫折。同样，在创业顺利时，也要克服骄傲的情绪，切不可沾沾自喜、妄自尊大。身体是革命的本钱，创业者只有身体健康才能够支撑打拼和奋斗。为事业拼搏而废寝忘食的精神非常值得肯定，但是在创业的过程中一定要注意劳逸结合，切莫因为过度劳累而让自己的健康状况下滑。

三、大学生创新创业相关比赛

（一）中国“互联网＋”大学生创新创业大赛

中国“互联网＋”大学生创新创业大赛，由教育部与有关部委共同主办。大赛旨在深化高等教育综合改革，激发大学生的创造力，培养造就“大众创业、万众创新”的主力军；推动赛事成果转化，促进“互联网＋”新业态形成，服务经济提质增效升级；以创新引领创业、创业带动就业，推动高校毕业生更高质量创业就业。

首届中国“互联网＋”大学生创新创业大赛采用校级初赛、省级复赛、全国总决赛三级赛制。在校级初赛、省级复赛的基础上，按照组委会配额择优遴选项目进入全国决赛。全国共产生 300 个团队入围全国总决赛，其中创意组 100 个团队，实践组 200 个团队。经过几年的发展，中国“互联网＋”大学生创新创业大赛已经成为覆盖全国所有高校、面向全体高校学生、影响最大的赛事活动之一。大赛就是摇篮，是给大学生提供一个爆发想象力的舞台，同时也是深化产教融合、促进产业转型升级的重要平台。

（二）“挑战杯”中国大学生创业计划竞赛

“挑战杯”中国大学生创业计划竞赛，简称“小挑”，是由共青团中央、中国科协、教育部、全国学联主办的大学生课外科技文化活动中一项具有导向性、示范性和群众性的创新创业竞赛活动，每两年举办一届。大赛旨在培养创新意识、启迪创意思维、提升创造能力、造就创业人才，深入学习贯彻习近平新时代中国特色社会主义思想，聚焦为党育人功能，从实践教育角度出发，引导和激励高校学生弘扬时代精神，把握时代脉搏，将所学知识与经济社会发展紧密结合，培养和提高创新、创造、创业的意识和能力，并在此基础上促进高校学生就业创业教育的蓬勃开展，发现和培养一批具有创新思维和创业潜力的优秀人才。

根据参赛对象，分普通高校和职业院校两类。设科技创新和未来产业、乡村振兴和脱贫攻坚、城市治理和社会服务、生态环保和可持续发展、文化创意和区域合作 5 个组别。大赛分校级初赛、省级复赛和全国决赛。校级初赛由各校组织，广泛发动学生参与遴选，参加省级复赛项目。省级复赛由各省（自治区、直辖市）组织，遴选参加全国决赛项目。全国决赛由全国组委会聘请专家根据项目社会价值、实践过程、创新意义、发展前景和团队协作等综合评定金奖、银奖、铜奖等项目。

四、大学生创新创业相关政策

为引导大学生多渠道就业，尤其是鼓励自主创业和灵活就业，政府出台了《国务院关于进一步做好普通高等学校毕业生就业工作的通知》（以下简称《通知》）。《通知》规定，对于自主创业的毕业生，可以在注册登记、贷款融资、税费减免、创业服务等方面获得扶持。大学生创业可以放宽一定的行业限制，如申办个体工商户、个人独资企业、合伙企业时，除法律法规另有规定之外，将不受最低出资金额限制。对打算创业的大学生来说，了解这些政策，才能走好创业的第一步。相关政策如下：

（1）大学毕业生在毕业后两年内自主创业，到创业实体所在地的工商部门办理营业执照，注册资金（本）在 50 万元以下的，允许分期到位，首期到位资金不低于注册资本的 10%（出资额不低于 3 万元），一年内实缴注册资本追加到 50%以上，余款可在三年内分期到位。

（2）大学毕业生新办咨询业、信息业、技术服务业的企业或经营单位，经税务部门批准，免征企业所得税两年。新办从事交通运输、邮电通信的企业或经营单位，经税务部门批准，第一年免征企业所得税，第二年减半征收企业所得税；新办从事公用事业、商业、物资业、对外贸易业、旅游业、物流业、仓储业、居民服务业、饮食业、教育文化事业、卫生事业的企业或经营单位，经税务部门批准，免征企业所得税一年。

（3）各国有商业银行、股份制银行、城市商业银行和有条件的城市信用社要为自主创业的大学毕业生提供小额贷款，并简化程序，提供开户和结算便利，贷款额度在 2 万元左右。贷款期限最长为两年，到期确定需延长的，可申请延期一次。贷款利息按照中国人民银行公布的贷款利率确定，担保最高限额为担保基金的5倍，期限与贷款期限相同。

（4）政府人事行政部门所属的人才中介服务机构，免费为自主创业大学毕业生保管人事档案（包括代办社保、职称、档案工资等有关手续）两年；提供免费查询人才、劳动力供求信息，免费发布招聘广告等服务；适当减免参加人才集市或人才劳务交流活动收费；优惠为创办企业的员工提供一次培训、测评服务。

为鼓励高校毕业生自主创业，以创业带动就业，财政部、国家税务总局发出《关于支持和促进就业有关税收政策的通知》，明确自主创业的大学毕业生从毕业年度起可享受三年税收减免的优惠政策。其中，高校毕业生在校期间创业的，可向所在高校申领高校毕业生自主创业证；离校后创业的，可凭毕业证书直接向创业地县以上人社部门申请核发就业失业登记证，作为享受政策的凭证。

劳动教育

评价篇

第一节 高等职业院校劳动教育评价内容、标准与要求

一、高等职业院校劳动教育评价内容

教育评价是通过使用一定的技术和方法，对所实施的各种教育活动、教育过程和教育结果进行科学判定的过程。教育评价是实施教育活动的指挥棒，对于整个教育活动过程具有很强的引导作用。目前各高职院校的劳动教育评价体系还不是很健全，标准化、可实施的考核评价还不完善，对劳动教育的实施起不到指导和反馈作用，对学生也起不到激励和督导作用。因此，全面加强高职院校劳动教育，建立一整套完整的、标准化、可实施的劳动教育评价体系就显得尤为重要。

（一）劳动教育评价的主体

【案例导学】

妈妈对孩子的评价

孩子，很高兴你长大了，能帮助妈妈做家务了。妈妈很欣慰你能主动为家庭分忧。你很孝顺，总是在妈妈累的时候端来一个凳子、倒上一杯水，也能在妈妈加班很晚回家的时候，焖好饭、切好菜等家人回家。孩子，每个人都是家里的一分子，都有义务承担家庭责任，爸爸妈妈为你的付出感到高兴！希望你今后坚持下去，做一个能够主动为他人着想的人。

课堂讨论：

孩子听到妈妈的这段评价后会如何做?

全面落实立德树人的根本教育任务，帮助学生形成正确的劳动价值观，促进大学生成为一名合格的社会实践劳动者，是一项需要各劳动教育主体相互配合的系统工程，需要学校、家庭、社会协同完成。

1. 学校

学校是实施劳动教育的主阵地，是劳动教育评价的核心主体。职业院校无论是在专业教学特点、教学组织实施、劳动教育设备等内部机制管理方面，还是在产教融合、校企合作、实习实训等外部资源方面，都具有很强的优势。因

此学校在进行劳动教育评价时应建立学生、教师、教学管理部门三位一体的劳动教育评价体系，使课程评价与实践评价相结合，使成果评价与观念提升相结合，使自我评价与他人评价相结合，从而使劳动教育评价更为全面和真实。

（1）学生。

学生是劳动教育的主体，劳动教育的根本目的就是使学生能够理解和形成马克思主义劳动观，牢固树立劳动最光荣、劳动最崇高、劳动最伟大、劳动最美丽的观念；体会劳动创造美好生活，认知劳动不分贵贱，热爱劳动，尊重普通劳动者，培养勤俭、奋斗、创新、奉献的劳动精神；具备满足生存发展所需要的基本劳动能力，形成良好的劳动习惯。学生自我评价是培养学生正确认识自我、认识社会以及促进学生自我反思的基本手段。科学合理的学生自我评价能够极大地激发学生的内在动因，不断地推动学生的成长成才；学生作为评价主体，在参与对其自身、对他人、对团队等评价的过程中，可以培养判断力与责任感，增强主人翁的意识，增强为团队做贡献的意识。

学生成为劳动教育的评价主体，可以激活其主体意识。学生参与评价可以形成自我肯定的意识、自学的欲望，有助于提高其终身学习的意识和能力。在评价过程中，学生能够认清自我，对个人学习情况进行详细分析，激发学生学习的积极性，建立“不落后于人”的学习信心和毅力，提高个体参与程度，促进归属感和认同感的产生，增强组内合作、组外公平竞争的氛围。

学生成为劳动教育的评价主体，有利于学生在学习过程中对自己的学习行为进行不断调整与监督，形成有效的自我调整和反思的教育机制；有利于加强学生参与合作学习的主动意识，让学生在学习中自觉地为自己规划成长策略，促进学生真正地成为学习和评价的主人。劳动教育课程评价涉及观察、归纳、推理等多种思维过程，学生参与这个过程，将根据自己已有的经验，从崭新的角度去重新体验课程并给予评价，从而使得学生的问题敏感性、洞察力等多项品质得以提升。

（2）教师。

教师是劳动教育的重要实施者，必须理解其在劳动教育中所肩负的使命。在劳动教育评价中，教师是重要的评价者，主要体现在以下两个方面。

一是教师能够对课程提出切实可行的改革建议。在高职院校中，教师既是专业教育课程的开发者和实施者，又是课程实践者。教师对劳动教育课程有直接感知，对其优劣有最直接的体验，最清楚课程在实施过程中存在的问题。同时，教师对学生的学习状态及存在的问题是最为了解的，熟知学生的个性差异，在与学生互动过程中扮演着重要的角色。因此，教师可以通过课程实践获得第一手资料，能够对课程进行有效评价，也能对课程改革提出个人建议。

二是教师对课程的理解是影响课程实施的关键因素。课程评价简单说就是对课程价值的理解。教师只有对劳动教育课程目标、课程内容有准确的理解，才能在实际教学过程中予以落实。教师对课程理解程度将会直接影响课程的实施质量。教师只有将劳动教育中所提倡的价值观内化为自己的价值观，才能够完全自觉地执行课程的全部要素。

由此，教师要想成为合格的劳动教育评价主体，还应具备以下两个条件。

一是建立正确的劳动教育评价理念。教师应清楚劳动教育评价是综合性的评价，不是简单的课程评价。评价内容涵盖整个劳动过程，教师不能靠简单的劳动成果或者单纯的理论课程成绩来评价学生，而应该注重对学生的劳动意识、劳动情感以及劳动实践行为的转变进行考核评价。

二是掌握适应本校的评价方法和流程。教师在熟悉本校的评价流程的前提下，将课程评价方法与劳动技术的掌握相结合。这要求教师既要熟悉教学，又要熟悉评价，并能在教学实践中使二者互为依据，相互促进。能够有效地评价学生是教师必须掌握的教学本领。

（3）教学管理部门。

在整个劳动教育评价体系中，教学管理者的作用不容忽视。高职院校教学管理部门（教务处、学生处、人事处、校企合作处、后勤管理处等）代表学院对劳动实践课程进行整体掌握，对课程各个环节的运行进行指导、监督和协调。作为管理部门，其职能应体现在以下几点：一是为劳动实践课的运行提供所需的软硬件条件；二是协调和管理劳动实践课程建设过程中的课程设计、组织实施；三是对劳动实践课程负有监管职责；四是为劳动实践课程评价的正常开展搭建活动平台，组织制定科学、合理的课程评价指标体系。因此，教学管理部门应该对劳动教育实施过程中的教学资源建设、师资队伍建设、实践教学场地、教学质量监控等方面进行全方位的考核评估，以保证课程的评价质量。

2. 家庭

家庭是劳动教育的起始点，是立德树人的重要阵地。一个人基本的生活习惯和价值观念都是从家庭开始养成的，所以家庭也应参与到劳动教育评价中来，家校互动、家校协同，共同构建更为全面的劳动教育评价机制。家庭要注重学生日常生活中的劳动实践，为后期投入服务性劳动和生产性劳动做好基础教育；注重日常生活中的言传身教，引导学生树立正确的劳动态度，养成良好的劳动习惯。家庭在做好学生劳动教育的同时，还应与学校配合做好学生劳动评价工作。要做好学生劳动评价，家长应注意以下几点：

（1）提高家庭对劳动教育重要性的认识。

家庭是学生劳动思维和劳动技能培养的最初场所，劳动教育是学生成长的必经之路。人的全面发展在教育中需要五育并举、五育融合。家长首先要正确认识劳动教育的重要价值。劳动教育直接决定学生的精神面貌、劳动价值取向和劳动技能水平。因此，家长一定要重视家庭劳动教育，明确家庭劳动教育方向。家庭在提升学生劳动素养的同时，还应支持和配合学校开展劳动教育活动。

（2）制定合理的家庭劳动教育内容。

家长应根据学生所处的阶段，制定不同的劳动教育内容。学生要多接触有挑战性的家庭劳动，掌握足够的经验，培养坚持不懈的劳动精神。越复杂的劳动活动，越能锻炼学生的自主性，对其日后的发展越有促进作用。所以，家庭要从人的成长规律角度出发，制定相应年龄段的劳动内容以及劳动所承载的劳动教育功能，形成本家庭的劳动教育体系。

（3）学会客观理性地进行家庭劳动评价。

家长应客观记录学生居家期间所表现出的劳动态度、劳动观念以及劳动实践情况，并对其进行评价，填写学生居家劳动评价记录表。评价应该做到客观公正，本着提升学生劳动观、提高劳动能力为目的进行打分，评定结果应真实反映学生在家的劳动情况，这将有助于学校全方位、全过程了解学生，并对学生进行整体评价。

3. 社会

高职学生应利用周末、寒暑假等时间，开展校外劳动实践、党团活动、志愿者服务等社会实践活动。同时各专业还要进行专业学习、专业实践与顶岗实习等活动。社会实践及专业实践活动均纳入学生劳动教育环节，以提升学生的劳动意识、提高劳动能力，因此为学生提供实践活动平台的各类社会机构也是劳动实践教育评价的主体。社会机构应对学生实践活动进行全面、综合的考核，并把劳动意识、劳动观念、劳动能力提升与转变作为重要指标进行考量和评价，帮助学校了解学生在校外的学习状态，使学校更加系统、合理地对学生进行客观、全面的评价，实现学校育人与社会用人的有机结合和有效联动。

（二）劳动教育评价的内容

【案例导学】

木匠女孩

两年一届的世界技能大赛被誉为“世界技能奥林匹克”，第46届世界技能大赛湖北赛区现场家具制作项目中唯一的女选手引人注目，她叫高盼，是湖北生态工程职业技术学院的一名大三学生，一位00后女孩。

高盼挑战的是木工类项目中的家具制作。为了在16小时里完成误差不超0.9毫米的家具制作，高盼苦练技艺，经历无数次的锯、凿、修的磨炼。她不曾想到，自己有一天还能站在竞逐世界技能大赛的舞台上。拿起工具花十几个小时制作一件木制品，这样的经历对于刚入校时的高盼来说，是从未想过的。高盼和木工结缘是在一年半以前，当时她报名体验学校开设的木艺课程，结果第一次自己动手做木工就上了瘾，传统木作中榫卯结构的精巧让高盼产生了浓厚的兴趣。赛前的练习过程中，高盼的左手大拇指不慎受伤，比赛时伤口尚未痊愈，还缠着厚厚的纱布，这让她的操作有些不便，最终获赛区第二名。她说，木艺是她的爱好，木工现在可以说是她的一个职业了。

课堂讨论：

1. 请你评价一下高盼同学在一年半的时光中收获了什么。

2. 结合实际谈一谈，如何在劳动实践中提升劳动技能。

高职院校劳动教育评价可分为两类，一个是学校层面的评价，一个是学生层面的评价。

1. 学校层面的劳动教育评价

学校层面的劳动教育评价可作为学校对劳动教育课程建设的自评。按照新时代大学生劳动教育的实施路径，可以将劳动教育评价分为以下几个方面：

（1）劳动教育课程建设。

根据教育部《大中小学劳动教育指导纲要（试行）》的要求，高职院校需开设劳动教育必修课，劳动教育课程是一个有机整体，它包含多个方面，如指导思想、教学原则、教学目的、教学方法、课时分配、师资队伍等。

指导思想：坚持以马克思主义劳动思想为指导。新时代尤其要坚持以马克思主义劳动思想中国化的最新成果——习近平关于劳动问题的重要论述作为指导思想。符合新时代的要求，贴近客观实际，是加强高职院校劳动教育课程建设最根本的遵循。各院校应坚持立德树人，坚持培育和践行社会主义核心价值观，把劳动教育与德育、智育、体育、美育相融合，注重教育实践，实现知行合一，促进学生形成正确的世界观、人生观、价值观，促进学生全面发展。

教学原则：一是遵循规律。将劳动实践教育有效融入学生日常学习生活中，根据学生、学业的特点和规律，与专业发展、职业规划有机有效结合，科学、合理选择劳动项目和内容，安排适度的劳动时间和强度，做好劳动保护，确保学生人身安全。二是应坚持从实际出发的原则，不搞“一刀切”。学校应因校制宜，结合本校相关教学资源、师资队伍、学生实际等客观情况，制订并实施适合本校实际的劳动教育课程教学计划。同时学校还应与当地的实际情况紧密结合，最大限度地利用本地区劳动教育资源，科学筹划创建劳动教育校外实践基地，要同生产企业等加强联系，使之为学校劳动教育提供实践场所。

教学目的：通过劳动教育，使学生能够理解和形成正确的劳动观，树立劳动最光荣、劳动最崇高、劳动最伟大、劳动最美丽的观念；培养学生热爱劳动、尊重普通劳动者、珍惜劳动成果的情感和勤俭、奋斗、创新、奉献的劳动精神；培养学生具备与专业相关的职业工作的实务劳动能力；使学生形成正确的劳动观念、积极的劳动态度，养成良好的劳动习惯。

教学方法：应利用互联网等现代化的教学手段，结合我国多年来取得的令世界瞩目的劳动成就，通过循循善诱的积极思想引导，达到劳动教育的目的。

课时分配：职业院校开设劳动专题教育必修课，不少于 16 学时；主要围绕劳动精神、劳模精神、工匠精神、劳动组织、劳动安全和劳动法规等方面设计。每学年设立劳动周，可在学年内或寒暑假安排，以社区劳动、家务劳动、志愿劳动、服务劳动等集体劳动为主，由学校组织实施。

师资队伍：劳动教育由于涉及知识面广，具有单一专业背景的教师难以承担劳动教育教学，必须对有志于从事劳动教育的教师进行全面的专业培训。也可以走专兼职结合的路子，建立专兼职相结合的劳动教育教师队伍。学校应成立相应的劳动教育教研室，除了完成教学任务以外，不断探索劳动教育教学规律，及时总结劳动教育经验。

（2）劳动教育与公共基础课相结合。

将劳动教育全面融入公共基础课，强化马克思主义劳动观、劳动安全、劳动法规教育。把劳动教育与德育、智育、体育、美育相融合，注重教育实践，实现知行合一，促进学生形成正确的世界观、人生观、价值观，促进学生全面发展。

（3）劳动教育与专业课相结合。

学校要规划好人才培养顶层设计，科学确定劳动教育与专业教育相结合的实施路径，拓展专业视角，扎实推进劳动教育与不同专业相融合，调整学校人才培养方案，在进行专业课职业劳动知识技能教学的同时，注重培养“干一行，爱一行”的敬业精神，吃苦耐劳、团结合作、严谨细致的工作态度，将劳动教育融入人才培养全过程。学校应修改专业课程教学标准，在专业教育中体现相应劳动知识、技能和情感等综合劳动素养，以实习实训课为主要载体，开展一系列体现专业特色的劳动教育，达到专业育人功能。为保证实习效果，学校应制定专业实习的教学大纲，明确实习的目标、任务及要求，指导实习各环节工作的开展。

（4）劳动教育与社会实践和志愿服务相结合。

学校应积极组织以弘扬劳模精神和工匠精神为主题的讲座、论坛、沙龙等，开展以劳动为主题的演讲比赛等活动，传播劳动精神、劳模精神和工匠精神；定期举办具有劳动技能的比赛，让学生参与其中，感受劳动的快乐；组织大学生利用寒暑假开展系列社会实践活动，倡导学生走进企业关注一线劳动者，开展以劳动为主题的社会调查活动等。学校通过实践教育等途径，开展有目的、有规划的劳动情怀宣讲和实践活动，促进青年学生自立自强。

学校团委联合社区、街道及各类公益场所，广泛开展志愿服务活动，充分发挥学院品牌志愿服务团队和团学组织的作用，做好学生志愿服务的具体组织实施，教育引导学生在志愿服务中加强劳动，培育良好的社会公德。

（5）劳动教育与校园文化相结合。

积极营造劳动光荣的校园文化，多渠道表彰宣传劳动实践优秀典型，在学生中牢固树立劳动教育与德育、智育、体育、美育同等重要的理念。结合学院特色挖掘劳动教育素材，广泛开展以劳动实践为主题班会、劳模报告会、工匠进校园、手工作品制作、劳动技能表演等活动。发展与劳动实践有关的学生社团、兴趣小组、志愿者组织，结合植树节、五一劳动节等时间节点，开展丰富多彩的劳动主题教育活动。将劳动实践教育活动与艰苦奋斗、团结协作、精益求精等劳动文化相结合，与二十四节气、中国农民丰收节等所包含的人生智慧相结合。

2. 学生层面的劳动教育评价

学生层面的劳动教育评价包括家庭以及教师对学生的评价、学生的自我评价以及学生间互评。此部分评价应包含以下四个方面的内容：劳动准备、劳动观念、劳动技能、劳动成效。

（1）劳动准备。

劳动教育首先要让高职学生对劳动常识有一定的认知，这是正向劳动观和良好劳动习惯的基础，也是劳动教育的基本目标。知晓和理解是行动的前提，因此劳动前的准备工作是评价教育成效的必要指标。我们需要了解学生是否能够自觉认识到本次劳动课程的学习目标，是否具有一定的创新意识，是否能熟练掌握理论知识内容，并能积极准备，配合同学分组安排，分工不挑拣。

（2）劳动观念。

劳动是人类的本质活动，劳动教育的终极目标是促进学生形成正确的劳动观念，养成良好的劳动习惯。劳动教育不只是要让学生知道、理解什么是劳动，还是一个以劳动为载体，传播劳动观念、情感、态度、价值的过程。高职院校劳动教育的主要目标是要引起学生对教育者所主张和传授的劳动思想予以赞同、信服并内化为自身的信念和态度。为此，评价劳动教育的成效还要衡量学生对劳动的态度，如学生是否能积极地参与和组织活动，是否有合作意识，是否能做到态度端正、情绪饱满、有主动承担劳动任务的自觉性，是否能遵守职业道德和劳动纪律等。

（3）劳动技能。

结合专业实践和职业体验，了解人工智能、物联网、大数据等新知识、新方法，熟悉新技术在行业中的应用，熟悉与专业相关的新工艺、新技术，具有创新、奉献的时代精神。结合专业了解产业，掌握现代产业中的劳动工具、材料、生产条件、环境等知识，掌握某一领域的现代生产知识；养成自觉遵守行业劳动法规、标准与实际运行规则的习惯，掌握劳动法、劳动合同的知识。结合专业掌握现代生产技能，具备动手解决问题、生产产品的能力。

（4）劳动成效。

劳动成效是劳动行为的外在表现，也是教育成效的外化阶段，劳动教育评价更多地依赖于对劳动行为的观察与分析。教师和家长可以通过观察学生在学校活动、家庭生活、社会公益活动中的态度和行为表现进行评价。比如学生学习兴趣明显提升，实现跨学科学以致用，观察力、注意力、想象力增强，劳动中善于手脑并用增强劳动技能，尊重劳动，激发创造性劳动的内生动力，积极投身劳动实践，具有较强的团队协作能力和创新能力等，说明该学生具有劳动行为的稳定性和一贯性，具有良好的劳动习惯。

二、高等职业院校劳动教育评价标准

评价标准是根据评价内容确定优良程度的要求，是评价活动所依据的价值准则。在职业院校学习过程中，不同劳动教育类型对劳动素养的培养要求有一定的差别，因此要注意劳动素养评价指标在劳动教育实践中的分类运用，既体现该学段特点，又满足不同劳动教育类型的要求。学生劳动教育的考核我们可以从学习、生活、活动和实习四个方面进行，学生要全部完成四个模块的学习任务才可以修满劳动教育的学分。

第一，学习考核评价标准。在学习方面，对学生的劳动教育考核主要分为劳动教育理论课、专业课、专题学习三个板块进行。劳动教育理论课侧重考核学生是否形成正确的劳动价值观、掌握我国相关的劳动制度和法律法规，考核形式主要采取笔试、小论文等。专业课侧重考核学生是否掌握本专业的劳动知识和技能，了解本专业与劳动教育有关的制度、法律法规、行业标准等，考核形式主要以笔试、线上模拟操作为主。在实训课程中要严抓学生劳动技能的考核，培养学生认真细致、精益求精的工匠精神，练就过硬的本领。专题学习方面的考核可以结合线上教育进行，充分利用互联网的优势，邀请业内专家、企业能手等在线上授课，拓展学生视野，提高学生社会适应能力，考核的方式以分享、讨论、撰写感想的形式进行。

第二，生活考核评价标准。对学生劳动教育的评价应考虑学生的起居饮食等日常生活。比如，在教室、图书馆、校道等公共场合要求学生做到不乱扔垃圾、不随地吐痰，学会珍惜他人的劳动成果，共同维护干净美丽的校园环境。在寝室方面，各寝室制定寝室清洁值日表，每天早上轮流打扫寝室，各人收纳好自己的生活用品，做到桌面整齐、地面干净、厕所无异味、垃圾分类处理等，营造一个洁净舒适的居住环境。生活老师每天早上对各寝室进行检查评分，检查结果作为学生劳动教育学分的组成部分。在食堂方面，要积极响应国家号召，推行“光盘”行动，教育学生要珍惜粮食，养成勤俭节约的好习惯。

第三，活动考核评价标准。高职院校每学期通过举办不同类型的活动，拓展劳动教育的渠道，提高学生的学习积极性。活动考核评价标准具有较强的灵活性，学生根据自己的兴趣爱好参加不同类型的活动，就能修满该模块的学分。比如，家庭经济困难的学生可应聘勤工助学岗位，通过用劳动换取学费和生活费，更好地体会劳动创造价值，能起到很好的劳动教育效果。结合不同专业开展义务活动，如新能源汽车专业的学生可以免费为教职工洗车、检查汽车、进行汽车美容，计算机专业的学生免费上门维修电脑，护理专业学生免费讲解卫生保健、日常护理知识等，把劳动教育与不同专业相结合，可以极大调动学生的积极性。将劳动节与劳动教育有效结合，把 5 月作为劳动教育活动月，举办劳动教育主题演讲、辩论赛、技能竞赛、文艺晚会等一系列活动，以不同类型的活动推动劳动教育的开展，全面提高学生的劳动素质。

第四，实习考核评价标准。实习考核评价主要是针对毕业生到企业顶岗实习的情况进行评价，高职院校培养的学生是否符合用人单位的实际需求，在这一阶段能得到很好的验证。作为对学生劳动教育考核评价的最后一关，用人单位应坚持公平公正的原则，根据自身的用工需求，制定严谨科学的考核量表，安排专人严格考核每一位毕业生。每月把考核结果反馈给学校和学生本人，一方面帮助学生根据考核结果查找原因、补足短板，在今后的实习中不断学习和改进，提高劳动技能，顺利修完劳动教育的学分，为毕业后能尽快适应岗位做好准备；另一方面通过及时有效的反馈，让高职院校了解本校学生的培养质量，促进学校劳动教育的改革和发展。

三、高等职业院校劳动教育评价要求

《大中小学劳动教育指导纲要（试行）》指出，“将劳动素养纳入学生综合素质评价体系”，对劳动素养的评价不能脱离每一个学段的教育目标而展开。对于以专业人才培养为重任的高校教育来讲，其劳动教育的目标需要与专业人才培养目标相一致，实现与专业人才培养质量的有机融合。

首先，要实现高校劳动素养与专业人才素质的共融共通。与中小学教育的基础性特点相区别，高等学校的教育以专业性人才培养为主要任务，劳动教育自然不能完全脱离专业教育而存在，而需要在专业人才的培养体系中实现劳动素养的培养，在专业人才培养质量的评价中考察劳动教育的成效。高校劳动教育对专业人才培养的目标、内容、实施等都提出了新的要求，要求既有人才培养方案在广度、深度和厚度上做出积极的探索和完善，梳理和构建纳入劳动教育的专业人才培养方案，进一步保证劳动素养纳入专业人才培养体系，劳动教育评价标准与专业教育培养质量的评价体系相一致。

其次，高校劳动教育评价要体现专业教育目标多样性的特点。高校中不同专业的人才培养目标具有多样性，高校劳动教育评价不能在一个标准下实行“一刀切”的评价模式，而应该因专业而制宜，切实体现专业教育多样化的特色。每一个专业的劳动教育目标都需要在其专业人才培养的总目标下对劳动素养的内涵进行明确的细化，使专业教育中与劳动教育相关的意识、知识、技能、服务、价值观等目标得以彰显。在专业教育中体现相应劳动知识、技能和情感等综合劳动素养，充分发挥专业建设的需求和自主性，实现与专业人才培养目标相一致的、展现专业特色的劳动教育，达到全面育人与专业育人功能的有效结合。

第二节 高等职业院校劳动教育评价原则与方法

一、高等职业院校劳动教育评价原则

确定劳动教育评价原则，我们应注意以下三个方面。

（一）过程评价与结果评价相结合

高职院校应尝试把过程评价和结果评价结合起来对劳动教育进行考核。对劳动意识、劳动态度、劳动观念等难以评价的内容，采取过程评价，通过日常劳动活动、社会实践和实习实训过程中学生的行为来进行评价；对劳动知识、劳动技能等可量化的内容，提前制定考核标准，从而在开展课堂教学、社会实践、实习实训中注重传授学生相关的知识与技能，再通过考试或者项目操作的方式进行考核，对没有掌握相关知识和技能的学生，再进行有针对性的训练，直至掌握为止。

（二）多元评价与重点评价相结合

高职院校育人目标本身更偏重于学生的实践能力培养，将劳动教育纳入人才培养全过程，贯穿于三年专业学习中，贯通于家庭、学校、社会各方面，与德智体美相结合，更能促进教育实效。一方面，家庭、学校、社会联动打造一体化的劳动环境，另一方面实现多方参与劳动课程评价，评价主体也更多元，包括教师评价、学生自评互评、家长评价、社会评价等。学校应结合专业特色，制定劳动教育评价标准，各方共同评价，促进劳动教育评价的全面性。

高职院校应分阶段开展劳动教育，在不同阶段根据教学内容和学生的接受特点，考核重点也应有所不同。在大一，侧重于日常生活劳动和劳动理论知识的教育评价，强化培养学生的劳动意识，注重劳动思维和习惯的养成。重点给学生讲解国内外劳动教育的发展史，强调劳动教育的重要性等，让学生对劳动教育形成初步认识。学校也可以充分挖掘与办学理念一致的教学题材，把劳动教育与办学理念进行融合。在大二，侧重于服务性劳动和专业基础实训操作考核。大二学生已掌握一定的理论知识，满足开展服务性劳动和实训课的基本条

件。此阶段劳动教育的重点是以提高学生的劳动素养为目标传授学生相应的劳动知识和技能。在大三，学生进入顶岗实习阶段，侧重学生的生产性劳动的教育评价考核，如创新创业、顶岗实践等，重点评价学生的劳动技能和劳动精神以及与专业相关的法律法规等。

（三）结果评价与增值评价相结合

劳动成效是劳动教育评价的重要指标之一。它不仅要求注重劳动教育的结果产出，更强调结果产出是否与专业人才培养目标相契合、人才培养目标是否达成。因此在结果评价过程中，要改变唯分数的现状，改进评价方式，鼓励多元主体参与评价。

在高职院校，劳动教育始终应强调以学生为中心，不仅要关注学生的过程评价以及结果评价，还要对学生在学习前、学习中、学习后等阶段的学习档案进行归纳总结，分析学生劳动教育课程中的增值量，开展增值评价。

二、高等职业院校劳动教育评价方法

劳动教育在认知观念中建构崇尚劳动与尊重劳动的价值观，在劳动实践中淬炼劳动技能，在树德、增智、强体、育美中培育劳动品质与劳动情感，其最终目的是职业院校学生劳动素养的提质升级。高职院校应当把劳动教育评价纳入学校整体教育评价体系，以此达到以劳树德、以劳增智、以劳健体、以劳益美的教育作用。因此，正确的劳动评价方法就显得十分重要。

（一）将劳动评价贯穿于劳动教育的全过程

劳动教育有助于锻炼学生体魄，保持良好作风，培养创新精神，塑造学生热爱劳动、爱岗敬业的劳动观和职业观。它能够让学生在劳动过程中获得愉悦的心情，树立正确的人生观、世界观和价值观。因此，劳动教育是一个学校参与实施和个体体验相结合的过程。它不仅需要教师的“传道”“授业”，以身作则、行为示范，还需要学生积极参与整个过程。而劳动评价同样是一个通过不同主体对劳动教育进行评价的完整过程，这样才能够使评价信息来源更为丰富、评价结果更加全面与真实。学校通过手机、微信、电脑等工具把学生在家庭、学校、社会等场所的劳动开展情况进行全面、客观、真实的记录，同时通过互评、问卷、访谈、测评等方式对学生劳动观念、劳动能力、劳动习惯、劳动精神等进行科学评价，并生成动态劳动质量检测报告。对学生的劳动过程开展检测与纪实评价，在此基础上提出具体的、有针对性的改进建议，促进学生在原有基础上不断提高，帮助学生不断认识自我，从而实现劳动教育的目标和要求。

（二）注重劳动评价的时代性与多元性

劳动教育要体现当今时代的技术特征，适应产业变革，结合产业新业态、劳动新形态，以培养学生劳动精神、提高生产劳动技能为目标，更新劳动教育观念，开发探索性劳动、创造性劳动和艺术性劳动，促进学生创新创业，提高劳动教育的适宜性和实效性。随着科学技术的发展，我们正经历由工业化时代向信息化、智能化时代的过渡，社会劳动形态也逐渐从简单化向复杂化、多样化转变。因此，在进行劳动教育评价时，学校要根据新时代的特色不断改进评价方法。

劳动教育既要注重积极的劳动实践与劳动体验，又要注意在不同的劳动实践中加强对劳动教育的科学评价。高职院校要进一步更新劳动教育观念，改变单一的评价方式，不再将劳动程度强弱或者劳动成果的多少作为评价标准。劳动教育不仅促进学生在丰富的劳动体验中形成正确的观念与积极的情感，还能培养学生的动手能力、创新精神、合作意识等。因此，劳动评价既要注重学生的劳动实践与劳动体验，也要注意劳动过程的时代性、多元性，应将学生的动手能力、创新精神、创新潜力、合作与竞争能力、独立工作能力等作为劳动评价的重要指标。

（三）事前做好劳动评价方案

劳动评价是一个复杂的过程，要想针对不同层次、不同目的、不同能力、不同类型的学生进行有效的劳动评价，必须在事前拟好评价方案。评价方案应重参与、重过程，强调评价主体的多元化、评价内容的综合性和全面性、评价标准的合理性以及评价方法的多样性。即包括“评什么”“如何评”和“怎么评”。在制定方案时，评价指标应该从专业培养目标出发，提供具体、明确、适宜的分段计划和阶段目标，要特别关注学生的个体差异及能力发展，注重劳动过程中学生的外在行为及内在心理、情绪的变化。

（四）注重劳动教育中的多元主体评价

劳动教育采用多元评价，一是因为劳动教育更加强调知行合一，具有鲜明的实践性、操作性等特点，最终的落脚点却是在于人的全面发展。二是因为学生在整个学习过程中是动态的、可变的，更需要多元评价。三是在高职院校中，劳动教育以实践为核心，向内可以拓展到各学科间的互相探究，向外可以连接家庭和社会，因此在劳动评价中更要注重评价主体的多元性。科学合理的评价系统不但可以保障劳动课堂的实效，还可以进一步促进劳动教育课程体系的跨学科、跨地域的构建。同时多主体评价可以使评价结果更加真实，更具有可信度，由此发挥劳动评价的正面导向和激励作用。

（五）注重劳动成效与学生潜能的评价

劳动评价要与劳动成效和学生潜能相结合，尤其要把学生的职业能力、社会认可度和用人单位的要求作为重要的参考值。职业教育的最大特征是企业认可和社会认可。企业与社会对毕业生的满意度常常是衡量高职院校教育质量的客观依据。因此，高职院校在劳动教育中不仅要通过劳动实践促进学生形成热爱劳动、尊重劳动的观念和情感，也要通过劳动实践进一步达到专业要求，更好地了解学生在发展中的需求，以利于发挥学生的潜能与特长，提升学校的教学质量。劳动教育有时呈现为一种个体的行为及体验，有时则是由同学们共同组织完成一个具有劳动实践性质的科研协作项目。因此，高职院校的劳动教育评价要注重劳动成效和劳动内容、能力培养相结合。在评价过程中，如果需要完成的是劳动任务或劳动项目，除了要观察学生的劳动态度及劳动情感，还需要看任务的完成度和完成质量，包括制订劳动方案、实施劳动过程与目标达成等方面，这样才能达到劳动评价的目的。

第三节　高等职业院校劳动教育评价实施

一、实施劳动教育评价时容易出现的问题

（一）重结果而轻过程

高职院校将劳动教育纳入人才培养全过程，学生在劳动过程中树立正确的人生观、世界观和价值观。劳动教育贯穿整个人才培养全过程，是我国教育体系的重要内容。但是受传统教育影响，劳动教育未受到足够的重视，导致部分院校要么只是在形式上实施劳动教育，要么就是过于关注劳动结果，缺乏在过程中对学生劳动意识、劳动观念的引导。将劳动结果作为评价学生的依据，忽视学生在劳动实施过程中的情感变化，是难以激发学生劳动兴趣的，也不能引起学生对劳动的重视。

（二）重技能而轻素养

实施劳动教育的目的是培养学生的劳动素养，让学生具备劳动的思想认知和能力，从而为其未来发展奠定良好的基础。但部分学校在实施劳动教育评价时，习惯于将学生的劳动技能作为评价的主要依据，而忽视了对学生的劳动素养的提高。还有部分教师认为，劳动技能和劳动素养是相同的概念，最终结果

也是相同的，因此无须强调学生的劳动素养。实际上，劳动素养包含劳动技能，劳动技能并不等同于劳动素养。劳动素养的侧重点在于学生劳动价值观的形成，关注学生劳动思想认知的提升，培养学生的劳动综合能力。因此，实施新时代劳动教育评价不能忽视对学生劳动素养的评价。

（三）重形式而轻内容

为了贯彻落实《中国教育改革和发展纲要》中提到的“各级各类学校都要把劳动教育列入教学计划，逐步做到制度化、系列化”重要政策，众多高校都设置了劳动教育课程。然而受应试教育思想的影响，目前部分学校劳动教育存在形式化问题，实施劳动教育时应付了事，劳动教育课程的内容大多是一些简单的体力劳动，如打扫卫生、植树种草等，甚至只是简单地听讲劳动知识。这种形式的劳动往往只是为了满足课程要求，却不贴合学生的现实生活需要，教育意义尚处在低层次。另外还存在一些学生在劳动过程中偷懒、开小差，或仅仅把劳动当成任务完成，甚至是学校组织学生体验农场劳动时，提前将瓜果准备好，直接摆拍打卡。这样的劳动课程并不能发挥对学生劳动观的正确引导作用，甚至可能会适得其反。

二、高等职业院校劳动教育评价实施

首先，学校秉持客观公正的原则，根据校情制定适合本校的劳动教育评价方案，学生根据方案要求上交考核资料，资料的真实性由学生个人负责。上交资料至少需要包括参与不少于 16 学时的劳动精神、劳模精神以及工匠精神专题教育，实践活动时的视频或照片等素材，个人劳动成长档案等。学校考评人员需根据所提交的评价素材进行分类评估。素材可分为课程教学、实践活动，实践活动可分为日常生活劳动、服务性劳动、生产实践性劳动。劳动教育评价实施过程中所有资料必须有明确的日期，有严格的报送流程、审核与公示制度，保证整个评价流程的公开透明。

其次，采用多种评价方式进行劳动教育评价。劳动教育评价方式可采用在线问答、劳动技能竞赛、书写劳动心得、劳动任务打卡、劳动作品展示等。在线上与线下、过程与结果、观念与行为、定性与定量相互交融中构建劳动教育评价体系。最后通过多主体协同评价，形成协调联动的劳动教育评价保障机制。教师除了参与学生的自评和互评外，还需要参与学生的增值评价，避免教师的导向作用影响评价结果。学工部门应参与学生劳动教育评价过程。

最后，劳动教育评价结果的公示。学校可以通过网络手段将成绩发送至每位学生，对于表现优异的学生可以通过设立“劳动之星”“劳动先进奖”“劳动创造奖”等项目予以奖励，并利用微信或微博等平台对学生的劳动事迹以及劳动精神进行宣传，营造“崇尚劳动、劳动最光荣、劳动最伟大”的文化氛围。

三、高等职业院校劳动教育评价表

劳动教育评价是一个系统工程，评价工作涉及劳动过程的方方面面，现针对劳动教育实施过程的几个方面制定评价表。因专业培养目标、专业性质、学生差异等各方面要求不同，评价内容也会各异，以下评价表仅为大家提供参考。

（一）劳动教育课程建设评价

劳动教育课程建设评价表

<table>
<tr><th>一级指标</th><th>二级指标</th><th>评价要点</th></tr>
<tr><td rowspan="11">课程建设
（20 分）</td><td rowspan="2">课程结构
（3 分）</td><td>1. 劳动教育教学。</td></tr>
<tr><td>2. 劳动实践（劳动周及主题教育活动）。</td></tr>
<tr><td rowspan="3">课程内容
（6 分）</td><td>3. 注重围绕创新创业，结合学科和专业特点，结合产业新业态与劳动新形态，开展包括实习实训、专业服务、社会实践、勤工俭学等在内的劳动教育，增强职业荣誉感和责任感，培育追求卓越的工匠精神和爱岗敬业的劳动态度。</td></tr>
<tr><td>4. 注重结合产业新业态、劳动新形态，紧跟科技发展和产业变革，与时俱进更新知识、升级技术，熟悉新工艺、掌握新工具。</td></tr>
<tr><td>5. 突出综合素质培养，强化劳动体验，珍惜劳动成果，学会生活自理。</td></tr>
<tr><td rowspan="3">劳动实践
（6 分）</td><td>6. 日常生活劳动。家校合作持续开展日常生活劳动，自我管理生活，提高劳动自立自强的意识和能力。</td></tr>
<tr><td>7. 服务性劳动。定期开展校内外公益服务性劳动，做好校园环境秩序维护，运用专业技能为社会、为他人提供相关公益服务。</td></tr>
<tr><td>8. 生产性劳动。通过专业实习实训，参与真实的生产劳动，增强职业认同感和劳动自豪感。</td></tr>
<tr><td rowspan="3">劳动周
（5 分）</td><td>9. 制定“学校学年（或学期）劳动教育计划”，对学年、学期劳动教育实践活动做出具体安排，特别是规划好劳动周等集中劳动，细化有关要求。</td></tr>
<tr><td>10. 每学年设立劳动周，可在学年内或寒暑假安排，以社区劳动、家务劳动、志愿劳动、服务劳动等集体劳动为主，由学校组织实施。</td></tr>
<tr><td>11. 学校对实施劳动周的举措予以制度性安排，可通过编写劳动实践指导手册的形式，对这些制度性安排进行细化。</td></tr>
</table>

续表 1

一级指标	二级指标	评价要点
课程管理（30 分）	教学管理（15 分）	12. 将劳动教育纳入专业人才培养方案。
		13. 将劳动教育教学作为必修课，列入教学计划。围绕劳动精神、劳模精神、工匠精神、劳动组织、劳动安全和劳动法规等方面设置专题教育，不少于 16 学时，计 1 个学分。
		14. 劳动教育教学有计划、有总结。
		15. 有规范的理论教学管理制度，认真做好排课、检查督导、考试组织、成绩管理等教务工作。
		16. 劳动教育和劳动实践教学档案资料管理规范。
		17. 健全并落实劳动教育及劳动实践检查考核、评优评先以及安全管理等各项制度，无安全责任事故。
	学科融合（5 分）	18. 将劳动教育全面融入公共基础课，强化马克思主义劳动观、劳动安全、劳动法规教育。
		19. 修改专业课程标准，在专业教育中体现相应劳动知识、技能和情感等综合劳动素养，以实习实训课为主要载体，开展一系列体现专业特色的劳动教育，达到专业育人功能。
	教学资源（5 分）	20. 进一步完善学校建设标准，校内配齐劳动实践教室、实训场地，校外建立相对稳定的实习和劳动实践基地，满足劳动教育需要。
		21. 面向社会广泛开放劳动教育实践资源，建立健全开放共享机制，为普通中小学劳动教育师资培养及学生的实践操作、职业体验提供支持和服务。
	教学评价（5 分）	22. 建立学校—社会协同育人与评价的有效联动机制。注重过程性评价和终结性评价相结合，将劳动素养纳入学生综合素质评价、教育质量综合评价体系，制定评价标准，建立激励机制和公示、审核制度。
		23. 把劳动素养评价结果作为衡量学生全面发展情况的重要内容，作为评优评先的重要参考和毕业依据。
		24. 劳动教育评价应该因专业而制宜，切实体现专业教育多样化的特色。
教师队伍（20 分）	人员配备（10 分）	25. 建立专兼职相结合的劳动教育教师队伍，配齐劳动教育必修课教师。
		26. 加强劳动课程的教师培养培训工作，制定有机融入劳动教育的专门培养方案。
	队伍培训（10 分）	27. 设立劳模工作室、技能大师工作室、荣誉教师岗位等，聘请相关行业专业人士担任劳动实践指导教师，把劳动教育纳入全体教师培训内容。

续表 2

一级指标	二级指标	评价要点
		28．强化劳动课专任教师的培训，提高劳动教育师资专业化水平，建立一支“一专多能”的劳动教育专任教师队伍。
组织保障（20 分）	组织领导（5 分）	29．由校领导担任组长的劳动教育建设工作领导小组。
		30．劳动教育课程列入学校课程建设发展规划，作为学校办学水平评估的重要内容。
	机构设置（5 分）	31．建立或指定部门负责劳动教育的日常教学研究与管理、劳动教育实践等。劳动教育必修课教师不少于×人。
		32．有劳动教育教学教研室及专职管理人员，具体承担劳动教育理论教学和课程建设的相关任务及日常管理工作。
	经费保障（5 分）	33．劳动教育教学经费纳入学校预算并按学校相关规定执行。
	安全保障（5 分）	34．建立健全安全教育与管理并重的劳动安全保障体系。
		35．制定操作规范，强化岗位管理，制定风险防控预案，完善应急与事故处理机制。
建设成效（10 分）	学生学习情况	36．通过实训、实习、竞赛、创新创业等实践体验，提高专业技能水平，增强生活自理能力，形成良好的劳动习惯。
加分项（10 分）	建设特色	37．创造性地开展劳动教育课程建设，积极组织劳动实践活动，措施得力，特点鲜明，效果显著。

（二）劳动能力测评

成果展示评价表

劳动成果名称		
评价项目	评价主体	
	自我评价	对方评价
理论技巧		
操作技巧		
劳动成果展示（可附照片）		

续表

劳动心得	
改进措施	

日常活动评价表

<table>
<tr><td>劳动内容</td><td colspan="3"></td></tr>
<tr><td rowspan="2">评价项目</td><td colspan="3">评价主体</td></tr>
<tr><td>自我评价</td><td>组长评价</td><td>对方评价</td></tr>
<tr><td>劳动意识</td><td></td><td></td><td></td></tr>
<tr><td>吃苦耐劳</td><td></td><td></td><td></td></tr>
<tr><td>团队合作</td><td></td><td></td><td></td></tr>
<tr><td>沟通协调</td><td></td><td></td><td></td></tr>
<tr><td>责任担当</td><td></td><td></td><td></td></tr>
<tr><td>劳动心得</td><td colspan="3"></td></tr>
<tr><td colspan="4">改进措施</td></tr>
<tr><td colspan="4"></td></tr>
</table>

劳动教育实践活动评价表

<table>
<tr><td>姓名</td><td></td><td>学号</td><td></td><td>专业</td><td></td><td>班级</td><td></td></tr>
<tr><td>课程名称</td><td></td><td>劳动内容</td><td></td><td>劳动时间</td><td colspan="3">年 月 日至 年 月 日</td></tr>
<tr><td rowspan="10">劳动教育时间活动情况记录</td><td colspan="2">劳动时间</td><td colspan="2">地点</td><td colspan="3">考勤</td></tr>
<tr><td colspan="2">周一</td><td colspan="2"></td><td colspan="3">◉到岗 ◉缺勤</td></tr>
<tr><td colspan="2">周二</td><td colspan="2"></td><td colspan="3">◉到岗 ◉缺勤</td></tr>
<tr><td colspan="2">周三</td><td colspan="2"></td><td colspan="3">◉到岗 ◉缺勤</td></tr>
<tr><td colspan="2">周四</td><td colspan="2"></td><td colspan="3">◉到岗 ◉缺勤</td></tr>
<tr><td colspan="2">周五</td><td colspan="2"></td><td colspan="3">◉到岗 ◉缺勤</td></tr>
<tr><td colspan="7">个人劳动总结</td></tr>
<tr><td colspan="7"></td></tr>
<tr><td colspan="2">劳动岗位部门意见</td><td colspan="2">辅导员意见</td><td colspan="3">系（部）意见</td></tr>
<tr><td colspan="2"></td><td colspan="2"></td><td colspan="3"></td></tr>
<tr><td colspan="8">说明：</td></tr>
</table>

志愿活动评价表

<table>
<tr><td colspan="2">学生姓名：</td><td colspan="2">电话：</td></tr>
<tr><td>所在系部</td><td></td><td>班级</td><td></td></tr>
<tr><td>活动负责人</td><td></td><td>劳动内容</td><td></td></tr>
<tr><td>劳动地点</td><td></td><td>劳动时间</td><td></td></tr>
<tr><td colspan="4">具体测评内容</td></tr>
<tr><td>评价内容</td><td>自我评价</td><td>负责人评价</td><td>备注</td></tr>
<tr><td>1. 积极参与，服从安排</td><td></td><td></td><td></td></tr>
<tr><td>2. 不迟到，不早退，按要求请假</td><td></td><td></td><td></td></tr>
<tr><td>3. 能配合其他成员，具有合作意识</td><td></td><td></td><td></td></tr>
<tr><td>4. 活动中能提出建设性建议及意见</td><td></td><td></td><td></td></tr>
<tr><td>5. 反应敏捷，能较好处理突发情况</td><td></td><td></td><td></td></tr>
<tr><td>6. 与部门人员及时沟通劳动问题</td><td></td><td></td><td></td></tr>
<tr><td>7. 按时完成各项工作任务</td><td></td><td></td><td></td></tr>
<tr><td colspan="2">总结报告</td><td colspan="2">（可附页）</td></tr>
<tr><td>志愿者签字</td><td></td><td>考核教师签字</td><td></td></tr>
</table>

参考文献

［1］教育部职业技术教育中心研究所. 劳动教育读本［M］. 北京：高等教育出版社，2021.

［2］陈锋，褚玉峰. 新时代劳动教育理论与实践教程［M］. 上海：同济大学出版社，2021.

［3］刘国胜，柳波，袁炯. 大学生劳动教育［M］. 北京：人民邮电出版社，2021.

［4］郭亮，刘雅丽. 大学生劳动教育理论与实践教程［M］. 上海：同济大学出版社，2020.

［5］李龙，滕芳，陈天宇. 大学生劳动教育与实践［M］. 南昌：江西高校出版社，2021.

［6］陈虹. 大学创新创业教育［M］. 北京：文化发展出版社，2020.

［7］康思琦. 创新创业教育：方法与实践［M］. 成都：电子科技大学出版社，2016.

［8］王卫旗，王秋宏，刘建华. 大学生劳动教育教程［M］. 北京：北京理工大学出版社，2021.

［9］何光明，张华敏. 高职学生劳动教育教程［M］. 北京：高等教育出版社，2020.

［10］徐趁丽，石林，佘林芳. 新时代大学生劳动教育教程［M］. 北京：中国书籍出版社，2020.

［11］张政利. 高等职业教育劳动教育教程［M］. 北京：化学工业出版社，2021.

［12］王官成，吕红刚. 新时代高职学生劳动教育［M］. 北京：高等教育出版社，2022.

［13］. 习近平总书记关于大国工匠重要论述摘编［J］. 新湘评论，2021（09）.

［14］习近平：弘扬精益求精的工匠精神　激励广大青年技能成才、技能报国

[J]. 中国人才，2019 (10).
[15] 习近平对我国选手在世界技能大赛取得佳绩做出重要指示 [J]. 出版与印刷，2019 (03).
[16] 罗南林，李梅. 产教融合视角下基于创新创业教育的高职专业建设模式初探 [J]. 广东农工商职业技术学院学报，2021，037 (003).
[17] 周元忠. “工匠精神”贯穿职业学校学生管理工作始终 [J]. 现代职业教育，2016 (26).
[18] 张为付，陈启斐. 构建协同发展的现代产业体系 [J]. 群众，2018 (08).
[19] 徐辉. 再论蔡元培，陶行知，吴玉章，晏阳初的劳动教育思想及启示 [J]. 辽宁师范大学学报（社会科学版），2021，44 (01).
[20] 党印，张新晨. 新时代职业院校劳动教育：现状，内容与实施路径 [J]. 天津职业大学学报，2021，30 (3).
[21] 邱征梅，喻彩霞. 基于职业自信的高职学生工匠精神培养对策研究 [J]. 中国市场，2022 (08).
[22] 顾丽敏. 将学生职业素养融入技能教学过程中的模式研究——以制造业工匠精神培养为例 [J]. 现代职业教育，2020 (07).
[23] 马晓南. 以高校立德树人教育视角下社会主义核心价值观教育创新与实践研究 [J]. 文化创新比较研究，2019 (14).
[24] 马灵珍. 高职院校实施“先行后知”教学改革探讨 [J]. 湖南大众传媒职业技术学院学报，2011 (03).
[25] 胡勇华. 师德无边际，吾爱有规理——师德师风学习体会 [J]. 文理导航·教育研究与实践，2018 (10).
[26] 吴军. 高职劳动教育再审视：现实需要，逻辑机理及实践路向——基于马克思主义劳动观的阐述 [J]. 职业技术教育，2020，41 (10).
[27] 仇怀凯，刘烨，陈军绘. 新时代高职院校劳动教育实践体系构建 [J]. 湖北成人教育学院学报，2021，27 (05).
[28] 陶志勇. 习近平总书记关于工人阶级和工会工作重要论述的新概括与新阐释 [J]. 山东工会论坛，2022，28 (06).
[29] 林雅珍. 指向劳动素养的劳动项目设计与实施 [J]. 教学月刊小学版（综合），2022 (10).
[30] 曹彦国，王静. 新时代技工院校思政课教师深入企业实践的思考 [J]. 中国培训，2022 (08).

［31］苏宁波．新时代田园劳动课程的构建与实施研究［J］．中学课程辅导，2022（23）．

［32］王国明，李光远，张媛媛，张淑凤，于永军．高职药学专业现代学徒制学生“工匠精神”培养路径探究［J］．卫生职业教育，2022，40（16）．

［33］杜春艳．产教融合视域下关于中职车工教学创新的思考［J］．知识文库，2022（12）．

［34］刘媛媛．地域文化与高校劳动教育的价值契合与实践路径［J］．中国高等教育，2022（10）．

［35］张丹，郝风伦，孙兆．职业院校育人与产业工人队伍建设改革的思考［J］．青岛职业技术学院学报，2022，35（03）．

［36］于晓斌，赵娜．从点亮到擦亮，从理念到行动——山东省深入推进体美劳教育工作实现路径浅析［J］．山东教育，2022（13）．

［37］王梦蕾．少先队组织中的劳动教育活动研究［D］．青海师范大学，2022．

［38］刘旭芳，王巍．开展劳动体验教育　促进学生全面发展［J］．成才，2021（24）．

［39］王海荣，李玉玺，黄金强．乡村小学劳动教育的校本化表达［J］．基础教育课程，2021（22）．

［40］肖杰，王申锋，孙攀峰，李燕，刘亚光．高职劳动教育与畜牧兽医专业教育深度融合探析［J］．河南农业，2021（30）．

［41］王飞．劳动教育区域推进的实践方略与保障体系［J］．北京教育学院学报，2021，35（05）．

［42］章振乐．社会实践基地：劳动教育的得力“助手”［J］．上海教育，2021（30）．

［43］邢朝阳．探析高中思想政治课教学中劳动教育的渗透［J］．教学考试，2021（43）．

［44］王强．高等职业院校劳动教育：内涵逻辑、现实困境与消解路径［J］．继续教育研究，2021（09）．

［45］黄白．习近平总书记关于劳动教育的重要论述研究要略［J］．河池学院学报，2021，41（04）．

［46］郑晨曦，王傲霜．劳动教育旨在回归“劳动”本身［J］．生活教育，2021（07）．

［47］闫其顺，李晓芳．浅谈劳动教育与职业教育的融合发展［J］．就业与保障，

2021（11）.
［48］杨芬. 建构有张力的劳动教育课程［J］. 班主任之友（小学版），2021（05）.
［49］刘康. 发挥社团组织独特作用推进技能人才队伍建设［J］. 中国培训，2021（05）.
［50］熊宗武. 近代西方劳动教育本土化实践：内容、经验及启示——湘湖师范的探索理路［J］. 教育学术月刊，2021（03）.
［51］吴敏. 浅析劳动教育在“学农”活动中的融合现状［J］. 湖南教育（D版），2021（01）.
［52］谢淑海，张燕. 劳动教育课程化发展：要求、省思与展望［J］. 伊犁师范学院学报（社会科学版），2020，38（04）.
［53］张文静. 研学旅行：打造劳动教育校外实践的新形态［J］. 山东教育，2020（34）.
［54］唐宗礼. 立足班组培养青年岗位能手［J］. 现代班组，2020（11）.
［55］杨秀香，路凯. 建设从业人员教育管理服务要当好“八大员”［J］. 建筑，2020（16）.
［56］杨曙光. 全国模范教师李艳丽：与哈尼孩子同阅读共成长［J］. 云南教育（视界综合版），2019（10）.
［57］浩宇. 人力资源助推企业走向世界——第二届“一带一路”建设·人力资源发展论坛在济南举办［J］. 中国就业，2019（10）.
［58］苏伯雄，马彩霞. 新时期大学生劳动教育完善对策探析［J］. 中外企业家，2018（20）.
［59］党印，李珂. 以劳模精神、劳动精神、工匠精神引领新时代劳动教育［J］. 中国高等教育，2021（23）.
［60］彭维锋. 习近平总书记关于劳模精神的重要论述研究［J］. 山东社会科学，2019（04）.
［61］陈好敏，熊建生. 新时代劳动精神的价值意蕴［J］. 学校党建与思想教育，2020（08）.
［62］刘向兵. 用劳模精神、劳动精神、工匠精神凝聚新征程奋斗力量［J］. 红旗文稿，2021（01）.
［63］戴家芳，朱平. 论对劳动教育成效的评价［J］. 中国德育，2017（09）.
［64］韩光耀，石佳佳. 劳动教育评价改革的价值意蕴、现实困境及实践路径

[J]. 教育评论，2021 (03).

[65] 刘新民. 新时代我国高校劳动教育评价体系的构建与实施 [J]. 中国轻工教育，2022 (02).

[66] 李玉香. 德育视域下的新劳动教育评价的策略与方法 [J]. 教育界，2022 (02).

[67] 高校梅，罗晓蓉，陈吉胜. 高职院校劳动教育开展师生考核评价标准探索 [J]. 包头职业技术学院学报，2021 (22).